敗北と憶想

戦後日本と〈瑕疵存在の史的唯物論〉

長原 豊

Defeat and Reminiscence:
Historical Materialism of
Defective Being in postwar Japan
Yutaka Nagahara

航思社

敗北と憶想

目次

敗北と憶想

戦後日本と〈瑕疵存在の史的唯物論〉

はじめに

敗北の憶想、あるいは彗星とラス前《ペニュルティエーム》

他ならぬ天体そのものが、私としては、鬱々とした重み《じゅうりょく》をともなった何か相当な理由がなくてはちょくちょくお出まし願ったりすべきではないと信ずるものだが（ここでは、説明によると、〈恋の神〉が天体を動かし集合させている）、私はぱらぱらと筋書きをめくり、〔天体とは〕星々が集まっているところなのだと知った。[*1]

> 打ち拉《ひし》がれた俺たちは家に引き下がるが、俺たちの孫はもっとうまく戦い抜くぞ[*2]

死者が再来し、彼らの行為はもう一度われわれとともに成ろうとする。〔…〕

死者は戻ってくる、新しい行為のなかだけでなく、新しく告げられた意味連関のなかにも。*3

彗星－楕円と分岐

エルンスト・ブロッホから切り抜いた二つの題辞の核心を準備するためにマラルメの「バレエ」から伐り採った最初の題辞でぼくが傍点をふした「ここ」は、言うまでもなく、「天体そのもの」ではない。この「ここ」とは、『天体による永遠』というブランキの作品である。ランシエールは、おそらくはさほどの他意もなく皮肉ったに違いないマラルメのこの一文から、括弧で括った部分を省いて、かの稀書への序文のための題辞とした。だがその際彼は、この幽閉者《スミヤキスト》が『天体による永遠』の草稿を『資本と労働』*4の草稿とともに妹に託したことをことさらに伝えることを忘れなかった。まるでこれら二つの書が一対の作品でなければならないことを強調するかのように。

その「序文」でランシエールは、ブランキが「天体を凝視することで彗星の性質〔など〕〔…〕をめぐるさまざまな論争を知ったのではな」く、むしろ「鬱々とした重み《グラヴィテ》をともなった何か相当な理由」があったからこそ彼は天体（の魅力《アトラクシオン》－重力）に「ハマった」と指摘する。*5 そのうえで彼は、何よりもまず最初に、楕円を描いて巡航する彗星と天体の秩序立った運行《スィルキュラシオン》との脆い併存あるいは交錯を、「多少とも楕円状の周回《スィルキュラシオン》」といった修辞を用いて表現する、*6 ブランキへの注意を促している。

彗星とは、ぼくにしてみれば、ベンヤミンの「歴史《ゲシヒテ》の天使」ならぬマラルメの「天上の栄光を分有する〈回想《スーヴェニール》〉」という名の天使の別名であり、*7 ラプラス（－カント）が「いかなる名目のもとでも自分の体系の内部に留めておくこと〔に我慢〕ができず、その放逐のために星から星へと盥《たらい》回しにし、彷徨わせ」た出来事、[*8] 合理的説明にはその出来《しゅったい》が不都合な〝事実〟であるという理由から残滓あるいは方

＊1　マラルメ「バレエ」『マラルメ全集』Ⅱ、筑摩書房、一九八九年、一六五頁。ルビと〔　〕は長原。以下同様。また本書では行論の関係から邦訳を変更したり、初めから原典だけを用いて議論する場合がある。すべての邦訳者に感謝する。

＊2　フランケンハウゼンの闘いの敗北後に農民軍が歌った歌の一節（エルンスト・ブロッホ『世界という実験』小田智敏訳、法政大学出版局、一九九九年、一四七頁）。なお、小田智敏「E・ブロッホとベンヤミン——Eingedenken をめぐって」（『ドイツ文学』一〇六巻、二〇〇一年）および古川千家「ブロッホとベンヤミン——作用史的研究」上（『愛媛大学教養部紀要』第二二号、一九八九年）と同「ブロッホとベンヤミン——作用史的研究」下（『愛媛大学法文学部人文学科編』第三号、一九九七年）がなければ、本書の冒頭を飾るこの文章をこのように書くことはなかっただろう。お二人に感謝する。

＊3　エルンスト・ブロッホ『トーマス・ミュンツァー——革命の神学者』樋口大介・今泉文子訳、国文社、一九八二年、一一頁および一六頁。

＊4　Louis-Auguste Blanqui, *Critique sociale. Capital et Travail*, Tome premier, Paris: Félix Alcan, 1885.

＊5　ブランキ『天体による永遠』浜本正文訳、岩波文庫版、二〇一二年、五一頁。強調長原。

＊6　Jacques Rancière, "The radical gap," *Radical Philosophy* 185, 2014, p. 19. この論文は、Louis-Auguste Blanqui, *L'Éternité par les astres*, Paris: Les Impressions Nouvelles, 2002 のための「序文」として書かれた。オリジナルを入手できなかったので、以下はその英訳に拠る。なおあらかじめ註記しておくが、フランス語の〈attraction〉には〈gravité〉とともに重力という意味がある。

＊7　マラルメ「類推の魔」、前掲『マラルメ全集』Ⅱ、一九頁。

程式における攪乱項——彗星の／という塵‐屑（切り落とされたもの Abfall）あるいは合理が定めた不合理——と事後的に命名されることになる〝事前〟としての「割れ遺る端緒」がもたらす遺抗《レスターンス》に宛がわれた蒐集的隠喩であろうが[9]、しかしそれはまた同時に、一つの体系が自閉‐完備する円環であるという例の無辜の御宿り‐瑕疵なき公理であるためには欠かせない[10]、範疇的に（は）円環に属しながらもガス状の塵‐屑の尾を随え、天体の運行《スィルキュラシオン》‐周回にいくつもの二つの焦点を強いる瑕疵でもある。そしてこの「割れ遺る端緒」がもたらす遺抗の現在《いま》の時《とき》における残影‐残響こそ、例の憶想 Eingedenken という永遠の〈原史 Urgeschichte〉から必ず送（贈）り届けられる宿題‐土産《スーヴェニール》への応答——それは人びとの内面に疚しき負い目‐対抗贈与《コントルドン》を惹起する想起 Erinnerung でもある可能性が否定できない——を人びとに科し[11]、然るが故に、未来に恃《たの》んで過去へのさまざまな背進的居残りを強い、ついには人びとが過去におけるその失敗の質受け《リダンプション》を前方《みらい》へ投射‐投企する、当のものだった。

その存在としての瑕疵こそが完備した円環《セルクル》であることを担保する仕組み——資本と労働——を唯一描くことができるこの例《ドゥルーズ》の「非精確な」体系あるいは丸《ローンド》は、ブランキには内心「俗悪きわまる再版、無益な繰り返し」と映りもしただろうが、しかし同時に、であればこそ彼に、「過ぎ去った世界の標本がそのまま、未来の世界のそれとなる」という、〝ちぇっ！〟——〈*Pfui!*〉——と舌打ちしたくなるようなシケた宿命‐反復を強いるこの「重力《ちきゅう》による羽交い締め étreintes」から[12]、あるいはそれをランシエール風に言い換えれば、「重力の魅惑‐誘引 gravitational attraction」という「秩序‐治安《ポリース》」から遁れ[13]、完結‐幽閉の「圏外に」——「接（切）線に沿って」——「脱出すること」が可能か、などと問わせた当のものでもあったのだ[14]。そしてその問いへの回答こそ、時《クロノス》を時《カイロス》において跨ぎ変革‐無秩序を仮構する、[*15]ウィリアム・モリス（そしてE・P・トムスン）におけるジョン・ボールという形象、[*16]あるいはブロッホにおけるトーマス・ミュンツァーという形象を彷彿とさせる次の一文を措いたうえで、市民社会―（事後《かくめい》の）秩序に力強く拝跪するブランキだった。[*17]

---

*8　前掲『天体による永遠』三一頁。

*9　長原豊『われら瑕疵ある者たち』青土社、二〇〇八年参照。

*10　Gilles Deleuze (avec Félix Guattari), « Sur le capitalisme et le désir », in id., *L'île déserte et autres textes. Textes et entretiens 1953-1974*, édition préparée par David Lapoujade, Paris: Minuit, 2002 参照。

*11　ヴァルター・ベンヤミン『パサージュ論』V、今村仁司ほか訳、岩波書店、一九九五年、四四頁。想起と憶想との分節という多くのベンヤミン研究者を魅了してきた論点については、次作に向けてマルク・ブロックとの対比をも含めて別個の論文を用意している。ベンヤミンの視線から言えば、とりあえずベンヤミン「プルーストのイメージについて」(1923/1934)『ベンヤミン・コレクション』2、浅井健二郎編訳、ちくま学芸文庫版、一九九六年および同「ボードレールにおけるいくつかのモティーフについて」(1939)『ベンヤミン・コレクション』1、浅井健二郎編訳、ちくま学芸文庫版、一九九五年を、またブロッホの視線からは、何よりもまず、前掲『トーマス・ミュンツァー』およびエルンスト・ブロッホ『ユートピアの精神』好村富士彦訳、白水社、一九九七年を参照されたい。

*12　前掲『天体による永遠』一三三頁、三五頁。

*13　Rancière, "The radical gap," op.cit., p. 19.

*14　前掲『天体による永遠』五二頁および三五頁。強調原文。

*15　アントニオ・ネグリ『革命の秋《とき》』長原豊・伊吹浩一・真田満訳、世界書院、二〇一〇年参照。

*16　E. P. Thompson, *William Morris: Romantic to Revolutionary*, London: The Merlin Press, 1955, p. 722.

ただ一つの分岐の章だけが、希望‐期待に向かって開かれたままにある。忘れないようにしよう。この地上でわれわれがそうであったかもしれないことのすべては、どこか他の場所でわれわれがそうであることを。[18]

目も眩むような宿命《おきて》の蠢きに倦むブランキをその背後に強く感じさせるこの檄文は、しかし後にも触れられるが、であればこそその「跪く力は物凄く」[19]、その意味でふたたび翻って、この「希望‐期待 l'espérance」を込めて「待（あるいはむしろ、俟）つ」こと（待望）には死という「裏地 Innenseite」が貼り憑いて剝がれないことを証す機制でもある。[20]

ランシエールは、ブランキのこの固有の諦念──内面を覆う裏地がもたらす幽閉《メランコリア》[21]──に真向かって、希望‐期待そして死に裏打ちされる複数の「分岐‐枝分かれ bifurcations」を「再生‐叛乱の衝撃 re/insurrecting shock」と呼ぶだろうが、彼は、そう命名することで、「消滅した星々は、新たな火種を生み出す衝撃によってのみ、ふたたび燃え立つだろう。彼は、この衝撃を生み出すことができる力だけが、死んでしまった星々を互いに粉々にし合う誘引力《アトラクション》‐重力である」ことを、むしろ秩序が間歇的に出来させては首尾よく鎮圧することができる秩序‐階調の（いわば吃音的）乱調を強調しながらも、告げているようにさえ見えるのだ。

然り、ラカンがフーコー「作者とは何か」のセッション（一九六九年二月二二日）にまるでワザと遅れて到来したかのように最後に登壇し、「構造は街頭でデモらない」という〈六八年〉のスローガンの一つにたいして痛苦の警句〈構造の街頭への降臨 La descente dans la rue des structures〉を献呈し当て擦ったように、構造は敗北として街頭に森々と降り積み、人びとを倦怠に閉じ込めるのだ。[*22] そしてそれはまた、「世界の起源」を論ずるブランキの「衝突して再生に至るこれら天体の亡骸どうしの邂逅《ランコーントル》は、容易に秩序の混乱を思わせる」といった（秩序の混乱への期待に潜む徒労感を込めた）記述、[*23] だが思わず、カントが内心は惹かれながらも論駁せねばならなかったルクレティウス！ と叫んでしまいそうな記述を引き取って、過ぎ去ったかの出来事に、バディウとは異なる視点から、[*24] 遡行するランシエール自身のそれでもある。そこにぼくは、出来事と確信に支えられる主体との瞬きのような煌めく斜交交錯へのランシエールの持続する眼差しを偏って執拗に手放さず、「起源」を語りながら

＊17　Rebecca Comay, *Mourning Sickness: Hegel and the French Revolution*, Stanford: Stanford University Press, 2011 参照。
＊18　前掲『天体による永遠』一三三頁。強調原文。
＊19　前掲『パサージュ論』V、二八頁。
＊20　同前『パサージュ論』V、四三頁。
＊21　ベンヤミン「左翼メランコリー」『ベンヤミン・コレクション』4、浅井健二郎編訳、ちくま学芸文庫版、二〇〇七年あるいはむしろエンツォ・トラヴェルソ『左翼のメランコリー』宇京頼三訳、法政大学出版局、二〇一八年を参照。
＊22　Michel Foucault, « Qu'est-ce qu'un auteur? », in id., *Dits et écrits* I, 1954-1969, p. 820. なお、Slavoj Žižek, "The Ambiguous Legacy of '68," *In Theses Times*, June 20, 2008 および Yutaka Nagahara, "1972: The 'Structure' *did* Descend Onto the Streets," Gavin Walker ed., *The Japanese '68: Theory, Politics, Aethetics*, London: Verso (forthcoming).
＊23　前掲『天体による永遠』七〇頁。
＊24　Alain Badiou, *L'hypothèse communiste. Circonstances, 5*, Paris: Nouvelles Éditions Lignes, 2009.

邂逅《クリナーメン》する革命家ブランキと歴史家マルク・ブロックを同時に見出してしまう。

　このブランキに触発されてベンヤミンは、[25] しかし、本音を漏らして正しくも、夢見ることが幸せだとするヴィクトル・ユーゴーの「待つことが人生だ Attendre c'est la vie」に列べて、J・P・ヘーベルの有名なアフォリズム――「倦怠は死を待っている Die Langeweile wartet auf den Tod」[26]――を引用し、この夢と倦怠という一箇同一の所作に「神話の反復としてのブランキ理論」を重ね合わせ、それをもって一九世紀の「原史の基本的な実例《みせしめ》」としたのだった。だがそれは、〈In jedem Jahrhundert muß die Menschheit *nachsitzen*〉という原文に「どの世紀においても人類はやり残したことをやり直さなければならない」という意を尽くした卓抜たる邦訳が宛てられた、対抗宿命《コントロ・ロト》あるいは偶然《ロ》‐賭《ト》を誘発する一対である想起‐憶想 Erinnerung/Eingedenken という辛酸‐人間的営為をも含意している。[27] ここでベンヤミンが用いたこの〈nachsitzen〉という動詞が突きつける事実、[28] つまりひとは、いつでも、過去の土産‐滞貨《スーヴェニール》に衝き動かされ、現在《いま》（の時）においてそれを腑に落とし（きれずに）、未来に、あるいはベンヤミンに言わせれば過去とともに蒐集された「異郷‐遠方 Ferne」に、[29] その想いを馳せながら生き延びるために過去を現在において想起‐憶想し、倦怠の果てに――まるで「四月テーゼ」のように――跳躍することで、現在《いま》という時に有りながらも過去と未来に身を引き裂かれることを、つまりひとは歴史に居残りを命じられているのだ。

　だが、とすれば、その冷徹な事実によってぼくは、ぼくにしては珍しく前向きに、マラルメの〈回想〉あるいはブランキの〈分岐‐希望‐期待〉とは連続性を偏愛したとされるキェルケゴール[30]のいわゆる切断する「反復」したがって差異の生産ではないのか、とさえ問うてみたくなるのだ。というのも、キェルケゴールにとって「ふたたび‐受け取る（受け取り‐直す）Gjen-tagelse」ことである「反復Wiederholung」は、すべての「認識が想起だと教えた」ギリシアの人びと――プラトンの想起説――にとっては「想起‐内面化Erinnerung」、あるいはしたがって、内面にこびりつく「決定的な言葉」であり、またその意味で「受け取り直しと想起は同一の運動」であるとしても、しかし、キェルケゴール自身がその意に反して言ってしまった「ただ方向が反対だというだけの違い」には決してとどまらないからである。むしろより重要なのはその後段、つまり「想起されるものはかつてあったものであり、したがって後方に向かって反復される」が、それとは反対に、「本当の反復‐受け取り直し」とは、したがって、過去のむしろ憶想Eingedenkenを不可避の軌道として「物事を前方に向かっ

＊25　Miguel Abensour, *Les passages Blanqui. Walter Benjamin entre mélancolie et révolution*, Paris: Sens & Tonka, 2013 およびMiguel Abensour et Valentin Pelosse, *Libérer l'Enfermé*, Paris: Sens & Tonka, 2014参照。

＊26　J. P. Hebel, Sämmtliche Werke, Vol. 8: Vermischte Aufsätze, London: Forgotten Books, 2018, XXIV-10.

＊27　前掲『パサージュ論』V、四四頁。強調長原。これら二つの概念の間に挿入された〈‐〉あるいはスラッシュはほぼ英語におけるセミコロンの作用に等しい離切的連接である。

＊28　この一文の英訳は〈In every century, humanity has to be held back a grade in school〉である。Walter Benjamin, *The Arcades Project*, trans. by Howard Eiland and Kevin McLaughlin. Prepared on the basis of the German Volume edited by Rolf Tiedemann, Cambridge, Mass. : Belknap Press of Harvard University Press, 1999, p. 118.

＊29　前掲『パサージュ論』I、今村仁司ほか訳、岩波書店、一九九三年、一七頁。

＊30　ジル・ドゥルーズ『ベルクソンの哲学』宇波彰訳、法政大学出版局、一九七四年、五九頁。

て想起する」ことであり、それそのものとして、期待＝不安定——不安・畏れ・戦《おのの》き——をもたらすことをそれは意味しているからである。[31] そしてまさにここでこそ、「歴史とは構成の対象であり、その構成がなされる場は、均質で空虚な時間ではなく、現在《いま》の時に充ちている時間」とされるのである。[32]
だがとすれば、本書では、ひとは円環と「多少とも」交錯‐調和する彗星‐楕円を倦怠‐死とともにただひたすらに「待つ」のみなのか、あるいは出来事の出来を不安・畏れ・戦きとともに期待に導かれて重力からの複数の「枝分かれ」に遭遇してはそのつど跳躍するのか、あるいはこの両者を同時に不可能に引き受けるのか、あるいは屈託とともに否認するのかに関わる論点が、間接的ではあっても、論じられねばならないだろう。[33] とはいえ……そこにはまず初めに、あるいは事前《ことのまえ》に、ある一つの「喪」がすでにある。

ラス前《ペニュルティエーム》の喪

ブランキの倦怠‐死をともなう待望（という至福）。だが「類推の魔」でマラルメは、分綴《ぶんてつ》されたもう一つの無‐死 *nul* を剔抉している。「ラス前 *pénultième*」は、「あらかじめ定められた先送り la suspension fatidique」によってのみ——だからこそ「……を待つ warten auf」という責め苦を定められることで——「切り離され、意味の空虚さによってさらに不要」である／になるという体《てい》で——de façon que——「死ぬ」と書いた。[34]
「ラス前《ペニュルティエーム》」という一語に埋め込まれているこの分綴された無‐死という塵‐屑あるいは離反 Abfall は、「天上の栄光を分有する〈回想《スーヴェニール》〉」が訪れ、その存在をまさに無‐効（‐非在）において想起‐憶想させた当のものだった。この「さらにplus」に傍点をふったのはぼくの恣意だが、それは詰まる処、〈端緒‐起源〉なるものの事前《ことのまえ》にあらかじめすでに「不要」でありながらも〈Ur-原的に〉不可欠な切片Teilが有るとマラルメが判じたであろうこと——おそらくは遡及的な判定Urteilあるいは目的‐意図——の作用を想起させるためだが、だからこそマラルメは、にもかかわらず、この「不要」を、だがその不要であること自体が発揮する無効‐無意味あるいは塵‐屑の重大性を拾い蒐めては存置するために、「空虚」を「沈黙」という主体に置き換え、黙話し‐目で読み（ながらも）、しかし、この

＊31　キルケゴール『反復』枡田啓三郎訳、岩波文庫版、一九五六年、八頁。強調長原。

＊32　ヴァルター・ベンヤミン『〔新訳・評注〕歴史の概念について』鹿島徹訳・評注、未來社、二〇一五年、六二頁。

＊33　それはまた、マルクスあるいはさらにレーニンとブランキが交錯する邂逅にも関わっているが、マルクスとブランキの関係については、取りあえずは、William Clare Roberts, *Marx's Inferno: The Political Theory of Capital*, Princeton, NJ.: Princeton University Press, 2017の書評論文でブランキの再考を求めたハーヴェイ（David Harvey, "Reading *Capital*," *Jacobin*, 03.10.2017）とそれへのロバーツの否定的な応接（William Clare Roberts, "The Value of *Capital*," *Jacobin*, 03.27.2017）、さらにそれへのホルワードの介入（Peter Hallward, "Blanqui and Marx, *Jacobin*, 08.14.2018）などを参照。またレーニンとの関係については、スラヴォイ・ジジェク『迫り来る革命』長原豊訳、岩波書店、二〇〇五年、Slavoj Žižek, *Lenin 2017*, London: Verso, 2017およびDoug Enaa Greene, *Communist Insurgent: Blanqui's Politics of Revolution*, Chicago, Il.: Haymarket Books, 2017参照。

＊34　Philippe Lacoue-Labarthe, *Agonie terminée, agonie interminable. Sur Maurice Blanchot*, Paris: Galilée, 2011, pp. 63-90を参照されたい。

沈黙‐主体にむしろ「難儀な享楽を見出す」厄介な自分《しゅたい》を見出し、ついには「（最初の音声、あれこそが疑いもなく唯一のものだった la première, qui indubitablement avait été l'unique）」と背進されてのみ何処《いずこ》に有るとも知れぬ（ままでもよい、あるいはそのほうがよい）「最初の音声」とされる序数的――あるいは遡行的に構成された――起源なるものの「唯一」性を、しかも括弧《パーレン》に包んだまま、措き遺すほかなかったのだ。[＊35]

だが、マラルメのこの「ラス前《ペニュルティエーム》」噺をここで終わらせるわけにはいかない――「資本主義が歴史の終わりに à la *fin* de l'histoire 存在し、偶発性や偶然時の果てしない歴史から結果し、この歴史に終わりを出来させる faire advenir cette fin」がゆえに「あらゆる歴史を資本主義との関係において、遡及的に読むことができるかもしれない」と身も蓋もなく正しく指摘するドゥルーズ＝ガタリ、この「終わり fin」とは現在《いま》の時《とき》であることを示唆するドゥルーズ＝ガタリは、[＊36] マラルメがその死を宣告したこの無きが如く有らねばならない「ラス前《ペニュルティエーム》」――あるいはジジェク風に言えば〈Less Than Nothing〉――の喪、この無効‐無意味という塵‐屑なしには成り立ちえない「ラス前《ペニュルティエーム》」の喪を移行（再生であれ、反復であれ）の徴《しるし》として論じ（受け取り）直すだろう。そしてそれはふたたび、国家と資本‐労働の運行《スィルキュラシオン》‐周回をまさに捕獲において差配する重力の作動《アジャンスモン》に析出される次元を異にする臨界《リミナル》である。だが彼らは、しかし、この臨界を「最後 dernier」あるいは「限界‐余白 marginal」を「最新」あるいは「最終 l'ultime」とするのではなく、むしろ交換‐交接が「利益を与えなくなる」つまり無為となり「意味の空虚さ」を曝し――まさに新古典派経済学における限界効用説そのものの核心――、「限界‐余白 marginal」と「限界 limite」との異なりに説明を与えることなく「アジャンスモンの変更を余儀なくされ、別のアジャンスモンに移行せねばならなくなる一歩手前」の（死すべき）「ラス前《ペニュルティエーム》」とし、そのうえで「限界 limite」と「閾 seuil」の「概念上の区別」を、前者が「必然的な再開 recommencement nécessaire」の徴としての「ラス前《ペニュルティエーム》」であり、後者が「不可避の変更の徴としての最終」を指す、と定義したのだった。[*37] そしてこの概念的分節には、「閾」あるいは〃敷居 Schwelle〃の踏み越え‐踏み外しを支える希望‐期待に纏《まと》い憑く不安・畏れ・戦きを祓う「確信」としての主体《ちょうやく》という問題が潜んでいるだろう。なぜか。

それは「必然的な再開」‐反復をもたらしてしまう「限界」を踏み越え‐踏み外して「変更」を不可避にするための――余白の置字‐充填による再開‐反復ではなく――「接（切）線」的「跳躍」が、「多少とも楕円状」の歴史《ゲシヒテ》の運行ではなく歴史《ゲシヒテ》の主体‐跳躍として、希望‐期待されなければ、この死すべき「ラス前《ペニュルティエーム》」という微分的な限界‐余白 limite/marginal がその順位において閾‐敷居を招来することがないであろうからである。

---

*35　前掲「類推の魔」、前掲『マラルメ全集』Ⅱ、二〇頁。

*36　Gilles Deleuze et Félix Guattari, *L'Anti-œdipe. Capitalisme et schizophrénie*, Nouvelle édition augmentée, Paris: Minuit, 1972/1973, p.180. 強調長原。

*37　Gilles Deleuze et Félix Guattari, *Mille plateaux. Capitalisme et schizophrénie*, Paris: Minuit, 1980, pp. 545-546.

では跳躍とは

だがこの閾‐敷居を凌ぎ跨ぎ越して接（切）線的に跳躍する限りにおいて主体‐彗星で有る／と成ることとは、いったい何を指しているのか？　第1章でも触れるように、この点についてドゥルーズは、「人間はつねに、自分が解決しうる課題だけを自分に提起する」と書いたマルクスを「問題設定と問題解決は〔…〕ほとんど同義」と考え、「本当に重大な問題は、問題が解決されたときにしか措定されない」とするベルクソンと同一の地平にまず措いたうえで、[*38] しかしその根拠については、「課題そのものは、その解決の物質的諸条件はすでに存在しているか、あるいは少なくとも生まれつつある場合だけに発生することが、つねにみられるからだ[*39]」と素朴な唯物論的解釈を赦してしまうかに見えるマルクスとはその構えにおいて異なり、以下のように書いて、戦きながらも待望する主体――限界‐余白的な主体――を仮構している。それはドゥルーズのいわゆる「存在論への跳躍 *le saut dans l'ontologie*」である[*40]。

そしてこのドゥルーズが、彼が「ほとんどキェルケゴール的な観念」と呼んだ

> 「跳躍」を、われわれは作り出す Nous faisons le « saut »。われわれは、単に過去一般の要素のなかに身を置くのではなく、一種の〈想起 Réminiscence〉のなかにわれわれの現実的必要に対応すると想定される然々の領域、つまり然々のレヴェルにも身を据える[*41]

としたのである。だが、しかし、この〈想起 Réminiscence〉――想起‐憶想 Erinnerung/Eingedenken――

という過去への「跳躍」を牽引する存在論は、過去が史実として実在する――「あったことをあった通りに was war und wie es war」記述することによって初めて実在するとされるようになる倒錯的に史実なるもの[42]――などと考えることそれ自体が「馬鹿げている」がゆえに[43]、「基本的には〔とぎれた〕曲線の補完‐内挿 interpolation des courbe の手続き」によって「解釈される前に発見されねばならない」とされる、まさに主体の背進‐遡行的な生成（憶想）である[44]。またその意味で、「原因」とは、

---

*38 アンリ・ベルクソン『思考と動き』原章二訳、平凡社ライブラリー版、二〇一三年、七〇頁。前掲『ベルクソンの哲学』六〜七頁。

*39 マルクス「経済学批判」『マルクス＝エンゲルス全集』第一三巻、大月書店、七頁。

*40 前掲『ベルクソンの哲学』五八〜五九頁。強調原文。

*41 同前、六四頁。

*42 Ernst Bloch, *Geist der Utopie*, München und Leipzig, Verlag von Duncker & Humbolt, 1918, S 334ff（定本とされた「第三版」にもとづく前掲『ユートピアの精神』には該当部分は存在しない。その点については同書の「解説」〔四〇二〜四〇四頁〕を参照されたい。なおマルク・ブロックのランケ批判もみよ）。Marc Bloch, *Apologie pour l'histoire ou métier d'historien*, Édition annotée par Étienne Bloch, Préface de Jacques Le Goff, Malakoff: Armand Colin, 2018, p. 124.

*43 Bloch, *Apologie pour l'histoire ou métier d'historien*, ibid., p. 49.

*44 Marc Bloch, « Pour une histoire comparée des sociétés Européennes », *Revue de Synthèse Historique*, 46, Déc. 1928, pp. 20, 19. なお〔　〕は邦訳者による画期的介入である（マルク・ブロック『比較史の方法』高橋清徳訳、講談社学術文庫版、二〇一七年、一三頁）。

マルク・ブロックが端的に語ったように、「歴史においても他の場においても、前もって仮定されるものではなく、探される」べきものであり、[45] それをもってベンヤミンは「過ぎ去ったものを史的探求によってこれとはっきり捉えるとは、〈それがじっさいにあったとおりに wie es denn eigentlich gewesen ist〉認識することではなく、危機の瞬間にひらめく想起をわがものにすることである Es heißt, sich einer *Erinnerung* bemächtigen, wie sie im Augenblich einer Gefahr aufblitzt」としたのである。[46] そしてこの「発見」こそ、「問題の解答は隠され覆われたままかもしれないが、しかしそれは問題の提起と同時に存在している。その覆いを取り除きさえすればよい」とするベルクソンの「発見－除幕 *découvrir*」[47]、あるいは例の除－幕 dé-voilement としての真理《アレーティア》にほかならないのである。またであればこそ、偶発性を本質的な構成要素とする「系譜－認知 filiation」と（線形－円環的）「説明」を混同し、「説明する一箇の端緒である〔…〕起源」に執着する（ことでじつは起源を放逐してしまう）方法論的構えにたいするブロックの批判は、[48] 裏を返せば、「天体はすべて、例外なく、同じ起源を持っている。衝突による大炎上－騒擾 l'embrasement par entre-choc である」と、起源－端緒を衝突《クリナーメン》あるいは異議を申し立てる過程 procès あるいはフィヒテの事行《じこう》 Tathandlung において散種させたドゥルーズ的ブランキは、歴史の運行への視点において、軌を一にしていると言うべきなのである。[49]

「はじめに」を自称する以上の本書本体への〝繫辞〟的覚え書きは次章以下にその具体像――さまざまな敗北とその憶想がとるさまざまな文体――を顕わにするだろうが、それはまた同時に、構想され進行している次作『資本主義の層序学』への方法論的序そのものをも形成している。そしてその意を、以下のブロッホに仮綴じ的に語ってもらおうと思う。

したがって歴史《ゲシヒテ》は、想起だけでは喚び興せない Folglich ist die Geschichte mit *Erinnerung allein nicht* heraufzubringen。歴史は、作用関係や歴史内在的な価値関係 innerhistorischen Wertbesiehung の諸範疇に加えて、過ぎ去って猶も生き続ける（居残る）こと／もの Weiterlebe の〔…〕憶想 *Eingedenken* のもっとも本来的な「再刊－新たな急迫 Neudruck」という生産的な見取り図 das produktive Schema があって初めて、可能となる。[*50]

---

*45 Bloch, *Apologie pour l'histoire ou métier d'historien*, op.cit., p. 158. 例えばブロッホは「『原因ハ結果ニ等シイ *Causa aequat effectum*』という主張は、まったく目的のない、あるいはないに等しい因果関係であれば、そうでもあろうが、複数の目的因があるところではそうは行かない」と書いて、「目的」の「歴史内在的な価値関係」の介入を因果関係の仮構に認めている。前掲『世界という実験』一四四頁。

*46 前掲『［新訳・評注］歴史の概念について』四九頁。なお引用文中に傍点をふったが、ここでのベンヤミンの「想起 Erinnerung」は、その主体－目的の形成〈bemächtigen —— 乗っ取る〉において、ほぼブロッホの「憶想 Eingedenken」に等しい。

*47 前掲『思考と動き』六九頁。

*48 Bloch, *Apologie pour l'histoire ou métier d'historien*, op.cit., p. 56, p. 54.

*49 前掲『天体による永遠』七九頁。

*50 前掲『トーマス・ミュンツァー』一六頁。強調は長原。

あるいはまた、

〔…〕静観されるにはとどまらない過去のうちには独特の種類の未来があり、それがあるために、まさしく妨げられ挫折し成らなかったことに即して、場合によっては後に残されたわれわれに委ねられた依頼として、過去における未来 *Zukunft in der Vergangenheit* が、もっとうまく戦い抜くべき未来要請が幕開く。〔…〕自らに適合したものがまだ現れておらず、現れたものがまだ自らに適合していないので、クロノスは不適合なものを切り裂き沈める〔カイロスをもつ〕のである。〔…〕「まだ見つかっていない」の過程がなお進行しているかぎりにおいて、またまさしくそれがゆえに、過去がある〔贈られる〕*Solange noch ein Prozeß des Nicht-Gefundenhabens im Gang ist, so lange und eben deshalb gibt es Vergangenheit*。[*51]

こうして本書では、この国におけるさまざまな敗北とさまざまな文体を用いたその想起－憶想によるさまざまな修復－投企（とその失敗）が、まさに憶想される。

＊51　前掲『世界という実験』一二三〜一二四頁。強調は原文。〔　〕はぼくの恣意的な介入。

I

歴史叙述の作法

第1章

死者が生者を捕らえる

——ふたたびマルクスとともに

生者はしばしば死者にとり憑かれ、死者とそっくりの後継者となって死者の途切れた生 sa vie ***interrompue*** を継承する。*1

未来の歴史家の最大の関心を惹くものを私たちが現在の事態のなかに正しく指摘するには、幸いなる偶然、例外的な僥倖 un hasard heureux, une chance exceptionnelle が必要である。*2

目論見

先行する「文書《はじめに》」を直接引き継ぐ本章では、「歴史叙述でマルクスが演じた特異な役割」を念頭に歴史と主体との関係性を展望し、[*3] マルクスにとっての歴史《ゲシヒテ》の理論的・政治的な位置づけが論じられる。またその際の主要な素材として当初ぼくは、マルクス本人はもとより、一方に現代の代表的なコミュニストの理論家の作品を、またその他方にリュシアン・フェーヴルと列んでアナール学派の創設に参加した稀代の歴史家であり、[*4] ナチスとの闘いに斃れたレジスタンスの闘士でもあったマルク・ブロックの歴史（叙述）方法論についての作品を[*5]——ブロックの「時間」理解のシルヴァン・ラザリュス的改釈（「時間範疇の廃止 Abolition de la catégorie de temps」）を批判的に経由し[*6]——それぞれ配備することで理論的に版図化された領域を想定し、それらを来るべき著作のために組み上げる心積もりだった。だが当然にも、ノートは信じ難いほどの量に膨れ上がり、そのためぼくは戦線を導入部分に限定し、次作『資本主義の層序論』のための入り口にすることにした。それが本章である。

＊1　マルセル・プルースト『失われた時を求めて』8、吉川一義訳、岩波文庫、三七八頁。

＊2　アンリ・ベルクソン『思考と動くもの』原章二訳、平凡社ライブラリー、二〇一三年、二七頁。

＊3　エリック・ホブズボーム『ホブズボーム 歴史論』原剛訳、ミネルヴァ書房、二〇〇一年、二二三頁。

＊4　リュシアン・フェーヴルについてはさまざまな毀誉褒貶を確認することができる。とくにブロック崇拝者からの異論が予想される。とまれフェルナン・ブローデル——とくにその「長期持続 longue durée」(Fernand Braudel, « Histoire et sciences sociales: la longue durée », *Annales*, Vol. 13, no. 4, Déc. 1958) ——に視線が集まりがちなアナール学派だが、その根底には、たんなる創設者としてだけでなく、ブロックがベルクソンを明確に意識して用いた（意識の流れとしての！）「持続 durée」という理論的核心を歴史（叙述）方法論に定礎した存在であったことだけは、導入論文とはいえ、強調しておきたい。

ところで、採用された素材のうちマルクスのそれに関わって言えば、月並みにもそれが『資本論』第一巻に付された——理論的な政治時評でもある[*7]——「第一版序文」であることは、冒頭においた第一の題辞からすでに露見している。だがここで忘れられてならない論点、つまり往々にして忘れられている論点をあらかじめ指摘しておきたい。それは、この「第一版序文」が資本主義の発展——それが何を意味するにせよ——という視点から観て、最終的にはいわばベルクソン的時間に畳み込まれる自然的時間の流れにおいて「後発国」であったドイツの読者に宛てられており、その意味で以下に一般的に論ずる「序文の奸計」とは、その位相において、微妙にズレているという点である[*8]。ぼくは、しかし、この凡庸な素材選択にたいする弁明《アポロジー》をブロックがその名著に与えた表題《タイトル》-権限の真意[*9]——歴史の称揚《アポロジー》——をもってのちに確実に代弁してくれるものと確信し、ただちに本題に進むことにする。

「序文」の奸計-指示《プレスクリプシオン》

以前『資本論』第一巻のほぼ冒頭に据えられた「第二版後記」を素材に論じたように[*10]、序文とは行論の円滑な管理を操るための奸計（「理性の狡知」の模写！）だが、題辞のプルーストが引用符なしで引いている法諺「死者は生者にとり憑く le mort saisit le vif」は[*11]、『資本論』第一巻に付された「第一版序文」に刻まれた有名な文句の一つでもある。マルクスは、このフランス中世法における法諺を——のちに異なる画姿《えすがた》で再会することになる、ダンテ「煉獄篇」『神曲』からの引用とも異なる——もう

＊5　Sylvain Lazarus, « Hommage à Marc Bloch », in *Résistants et Résistance*, sous la coordination de Jean-Yves Boursier,

Paris: L'Harmattan, 1997. ところであらかじめ言っておくが、マルクスとブロックを対立させる試みは無意味だ。実際ブロックは、『歴史のための弁明』を執筆中にフェーヴルに送った書簡で、彼をからかうかのように、「あなたはきっと『資本論』を知らないんですね。〔『資本論』を読むという〕経験は歴史家にとって教えが多いものです」と書いている。これについては、ブロック論としては秀逸のA・グレーヴィチ『歴史学の革新』（栗生沢猛夫・吉田俊則訳、平凡社、一九九〇年）二〇一頁でも言及されている。ブロックは、『年報《アナール》』原本では、『資本論』を〈*la* « Capital »〉と表記している（L(ucien). F(ebvre)., « Marc Bloch: Témoignages sur la période 1939-1940. Extraits d'une correspondance intime », *Annales d'histoire sociale*, Hommages à Marc Bloch I, 1945, p. 25）。またさらに興味深いことに、書簡集には、同日にフェーヴルに宛てられた書簡が輯録されているが、まるで隠蔽されたかのように、まったく異なっている（Marc Bloch, Lucien Febvre et les *Annals d'Histoire Économique et Sociales, Correpondance*, Tome III, Édition établie, présentée et annotée par Bertrand Müller, Ouvrage publié avec le concours du Centre national des lettres, Paris: Fayard, 2003, p. 171）。

＊6　Sylvain Lazarus, *Anthropologie du nom*, Paris: Seuil, 1996, esp., pp. 135f. またAlain Badiou, « La politique comme pensée: l'oeuvre de Sylvain Lazarus », in id., *Abrégé de métapolitique*, Paris: Seuil, 1998 も参照。

＊7　最後にも触れるが、以下のホブズボームの指摘は重要である。つまり、マルクスは「歴史家がふつうに理解していたような意味での歴史を多く書いたわけではない。〔…〕マルクスの歴史研究の大方が理論的著作と政治的著作に組み込まれている。〔…〕『資本論』でさえ、『一八六七年までの資本主義の歴史』として論ずることができない」という指摘である（前掲『ホブズボーム歴史論』二二四〜二二五頁）。

＊8　その「政治論」については、アルベルト・トスカーノ「抽象の政治学」、コスタス・ドゥズィーナス＋スラヴォイ・ジジェク編『共産主義の理念』長原豊監訳、沖公祐＋比嘉徹徳＋松本潤一郎訳、水声社、二〇一二年を参照。

＊9　Bloch, *Apologie pour l'histoire ou métier d'historien*, op.cit.

＊10　前掲『われら瑕疵ある者たち』参照。

一つ別の有名な古典からの引用を導き出すために、引用している。[*12] それは、以下の文脈で動員された、ホラティウスの次の警句である。

> イギリスの工業労働者や農業労働者の状態をみてドイツの読者が偉そうな顰《しか》めっ面をしてみせたり、自分の国《ドイツ》ではまだそんなに酷い状態になっていないなどと能天気を言っているのなら、叫ばずにはいられない。他人事《ひとごと》デハナイ！（*De te fabula narratur!*）、と。[*13]

マルクスはさらに続けて、この警句を以下のように一般化し、悪名高い彼《か》の単線史観を表明したとされ、それがまた、この国ではいまや死語と化している唯物史観なるものにたいする批判の有力な根拠になっていることも、[*14] 周知である。それは、以下の論断である。[*15] まずは、その前段に記されたマルクスの問題設定の在処《ありか》――法則的傾向の／という「科学《ヴィッセンシャフト》-学知」――を引用する。

> 資本主義的生産の自然法則に起因する社会的な敵対関係の発展度の高低がそれ自体として問題なのではない。この法則そのもの、鉄の必然性をもって作用しみずからを貫くこの傾向が、問題なのである。

次いで、そうした科学《ヴィッセンシャフト》-学知（語義矛盾をはらむ表現だが、「法則的」「傾向」）を歴史（叙述）に嵌め込む――むしろ木目込む――もっと有名な（悪名高い？）後段である。

産業の発展のより高い国は、より低い国に、その国自身の未来の姿を示しているだけだ。

これまで一括りに論難されてきたこの一節を構成する前段と後段という異なる二つの立論構制《プロブレマティーク》の間には、再検討に値する、理論と歴史（の叙述構成）を一挙に跨ぐ、また従来からの論難とは質を異にする、乖離というよりもむしろ跳躍——いまはその肯定・否定を問わない——が潜んでいるとぼくには思われるが、それはともかく、そのうえでなお、こうした史観をそのまま信ずる者などもはやどこにもい

＊11　ここではプルーストの訳者に遵って「とり憑く saisir」とするが、通常は「捕らえる」であろう。なおドイツ語では〈Der Tote *packt* den Lebenden!〉となり、〈捕らえる packen〉が用いられており、その根幹にある〈包む－包摂する〉という語感が残されている。のちに触れる、ネグリとバディウにおける「死んだ労働 Tote Arbeit」（資本）による「生きた労働 Lebendige Arbeit」（人間）の包摂論のもとでの〈Le mort saisit le vif〉の経済学的修辞としての使用を想起されたい。

＊12　ぼくとはその理解が異なるが、『資本論』第一巻をダンテ『神曲』の煉獄編から論じた興味深い作品、William Clare Roberts, *Marx's Inferno: The Political Theory of Capital*, Princeton: Princeton University Press, 2017 参照。

＊13　Karl Marx, *Das Kapital*, Erster Band, Berlin: Dietz Verlag, 1993, S. 12. 以下、ほぼ岡崎訳に準じて訳出する。

＊14　この国では〈史的唯物論〉と〈唯物史観〉という二つの呼称が、それぞれ何ほどかの党派性を担っているようだが、〈Historischer Materialismus〉については、Alain Badiou, *Qu'est-ce que j'entends par Marxisme. Une conférence donnée le 18 avril 2016 au séminaire Lectures de Marx à l'École normale supérieure de la rus d'Ulm*, Paris: Les Éditions sociales, 2016 を素材に、次著でさらに立ち入って論ずることになるだろう。

＊15　以下二つの引用は、Marx, *Das Kapital*, Erster Band, op.cit., S. 12 より。強調は長原。

ないことは確かであり、また「資本主義的生産の自然法則」（下部構造）に「起因する entspringen」いわば上部構造における「社会的な敵対関係の発展度の高低」が「それ自体として」問題なのではなく、下部構造における「鉄の必然性」の解明が問題だと言い切った、科学《ヴィッセンシャフト》‐学知の子マルクスの歴史了解を現状に生《なま》のまま当て嵌めることが許されるとも、およそ思われない。

　だがここでは、一見するに時代錯誤のこうした論断[*16]を、にもかかわらず、一歩前へ圧《お》し進め、しかもさきの法諺、またその改釈に密接に関わる主体と歴史《ゲシヒテ》（の対抗的な発見‐捕獲）との言説装置を軸とする関係性の解明のために、いましばらくホラティウスの「ナゼ嘲《わら》ウ？　名ヲ入レ替エレバ、君ノ事ジャナイカ Quid rides ? *mutato nomine* de te fabula narratur」に、しかも〈名ヲ入レ替エ〉ることがなぜ可能なのか、つまり名称に互換性したがって通約性を許すものとは何か――だが、〈資本〉が生産する商品としての共軛性を措いて他に何があるというのか！――を想起しながらもう少し立ち止まり、バディウの主著の「序‐文」を、彼なりの参照項とともに立ち会わせ、事態をさらに拗《こじ》らせてみたらどうだろう。

　というのも、バディウは、その初期作品『主体の理論』のほぼレジュメのような「序‐文」――（五頁からなる）序文のための（二節三行からなる）序文、つまり前「序‐文」――で、次のように書きつけているからである。

「君の物語に　踏み込むとは M'introduire dans *ton* histoire」。読者諸君。これこそ、〔これまでも〕きわめて適切な任務を担っ〔てき〕た〔あの〕さまざまな序‐文たち *les* pré-faces の真の目的にほかならない。序‐文は序‐文より前に起こることの輪郭《プロフィール》を提供せねばならない。[*17]

とすれば、この「輪郭《プロフィール》」は、誰あるいは何のそれ、なのか？　だがここで、一呼吸おこう。とまれこのバディウは、表向きには、この一節のその結論において、ヘーゲルやマルクスが相互参照‐自己言及的にさまざまに書き残してきた序文や序言の（体系的完結という最終目的における）任務──〈前梯‐前提（前‐措定）Voraus-Setzung〉、あるいはぼくはこれをドゥルーズ＝ガタリの〈公理系《アクシオマティック》〉と呼んでもいいようにも思っているが──を肯定的に再認し、ふたたびそれを読者に指示《プレスクリプシオン》として強いているかのように（も）みえる。[*18]　冒頭におけるもう一つの題辞と呼応する形で、本稿の最後でドゥルーズのベルクソンあるいはベルクソン本人に託《かこつ》けて振り返るが、それはまるで「序‐文は、序‐文より

＊16　マルクス主義史学なるものの失効と再発案については、Enzo Traverso, "Marx, History, and Historians: A Relationship in need of Reinvention," *Actuel Marx*, No. 50, 2011/2を参照。

＊17　Alain Badiou, *Théorie du sujet*, Paris: Seuil, 1982, p. 11. なお、マラルメにはない〈ton〉（へ）の強調《イタリック》は、その後の詩句を意識したバディウによる（ステファヌ・マラルメ『マラルメ詩集』渡辺守章訳、岩波文庫、一五二頁）。

＊18　この大義の強制 prescription はバディウが一度断念したものであり（だからこそバディウは、以下の傑作論文──Alain Badiou, "The Factory as Event Site," trans. Alberto Toscano, in *Prelom*, no. 8, 2006〔« L'usine comme site événementiel » in *Le Perroquet*, 62-63, 1986〕を『存在と出来事』に組み入れることを断念したが、ラザリュスや彼の同志たちがいまだ継続しているものである。Bruno Bosteels, "Translator's Foreword" to Alain Badiou, *Philosophy for Militants*, translaed with a foreword by Bruno Bosteels, London & New York: Verso, 2012 参照。

前に起こることの輪郭《プロフィール》を提供せねばならない」という意味において、序‐文（問題設定）とはまさに結論であると、だが所定の手続きを践《ふ》むことなく（つまり、歴史を制《つく》る主体に関わる議論を省いて）、訴えているかのようにみえるのである。

偶然《できごと》において必然《れきし》を対抗捕獲する空無‐外《プロレタリアート》の場

では、この「序‐文」の、永遠に非在の〈原 Ur-〉となる危険性をはらんだ、「前に起こること」とは何か。この問いに答えるには、ここでは、バディウが引用符の許《ゆるし》で、その奸計‐指示に〈何を語る誰を立ち会わせ〉ようとしているのかを確認すればよい。そしてこれもすでに、明記されている。それは、「一巻の美しき書物」へ生成する「世界」に賽《さいころ》とともに憑かれ――だが、それがために「始める」ことの恐怖に陥り、その恐怖をリラダンに告白しながらも、[19] 咽喉痙攣で窒息死した（死は必然であっても、咽喉痙攣は偶然なのか？）――、にもかかわらず「君の物語に　踏み込む」「英雄」的所業を試みたステファヌ・マラルメである。[20]

ぼくがここで、つまりマルクスの必然《ホラティウス》に対項させてこの偶然《マラルメ》（‐切断としての出来《しゅったい》‐事《じ》）を引用するバディウを取り上げるのは、バディウ以上にバディウ主義者であると言ってよいボスティールスがバディウの『主体の理論』を英訳するに当たって、「ステファヌ・マラルメの一篇の詩に付けられた『君の物語に　踏み込むとは』という後付けの表題は、ホラティウスの『他人事《ひとごと》デハナイ！』に相当する‐同等である」というやや唐突にもみえる訳註を付したことに、関わっている。[21] つまり、ボスティールスは、どのような意味で、まさに冒頭で「近しいお前の物語《れきし》に自分自身を踏み込ませよう

〈忍び込ませよう *m'introduire*〉」とするバディウの目論見をホラティウスとの連想－結託の許《もと》に縛りつけようとするのか？　またそこでの「自分自身 me」とは何か？　つまり彼は、いかなる機制において、「世界」に「一巻の美しき書物」の完成を夢見る偶然《マラルメ》と容赦ない鉄の必然性《ホラティウス》とが「相当する－同等である comparable」と言うことが許されるのか？　すぐあとで触れるこの「序－文」の後段に事寄せて問いを代えれば、そこで想定されている偶然性と必然性を離接的に綜合する機制とは何かにほかならない。つまり、渡辺守章の名訳を毀損することを恐れず、さきに仄めかした設問を繰り返せば、問題はこうなる。

　わが「君の物語《イストワール》」をバディウが付した親密《チュトワイヤージュ》－内密性の強調《イタリック》を活かしながら、「君」の「歴史《イストワール》」と読み替え、つねに・すでに〈資本〉とともにある「君」がプロレタリアートと命名された空無として、そして／あるいは外の場 *Horlieu* において、だがすでに〈資本〉によって包摂－捕獲されてもいるという意味で、君にとってはつねに・すでに――可変であれ、不変であれ、資本という総称《ジェネリック》の下においてのみその存在が赦されている――親しき－内密なものでもなければならない〈資本〉の歴史－物語《イストワール》

＊19　Jacques Dupin, *M'introduire dans ton histoire*, Préface de Valéry Hugotte, Paris: P.O.L, 2007 に付された、ヴァレリー・ユゴットの序文の題辞を飾ったマラルメのリラダン宛ての書簡の一節（一八六七年九月二四日付）――〈Vraiment, j'ai bien peur de commencer（じつはぼくは、始めることがとても怖いんだ）〉――参照。

＊20　前掲『マラルメ詩集』一五二頁。

＊21　Alain Badiou, *Theory of the Subject*, translated, and with an introduction, by Bruno Bosteels, New York & London: Continuum, 2009, p. 341.

に自分自身を「踏み込ませる」のだとすれば、マラルメとホラティウスが、つまり偶然と必然が「相当する‐同等である」と註記するボスティールスの真意が、朧気ではあってもみえてくるはずだ。というのも、バディウがそうした全般を包摂‐捕獲する saisir/packen こと――ネグリはそれをマルクスに倣って実質的包摂と呼ぶだろうし、バディウはむしろネグリ以上にこの包摂‐捕獲という厳然たる事実から目を逸らさないだろう。したがって両者は、この物象化の相貌において互いが同一の事（つまり唯一の階級である資本だけ）を語っていることを凝視せねばならないはずであり、ぼくたちは、誤解を恐れず言えば、物象化の相貌のもとでは〈資本で有《あ》る事〉において〈資本〉と共軛‐共犯している自分を疎外論的に自己否定するような優しさから離脱することを是とする指令語《スローガン》〈Life sucks! So what?〉あるいはカート・コベインを悼んで言えば〈Life fucks us all. So what?〉から始めねばならない以上[22]――を突破することができる唯一の破裂《パンク》を彼のいわゆる政治 *la* politique ‐出来事に求めているからであって[23]、その論法が、バディウが『存在と出来事』において「出来事」概念を定位するに当たってマラルメの「賽の一振り」の一節を「マラルメ」章のための題辞として引くことで、刹那‐稀少性 rareté において明滅する主体‐偶然‐出来事‐政治（の必然性）を仄めかしたのと同様の理由に拠っているからにほかならない[24]。その一節を、異様な視覚的配列を毀損し、そこでの欠損の意図的制作も含めて、バディウに忠実に引いておこう[25]。

〔…〕さもなければ　事は　成就されたのだ　〔人間的な〕なにものもない　無益な全結果を
めざして

問題は、「偶然 LE HASARD」のもとで語られる、出来「事は　成就されたのだ se fût l'événement accompli」ということよりも、あるいはそういうことなどまったく問題ではなく、むしろ「〔人間的な〕なにものもない　無益な全結果をめざして en vue de tout résultat nul [humain]」という出来事の反人間主義的な空無性、バディウにとっての「出来事」を（事後的に！）汚染する目的《テロス》の断固たる棄却の革命性、それが問題なのである。この点についてはここではこれ以上説けないが[*26]、ともあれそこには、メイヤスーの圧倒的に分析的にみえる作品に凭《もた》れかかる前に[*27]、何よりもまず、さきの法諺〈死者は生者を捕らえる〉へのプルースト的な介入が必要とされているのではないかと、ぼくには思われる。

---

*22　バディウもまたネグリと同様のコンテクストで「死者は生者を捕らえる」を引用している（Alain Badiou, *Le réveil de l'histoire. Circonstances, 6*, Paris: Nouvelle Éditions Lignes, 2011, pp. 35-6）。それは、歴史論というよりも、むしろ疎外論の臭いが強い経済理論として、「死んだ労働」が「生きた労働」に取り憑くというコンテクストで用いられている。これについては別稿を準備している。

*23　Alain Badiou, *Peut-on penser la politique?*, Paris: Seuil, 1985, p. 12 および K. Diefenbach, "Marxism's Puncture" (www.after1968.org) をみよ。

*24　Alain Badiou, *L'être et l'événement*, Paris: Seuil, 1988, p. 213. なおこの点については、直接的には Robert Boncardo, "Mallarmé in Alain Badiou's *Theory of the Subject*," in *Hyperion: On the future of aesthetics*, Vol. IX, No. 3, winter 2015 が、また間接的には Quentin Meillassoux, « Badiou et Mallarmé : l'événement et le peut-être », in *Autour d'Alain Badiou*, Paris: Les Éditions Germina, 2011 および id., *Le Nombre et la sirène. Un déchiffrage du* Coup de dés *de Mallarmé*, Paris: Fayard, 2011 がより一般的に、「偶然の必然性」をめぐる最良の分析をみせている。

*25　ステファヌ・マラルメ『骰子一擲』秋山澄夫訳、思潮社、一九八四年。〔　〕はバディウの省略部分。

つまり、一方における法諺には明記されていない、死者に取り憑かれる生者は「死者とそっくりの後継者となって、死者の途切れた生を継承する le vif qui devient son *successeur ressemblant*, le continuateur de *sa vie interrompue*」――あるいはそれを、ブロックの歴史（叙述）方法論における修辞を借用して言えば、「〔とぎれた〕曲線への」外の場による（確実に、遡及的な）「加筆〔－改竄〕interpolation des courbes」と呼び代えてもよいだろう[28]――と、他方におけるバディウのいわゆる特種《スペシフィック》に対項する総称《ジェネリック》からの、あるいはラザリュス的に言えば唯一性《ユニシテ》[29]からの呼び掛けである「他人事《ひとごと》デハナイ！」という警告の両者が何を共軛項として相当－同等なのかという問題が、あるいは端正なメイヤスー的表現に切り縮めて言えば、必然と偶然というマニキアンな区分そのものが失効している、必然性が偶然性の必然性にほかならないとされる――だが、歴史における――機制とは、何かが、そこに浮上してくる。

概念として事象に先行する主体

だがこの論点についてバディウは、「概念としての主体」を携えた情熱的ダンテをふたたび登場させ[30]、さらにはオーギュスト・コントにまで言及するという紛糾を、ぼくたちに課している。つまり、バディウが仕掛けた拈《ひね》りは、少なくともぼくには、すこぶる厄介なのだ。というのも、『主体の理論』

*26 だがなぜ、バディウは「人間的な humain」の一文字を引用しなかったのだろう。サルトル問題がそこにある。ともあれ、だからこそ、のちにも触れる有名な一文を受けてアルチュセールは、「『〈主体〉も〈（さまざまな）目的－終焉 Fin(s)〉もない異議申し立ての過程 procès』という範疇は、こうして、『〈主

体〉も〈客体〉もない過程』という形態をとることができる」と註記したのである（Louis Althusser, *Réponse à John Lewis*, Paris: Maspero, 1973, p. 94）。ところで、そうすると、「さまざまな目的 - 終焉」は「客体」そのものの内部にあるということになる。この大問題については、ここではささやかな註記だけを残しておくが、ブロックは「不確実性は〔…〕われわれのなかに、われわれの記憶か証人たちの記憶のなかにある。事物のなかにはない」と語ったことがあり（Bloch, *Apologie pour l'histoire ou métier d'historien*, op.cit., pp. 115-116）、その意味で事物には「不確実性」は存在しないがゆえに、必然性を確率論的に論定できる、と主張していることになる。唯物論である！　そうなると、アルチュセール固有の語用「異議を申し立てる過程 procès」はフィヒテ的〈事行 Tathandlung〉なのだろうか？

*27 カンタン・メイヤスー『有限性の後で――偶然性の必然性についての試論』千葉雅也・大橋完太郎・星野太訳、人文書院、二〇一六年。

*28 Marc Bloch, « Pour une histoire comparée des sociétés Européennes », *Revue de Synthèse Historique*, 46, Déc. 1928, p. 19. なお〔 〕内は、邦訳（前掲『比較史の方法』一三頁）における補綴だが、大いに有益できわめて適切な補綴である。なお「改竄」はぼくの介入である。

*29 Lazarus, *Anthropologie du nom*, op.cit., pp. 85-133 参照。

*30 バディウのダンテへのこだわりは周知だが、それについてはジェイムソンらしい筆致で書かれた最近ではもっとも秀逸なバディウ論（Frederic Jameson, "Badiou and the French Tradition," *New Left Review* 102, Nov. 2016）を参照されたい。とはいえ、ぼくの論旨から言えば、このNLR版とは異なる仏訳版（Frederic Jameson, « Badiou et la tradition », traduit de l'anglais par Nicolas Viellescazes (revueperiode.ne)）が重要である。やや漠然と言っておけば、サルトルの問題にそれは関わっているように思われる（例えば、ジャン＝ポール・サルトル『主体性とは何か？』澤田直・水野浩二訳、白水社、二〇一五年参照――その英語版であるJean-Paul Satre, *What is Subjectivity* [trans. by David Broder and Trista Selous, Afterword by Fredric Jameson, New York & London: Verso, 2016] へのジェイムソンの「後書き」を参照）。

の開始を告げるこの序文のための序文、さきの奇妙な造語で言えば前‐序文に、何とさらに先立って、じつは三節十行からなる〈イマージュ〉と題された——しかも、誰が書いたのかも明記されていない[31]——詩的に構文された書類《けつろん》が『主体の理論』には存在し、それは表表紙《レクト》に用いられている有名な絵画[32]についての解説という姿をとって、印字され、この〈姿‐図案《イマージュ》〉では、ダンテと永遠の女性《ベアトリーチェ》との稀少‐奇跡的な[33]《聖トリニタ橋での出会い》——必然とされる偶然‐邂逅《クリナーメン》——をめぐって、この絵では主体が纏う四つの概念 quatre *concepts* du sujet が登場すると、さらっと記載され、ダンテの勧進元であったボッカチオにとっては三位一体の具現でもあった愛‐美を体現すべきベアトリーチェ・ポルティナーリ（「超自我」）と苦悶するダンテその人、またさらに加えて、ベアトリーチェの二人の従者に事寄せて語られる正義と若さ、勇気が、（予定）調和＝三位一体そのものを揺るがしながら、登場させられているからである。

つまりバディウは、『主体の理論』の序文群において『資本論』第一巻「第一版序文」をほぼ模写しながらも、だがその内部に、『主体の理論』という本体‐本隊にとっては先遣隊‐偶然《コンティンジェント》である外の場というノンブルを打刻されない外の頁に印字され〈姿‐図案《イマージュ》〉と題された書類に、「序‐文より前に起こること」の「茫然として我《しゅたい》を失う〔雷撃に打たれる〕輪郭《プロフィール》の外の場 *Horlieu* de profil, frappé par la foudre」と記すことで[34]、一方で「序‐文」を「序‐文」たらしめながらも、他方で同時に、平手打ちの音《パシッ》が聞こえてくるような、「序‐文」の権限を「序‐文」において剝奪する「雷撃」を、あるいは先走って言えば、稀なるものとしての政治の〈事《こと》としての出来《しゅったい》〉を、言うまでもなく美しき（魂の）調和《ヘーゲル》の三ではなく、ヘーゲルにも慥《たし》かにあった騒乱の四（肢組織 Quadruplicität）の「主体」が忠実であらねばならない必然性‐出来事（！）において、組み込んでいるのである。

こうしてぼくたちは、例の法諺にようやく取り付くことできるようになったかにみえる。だがなおもその前に、必然と偶然が「相当する‐同等である」ための機制の具体的形象として与えられたコントについてのバディウの「序‐文」に、立ち寄っておかねばならない。それは、「序‐文」の冒頭に措かれたマラルメの引用が記された一節を改行したうえで記された、いまのぼくの構想ではほぼ手に負えない、「近代の哲学者とは――すでにオーギュスト・コントが語っていたように、しかもずいぶん前に！――体系的なプロレタリアート prolétaire systématique である」という一文を含む一節である。[*35]

---

*31 だからこそ、この部分を英訳者ボスティールスは省略しているのだろうか。ぼくはこの文章が、その語用――例えば〈esplace〉や〈Horlieu〉――などから、バディウの文章だと思ってきたし、ジェイムソンのさきのバディウ論で愈々以てそれを確信した。Jameson, « Badiou et la tradition », op.cit. の英語版にはない最後の一節を参照されたい。

*32 ラファエル前派のヘンリー・ホリデー作の《聖トリニタ橋のたもとでのダンテとベアトリーチェ・ポルティナーリとの出会い》である。

*33 政治、さらには主体（出来事）の「稀少性 rareté」については、バディウと（ラザリュスの同志）ナターシャ・ミシェルとの対談（Natacha Michel et Alain Badiou, « Rennaissance de la philosophie. "Théorie du sujet". Entretien avec Alain Badiou », *Le Perroquet*, no. 6, février 1986）および Daniel Bensaïd, « Alain Badiou et le miracle de l'événement » [2004] (danielbensaid.org/Alain-Badiou-et-le-miracle-de-l?lang=fr) に、バディウの本音が窺い知れる。

*34 その後さらに展開されたバディウの（四つの）主体概念については、その中心にある「忠誠 fidélité」も含めて、Alain Badiou, *Théorie axiomatique du sujet (1996-7)*, Notes de François Nicolas (no pagination) を参照。

このコント的プロレタリア（科学《きょういく》）――ちょうど科学者が体系的なプロレタリアであるように、プロレタリアは自生において実証主義者であるという意味で[36]――へのバディウの言及についてボスティールスは、近代の唯一の主体‐実体である資本にとっての無を、その始めから資本が無として扱ってきた存在（つまり非在あるいは外の場）の資格において、産みだすことを画策する者たち（つまりプロレタリアート）に「マルクス的用語の政治的で経済的な使用とは対立する」あるいはむしろ、そうした使用以前の「道徳的あるいは精神的な意味」を強く臭わせている。[37]すでに他の論攷でも詳細に論じておいたが、[38]そこにマルクスの政治経済学批判、さらにはその経済主義理解にもとづくバディウ固有のマルクス主義批判――政治の復権――が込められていることをボスティールスは感じ取っているとも考えられ、[39]それをピエール・ブルデューは、本稿と同一の表題をもつ興味深い論攷で、アルチュセールに気を遣《つか》いながら、「歴史『主体』l'histoire « sujet » は歴史『客体』l'histoire « object » に自《おの》ずから登場する。それは『受動的綜合』『前述語的なこと』、あらゆる構造化的操作以前に、またあらゆる言語的表出以前に構造化されていた構造において、みずからを知る」と表現することができるかもしれない。[40]そしてそれがまさに、「序‐文より前に起こる（起こっていた）」一連の事《こと》なのである。

＊35　Alain Badiou, *Théorie du sujet*, op.cit., p. 11.

＊36　Auguste Comte, *Discours sur l'ensemble du positivisme*, Paris: Édition du Cinquantenaire, 1907, pp. 135f. *et passim.*

なお、やや古いがいまだ興味深い、戸坂潤『イデオロギー概論』『戸坂潤全集』第二巻、一九六六年、勁草書房、一七一〜一七三頁、清水幾太郎『オーギュスト・コント』ちくま学芸文庫、二〇一四年、および Jean Lacroix, « Prolétaire et philosophie », *Esprit*, Nouvelle série, No. 180/181 (7/8), juillet-aout 1951 を参照。

*37 Badiou, *Theory of the Subject*, op.cit., p. 341. ところでマルクスは、『資本論』第一巻に限って言えば、コントに二度言及している。それは「第二版後書」と相対的剰余価値にまつわる「協業」を論じている部分だが、マルクスらしからぬ中立的筆致で記されている (Marx, *Das Kapital*, Erster Band, op.cit., S. 25, S. 352)。

*38 長原豊「〈六八年〉後、政治経済学においてマルクス主義者であること」、市田良彦・王寺賢太編『〈ポスト68年〉と私たち』平凡社、二〇一七年を参照。

*39 バディウのコントへの言及は謎めいており、さらなる考察が必要だが、問題は主体論であり、それはまた、コントが生涯手放すことがなかった「ブルセの原理」を軸とする、ブルセの「狂気−興奮」とバディウの「社会的ヒステリア」を両軸とする、主体概念の類型化（Badiou. *Théorie axiomatique du sujet*, op.cit.）に関わっているものと考えている。まず「ブルセの原理」については、オーギュスト・コント「ブルセ『興奮論』の検討」（『コント・コレクション　科学＝宗教という地平』杉本隆司訳・解説、白水社、二〇一三年）とジョルジュ・カンギレム『正常と病理』（滝沢武久訳、法政大学出版局、一九八七年）はもとより、Jean-François Braustein, « Auguste Comte et la psychiatrie », *Les Cahiers du Centre Georges Canguilhem*, No. 2, 2008 も参照。
またバディウ的コントについては、Emmanuel Terray, « Le possible et le miracle dans *Logiques des mondes* », in *Autour de* Logiques des mondes *d'Alain Badiou*, Sous la direction de David Rabouin, Oliver Feltham, Lissa Lincoln, Paris: Éditions des archives contemporaines, 2011, p. 50 および J. D. Dewsbury, "Unthinking Subjects: Alain Badiou and the Event of Thought in Thinking Politics," *Transactions of the Institute of British Geographers*, New Series, Vol. 32, No. 4, Otct., 2007 も参照。

*40 Pierre Bourdieu, « Le mort saisit le vif [Les relations entre l'histoire réifiée et l'histoire incorporée] », *Actes de la recherche en sciences sociales*, Vol. 32-33, avril/juin, 1980, p. 6.

切断－偶然を連続させる機制－必然

コントへの不完全な寄り道を経て、ぼくたちは、さきのフランス中世の法諺に戻る。マルクスはこの法諺をどのように利用したのか？　以下は、「だがそれは、扨措《さて》き」という話題変更の常套句から始まる、有名な一節の枢要部分である。

> われわれは、資本主義的生産の発展だけでなく、その欠如にも苦しめられている。近代的窮迫の他に多くの古い窮迫がわれわれにのしかかっている。この窮迫は、古風な時代後れの生産様式が時世に合わない社会的また政治的な従者を引き連れて存続していることから生じている。われわれは、生きているものに悩まされるだけでなく、死んだものにも悩まされる。死者が生者を捕らえる！[*41]

この一節を「本来の eigentlich」あるべき姿をとっている正しい「先発」資本主義（とされた）イギリスにおける「工場法」（という「本来の」資本であれば御免被りたい制度的不純）に触れたあとで記したマルクスが、しかし、その冒頭においた不思議な、またさきの〈De te fabula narratur!〉の取り敢えずの棚上げに等しいと理解するほかない、常套句――「だがそれは、扨措《さて》き Aber abgesehn hiervon」――は、しかし、さきの単線史観の単純な否定ではない。それはむしろ、いわゆる過去と現在が層序を形成しながら（ラザリュス的に言えば、歴史を読解する主体にとっては、「時間範疇」を廃絶しながら）褶曲的に露出する〝古層〟――丸山眞男を想起してもらって結構だ――と比較的最近の諸層との折れ重なりや横倒し――大塚久雄を想起してもらって結構だ――によって、過程としての歴史を複雑化する切断と連続を連続させるためのさり気ない――層序の断面を切り取るタイムマシンの[*42]――導入となっているのである。つまり、誤解を恐れず言えば、この文章は、単純に、最初に定式化された単純な単線史観を――後発国ドイツの読者のために――否定あるいは部分的に否定することを目指しているのではなく、むしろ歴史がつねにすでに（それにとっての現在《いま》を純粋‐単一性への「傾向」的変化に生成させる「動くもの le mouvant」にとっては）不純と映るものに取り憑かれることによって初めて純粋（という理論的人工物《アルチファクト》）を僭称することが許されるという、〈Le mort saisit le vif〉の文字通りの、つまり単なる法理に先行する歴史具体的な積層構造――切断は連続に等しい――を搦め手から明らかにしている。であればこそ、この法諺は、先王や所有者の死（現在なるものの過去化）に当たって間髪入れず統治のための資源（権力であれ、財であれ）の継承‐連続が遂行されねばならないこと――だからこそ「王は死んだ。王よ、永遠なれ *Le Roi est mort, vive le Roi!*」――の意味を明らかにしているのであり、それは統治の切断が存在しなければその連続も存在しないというこの統治装置の秘密――〈王は決して

＊41　Marx, *Das Kapital*, Erster Band, op.cit., S. 12, 15.（ところで、これは専門家《マルクソロジスト》に任せるべきことであろうが、Penguin 版であれ、International Publisher 版であれ、この部分の英訳には違和感があるが、ほぼ岡崎訳に遵う）。

＊42　Yutaka Nagahara, "The corporeal principles of the national polity: The rhetoric of the body of the nation, or the state as memory-apparatus," *Perversion and Modern Japan: Psychoanalysis, literature, culture*, Eds. by Nina Cornyetz and J. Keith Vincent, London and New York: Routledge, 2010 および Jay Lampert, *Deleuze and Guattari's Philosophy of History*, London & New York: Continuum, 2006 参照。

死なない *Le roi ne meurt jamais*〉——の暴露でもある。[*43]

またであればこそ、マルクスは、いわゆる単線史観の行論過程における修正にあたって、王《とうち》ならぬ資本《とうち》の、だがおそらくは、原《ウル》-国家《とうち》の自在な姿態変換を通じた、二つの身体の切断と連続のための装置を表現する、「現在の社会がけっして固定した結晶体ではなく、変化することが可能な、またつねに変化の過程でもある、有機体である」という一文を[*44]、のちにも触れる歴史読解の〈背進性 Rückwärtigkeit〉において、付け加えたのである。またそれをプルーストがたんなる「次元の異なる、はるかに根の深い、即位の到来 un *avènement* d'un *autre ordre* et de plus profonde origine」と思考喚起的に呼んだのだとすれば[*45]、ぼくたちは、その喚起に応えて、この王位継承に関わる文言を〈資本〉に関わる文言に読み替え、「順序の異なる、はるか遠くに起源をもつ〔原国家が、そのつどそのつど、その姿を変えて〕到来しては新たな時代」を形づくるという脱領土化と再領土化の循環史《アルカイズム》にほかならない歴史の変遷を、つまり生者《げんざい》が「死者《かこ》とそっくりの後継者となって死者《かこ》の途切れた生者《げんざい》vie interrompue を継承する」ことの層序的反復を、まさに史的唯物論《イデオロギー》の再開として、論じねばならない。だがそうするには、また永遠に書き続けることができる本稿を閉じるためにも、本稿ではまず何を再確認せねばならないのか？　歴史を遡及的に対抗捕獲する主体を歴史〔の外〕において記述する言説装置の発案である。だがまずは、バディウとマルセル・ゴーシェに、ある種の街頭の人マルクスを弄らせてみよう。

歴史叙述の背進装置——史的唯物論の再開

本稿における二つ目の題辞でぼくは、ベルクソンのいわゆる「幸いなる偶然、例外的な僥倖」を強調した。それは、バディウにとっては、歴史の政治的な遡及的読解を意味している。この点に関わってバディウは、マルクスには「一貫した政治的思想が欠けている」と指摘したマルセル・ゴーシェに賛意を表し、その理由をマルクスに潜む「ある種の大衆自発革命主義《スポンタネイスム》、〈歴史〉の一般的な力に対する過剰なまでの信認」に求め、マルクスが、財の私有化や資本主義の発展、そして階級闘争などの「前‐史 la *pré-histoire*」が「正真正銘‐実際の歴史 l'histoire véritable を生み出すと思い」こみ[*46]、それを「人類社会の非病理的な組織化形態がとる最後の形態であるコミュニズムの到来と混同」するという「終末論的な考え方一般——有名な『大いなる夜 *Grand Soir*』」に取り憑かれていた、と批判した[*47]。

この議論は、マルクス、あるいはむしろ後年のマルクス主義者の歴史《ゲシヒテ》了解を経済主義から解放する

＊43　Jean-Hugues Barthélémy, "Du mort qui saisit le vif: Simondonian Ontology Today," *Parrhesia*, no. 7, 2009, p. 34 を参照。また Ralph E. Giesey, *The Royal Funeral Ceremony in Renaissance France*, Geneve: librairie E. Droz, 1960, pp. 177f. および id., "The Two Bodies of the French King," in Robert L. Benson, Johannes Fried, *Ernst Kantorowicz*, Stuttgart: Franz Steiner Verlag, 1997, p. 230 も参照。イギリスでは「王は、王としては、決して死なない The King, *as King*, never dies」という〈王の二つの身体〉の法的フィクションが形成されたが、フランスでは、たんに「権威は死なず *dignitas nunquam moritur*」の拡張とみなされた。

＊44　Marx, *Das Kapital*, Erster Band, op.cit., S. 16.

＊45　前掲『失われた時を求めて』8、三七八頁。

＊46　注意されたい。マルクス同様、バディウも背進的に歴史を逆立ちさせている。

＊47　Alain Badiou et Marcel Gauchet, *Que faire?*, Paris: Gallimard, 2014, p.43.

ために、出来事に忠実な政治 - 主体の議論が先行する——もちろんこれは、構造との対比において論じられるブロック由来の概念〈心性〉《マンタリテ》に関わっている[48]——歴史叙述の軸芯として論じられねばならないという、バディウ——そしてその極北をバディウから遠ざかりながら踏査中のラザリュス——の政治理解に共振している。[49]またそれはさらに、以下のバディウの議論の密かな是認にも、起因している。つまり彼は、その著『モデル概念』で、科学主義的な史的唯物論に近代主義的に安堵し、歴史を「科学について語ること」において論ずることこそ「イデオロギー的徴候」であり、その説明理由として「ひとは自分では解決できないいかなる問題も提起しない」というマルクスを引いている。[50]このマルクスは、言うまでもなく、「人間はつねに、自分が解決できる課題だけを自分に提起する。なぜなら、もっと詳しく考察してみると、課題そのものは、その解決の物質的諸条件がすでに存在しているか、または少なくとも生まれつつある場合にだけ発生することが、つねに見られるからだ」というマルクスの有名な一文を指している。[51]

だがドゥルーズもまた、同様の結論に向けて、しかも彼の場合はベルクソンから「問題の提起と解決はほとんど同じ価値をもち、真の大問題は提起されたときには〔すでに〕解決されている」を引用し、[52]そのうえで「このテクストの最後の部分は、実践そのものについても妥当する」というさきのマルクスの考え方と比定できるとし、さらに「問題にはつねにそれに相応しい解決があ」り、その解決は「問題の提起の仕方、それが問題として規定される諸条件、それを問題として提起するために用いられる手段と媒体によって」いるという意味で、「理論の視点からも実践の視点からも、人間の歴史は問題の構成の歴史である。そこにおいて人間は歴史をつくっており、このような活動の意思を把握することは、自由を征服するようなもの」だと述べている。[*53] とすれば、ベルクソンとマルクスも、またしたがってバディウとドゥルーズも、歴史とその制作者‐主体についての理解に関わって、大きな違いがないかのようにみえる。しかしドゥルーズは、その六年前（一九六〇年三月）のベルクソン講義で、じつはすでに次のように書いていたのである。

生きるものは、基本的には、問題を抱え、問題をそのつど解決する。これは〈歴史〉にも妥当するのか？　妥当する。しかし、そこには特殊性がある。人間はある道を可能な限り、乗り越え不能な問題に出会さない限り、追い求めるが、ひとたび〔乗り越え不能な〕困難に際会すると、本当の質的跳躍 véritable saut qualitatif を生みだし、別の道筋をえらびとる。[*54]

＊48　これは本書の続編の中心的課題なのだが、取り敢えずは、Florence Hulak, *Sociétés et mentalités: La science historique de Marc Bloch*, Paris: Hermann, 2012 参照。

＊49　Badiou, *Peut-on penser la politique?*, op.cit.; Lazarus, *Anthropologie du nom*, op.cit.; id., *L'intelligence de la politique*, textes établis par & préface de Natacha Michel, Marseille: Al Dante, 2012.

＊50　Alain Badiou, *Le concept de modèle. Introduction à une épistémologie matérialiste des mathématiques*, Nouvelle édition augmentée d'une préface inédite, Paris: Fayardm 2007, pp. 48-49.

＊51　前掲マルクス「経済学批判」七頁。

＊52　前掲『思考と動くもの』七〇頁。

＊53　以上、前掲『ベルクソンの哲学』六～七頁。

この議論は、例の「逃走の線」というよりも、むしろぼくをマルクスとブロックに即座に引き戻してくれる。ここではその全文を引かない限りその魅力が伝えられない「世界史の死者の招霊－覚醒（weltgeschichtlichen Totenbeschwörungen / conjurations des morts de l'histoire）を促す名高いマルクス（祓魔師）とブロックを掲示しておく。

人間は、自分で自分の歴史をつくる。しかし、人間は、自由自在に、自分勝手に選んだ事情のもとで歴史をつくるのではなくて、有るが儘の、与えられた、過去から受け継いだ事情のもとでつくるのである。あらゆる死んだ世代の伝統が、生きている人間の頭のうえに悪魔のようにのしかかっている。そこで、人間は、自分自身と周囲の事物とを変革する仕事、これまでにはなかったものをつくりだす仕事に熱中しているように見えるちょうどそのときに、まさにそういう革命的危機の時期に、気遣わしげに過去の亡霊を呼び出してその助けを求め、その名前や、戦いの合言葉や、衣裳を借り受けて、そういう由緒ある衣裳を身につけ、そういう借り物の台詞を使って、世界史の新しい場面を演じるのである。[*55]

意識的であれ無意識的であれ、われわれが過去の再構成に立つ諸要素を最終的に借りてくるのは、必要に応じて新たな色調を加えるにせよ、つねにわれわれの日常の経験からである。[*56]

だがこれは、人びとのこの創意に満ちた跳躍、〈想起 réminiscence〉こそ[*57]、「解釈される前に発見されねばならない」当のものであるという方法論的立場の宣言なのである。[*58] であればこそホブズボームは、歴史的必然性という問題が「確実に解決されるのはもっぱら過去を振り返った in retrospect ときだけ」であり、[*59] またそれを「資本主義が、歴史の最後に存在し、偶発性や、偶然事の果てしない歴史から結果し、この歴史に終焉をもたらすのである。〔…〕あらゆる歴史を資本主義との関係において、回顧的に読むという可能性」として理解したドゥルーズ＝ガタリは、真のマルクス主義的唯物論の立場を表明しているのである。[*60]

では小林秀雄、否、ドゥルーズ的小林はどうか。

＊54 Gilles Deleuze, « Cours sur le chaptre III de l'*Evolution créatrice* de Bergson », *Annales bergsoniennes II*, Bergson, Deleuze, la phénoménologie, Paris: PUF, 2004, p. 169.

＊55 カール・マルクス「ルイ・ボナパルトのブリュメール一八日」『マルクス＝エンゲルス全集』第八巻、一〇七頁および一〇八頁。

＊56 Bloch, *Apologie pour l'histoire ou métier d'historien*, op.cit., p. 64.

＊57 前掲『ベルクソンの哲学』六四頁。

＊58 Bloch, « Pour une histoire comparée des sociétés Européennes », op.cit., p. 20.（前掲『比較史の方法』一五頁）

＊59 前掲『ホブズボーム 歴史論』二二九〜二三〇頁。

＊60 Deleuze et Guattari, *L'anti-œdipe. Capitalisme et schizophrénie*, op.cit., p. 180.

第2章

非精確な歴史叙述
――だがドゥルーズ的小林秀雄が

歴史は僕等に何を強ひるのか、若し僕等が作らなければ歴史はないならば。[*1]
公式の歴史は、論理的時間における一貫した物語、樹立された価値、規範そして慣習の画定である。生きられる歴史あるいは具体的な政治的行為の領域は、それとは対照的に、猥雑、過剰、非合理である。[*2]

ドゥルーズ的小林

第一の題辞として採られた小林秀雄のこの問い掛けに明示的には与えられなかった小林自身の回答、それが「行為」だった。それは「欲望」と呼ばれてもよい。それはまた、ロナルド・ボーグの〈ドゥルーズ三部作〉の一冊から得られたもう一つの題辞が与える対照における「生きられる歴史あるいは具体的な政治的行為の領域」にも措かれている。この「具体的」は、ドゥルーズ的意味におけるプラグマティズムと呼び換えられてもよい。したがってこの「行為」は、「猥雑、過剰、非合理」なのである。ぼくたちがこの「行為」あるいは「欲望」とともにあって自由であるには、しかし、「僕等は厳密を目指して曖昧のなかにゐる」と述べた小林が是非とも必要である。そしてぼくは、この小林に、懲りないマルクス主義者だからこそ、強く惹かれ、深く巻き込まれる。またこのいわば情動は、ドゥルーズ〈とガタリ〉の〈非精確な科学〉との邂逅という出来事によって、さらに「遊走的」に増幅される。ドゥルーズ〈とガタリ〉は、慥かに「エクリチュールの問題」と明確に記したうえで、次のように言った。

> 何ものかを精確に指し示すには、非精確な表現が不可欠だ。〔…〕非精確 l'anexactitude、それは何ら近似ではない。逆にそれは、起こりつつあること（何々と自称すること）*ce qui se fait* の精確な経路である。

＊1　以下、小林秀雄からの引用は、断らない限り、小林秀雄「序（歴史について）」『ドストエフスキイの生活』『新訂　小林秀雄全集』第五巻、新潮社、一九七八年による。旧字は新字に改めた。また特段に指示しないかぎり、引用文中の強調は長原。

＊2　Ronald Bogue, *Deleuze on Literature*, New York: Routledge, 2003.

不精確（間違い・時間にルーズ）l'inexactitudeとは時限を異にするまさにこの非精確を小林は「行為」と呼んだ。

ドゥルーズ（とガタリ）は、この非精確を「計量的で形相的な固定した本質」とは区別された、したがって精確‐不精確の二項対立といった「公式の歴史」とはとことん無縁な、とはいえ「物質的で、しかも漠然とした、つまり流動的で、非精確だが厳密な、本質の領域」、さらにはフッサールの「漠然とした本質」やカントのいわゆる「図式」にも似た、「出来事と情動の遊走する連結」あるいは「事物と概念の間的形態」と呼び、「思考と事物との間にまったく新たな関係、すなわち両者の漠然とした同一性を創始するinstaurer」限りで、繰り返そう、「創始する」限りで、成立する「間l'intermédiaire」それ自体である、と位置づけた。[*3] ドゥルーズはそれを「落下chute」あるいは「斜行邂逅clinamen」とも言ったはずだ。そしてこのフッサールのいわゆる「原幾何学」から剔抉・仮構された「間」もまた、ドゥルーズ（とガタリ）の、そして小林の、存在としての「行為」――連結‐繋辞存在E(s)t――においてのみ看えてくるだろうし、[*4] それをボルヘスは、後に触れるように、「驚嘆に値（し）（…）臆面もなく実用的だ」と断ずるだろう。[*5] そしてこのドゥルーズ（とガタリ）と小林とのぼくにおける斜行した邂逅が、まさに自動的に、と言うほかなく、ぼくをその『ドストエフスキイの生活』に不器用だが強面に付け足されたかにみえる「序（歴史について）」に連れ戻すことになった。

ドゥルーズと小林――この連想は、しかし、思いつきに留まっているのだろうか？　否、そんなことは決してない。だが、ふたたび、否――ここでは「質問の面白さに比べれば、解答なぞは何物でもない」と傾《かぶ》いてみせたベルクソン的小林だけが頼りだ。みずからにときとして戦略的な「曖昧さ」を持ち込むその立論構制をも含めて、そのように小林が呼び戻されねばならない。またそこでそのように浮上するもの――それが、さきの「思考と事物との間〔…〕の漠然とした同一性を創始する」限りで成立する「間」それ自体、「行為」する存在として現れる「欲望」である。それを小林に事寄せて言い換えれば、「歴史の問題」としての「思考」と「歴史」としての「事物」との「漠然とした同一性を創始する」限りで成立する両者の「間」がいかなる「行為」をぼくたちに「強ひる」のかといった、「歴史哲学テーゼ」のベンヤミンと共振する小林を想起する以前に、あるいはそうした小林を考えるためにも、論じてみる価値があるドゥルーズ的小林にほかならない。そしてここでの「強ひ」られた「行為」も、依然として、「欲望」と呼んで差し支えない。なぜなら、この「行為」は「強ひ」られたことを「欲望」において苦にしないからである――街頭をみよ！　否、構造化されることを覚悟して街頭に参加せよ！　そこには欠如ではなく充溢としての欲望だけが行為として、あるいは行為において、有ることが理解できるだろう。それをぼくは、マルクスにおける自由と必然において捉え返すこともまた可能だと思っている。もちろんここでの必然において自由であるとは、しかし、決して必然の認識において自由なのではなく、欲望の必然において自由という謂いである。

＊3　Deleuze et Guattari, *Mille plateaux. Capitalisme et schizophrénie*, op.cit., p. 31.

＊4　長原豊「端《はした》なき歴史制作――*Vent d'E(s)t*」『文藝別冊　ゴダール』河出書房新社、二〇〇二年六月や長原豊『ヤサグレたちの街頭』航思社、二〇一五年を参照。

＊5　J・L・ボルヘス「『ドン・キホーテ』の著者、ピエール・メナール」『伝奇集』鼓訳、岩波文庫。

こうして、ぼくにあってこの小林は、「歴史といふ生き物が、自然の上に投げざるを得ない影に、客観的といふ言葉が纏ひ附き、〔この〕影によつて実物」なるものを「無邪気」に「類推」することで「歴史的存在といふ概念」を捻り出す「唯物史観といふ擬科学の土台」を粉砕することを目論んだとされる小林とはまったく独立して、あるいはむしろ凭れて、ドゥルーズとともにマルクスの能動的歴史叙述に回帰すべき者である。

欲望、あるいは自然の人間化

後に触れる花田清輝は「小林秀雄は邪念にみちている。邪念を警戒するどころか、邪念の跳梁するのにまかせている」と正しく揶揄してみせた。[*6] だがこの邪念は、或る出来事を歴史として論ずるに当たって「邪念といふものを警戒すれば足りるのだ」と自戒してみせた小林における、ややもすれば歴史《イストワール》を物語《イストワール》に還してしまいかねないほどに強い「欲望」の別名である。しかしこの「欲望」を小林は、「跳梁するのにまかせ」ただろうか？　この疑問は、「欲望」が、小林にあっては、いかなる「自然」に措かれてあったのか、と訊ねるに等しい。小林は、「欲望」を「生き物」としての人間における「本質的に曖昧な力〔…〕非合理的な力」であり、それはまた、そこに「抵抗」あるいは「制限」がない限り、とことん「自然を人間化」しようとする衝迫であるとも規定している。ぼくにとってこの「抵抗」あるいは「制限」はきわめて重要だが、これについては次に触れることにして、ここではこの「人間化された自然」とは何を意味していたかを訊ねるのが先だ。

すでに多くに人びとが指摘しているように、それは「その純粋な形では、神話に他ならず、言ひ換へれば僕等の言葉に支へられた世界」である。そしてこの「言葉に支へられた世界」が、ある固有の「物質性」が果たす「抵抗」あるいは「制限」のもとで、しかし、小林における「歴史」と「歴史の問題」の境界領野を構成する。だが、この「歴史」と「歴史の問題」との関連により立ち入る前に、そして後に花田の小林に事寄せてもう一度振り返るように、小林における「自然」とは何を意味していたかが問われねばならない。というのも、その「抵抗」あるいは「制限」をもって「自然」が「欲望」に対峙する有り様が以下に看るやり方で問われない限り、小林における「歴史」と「歴史の問題」との文節（の意味）が見えてこないからだ。

　とはいえ、後にも看るように、少なくともぼくにとっては、小林による「自然」の論定は、存外、詰まらない。異論あるいは反論を覚悟で、むしろこう言うべきだろう。すなわち、小林の組み立てにあって「自然」とは、それ自体としては論定されないあるいは論定される必要がない事後的与件である、と。小林に凭れて言い換えよう。すなわち「自然」とは、「歴史が僕等の外部に在るといふ事が言へるだらうか」といった問いかけに仮託された現在《いま》‐此処《ここ》という歴史の内部性の小林における絶対的肯定のもとで、あるいは「僕等の精神」という内部に「歴史」を奪還するために「少なくとも〔…〕これを一対象として僕等の精神から切離さなければ考へられないある物」として「疑ひもなく僕等の外部に在る」と手続き的事後において捉えられる限りにおいて、論定できる「自然」にほかならない。

＊6　花田清輝「聖アウガスチンの感傷——伝記作者・小林秀雄」『花田清輝全集』第一巻、講談社、一九七九年。

そしてこの内部のための事後的、そして次に看るように戦略的には部分的と言ってすらよい「外部」としての「自然」の論定が、すなわち後に「社会」――〈社会化した私〉――という名称をもって小林に密かに回帰するこの「自然」の論定が、「僕等の裡で、成る程離し難く混合してゐる」とはいえ、「人間を自然化しようとする能力」との対照において捉えられる「自然を人間化しようとする能力」であり、それがまた「欲望」の名のもとに語られているのである。この意味において小林は、たとえマルクス主義のそれと異なっていたとして、途方もなく唯物論的である。

こうして小林における「自然」とは、「歴史」を説く限りにおいて論定されるべき、そして手続き的に部分的な、「自然」である。それは、彼のいわゆる「史料」という姿態をとって（のみ）――歴史叙述者に――現れる「自然」にほかならない。この歴史叙述者はつねにすでに「史料」したがって「自然」の選択において「自然」との闘争場裏にいる。だからこそぼくのノートにある「序（歴史について）」の小林は、表現をさまざまに変え‐代えて、「歴史は神話である」あるいは「歴史は歴史といふ言葉に支へられた世界であつて、歴史といふ存在が、それを支へてゐるのではない」ことを繰り返し強調しながらも、しかしこうした繰り返しには即座に、そしてつねに（おそらくは、そしてすでに）、「史料の物質性によつて多かれ少かれ制限を受けざるを得ない神話だ」と、正しく付け加えるのである。したがってこの「神話」は、神話としてはあまりに生々しい。またたからこそ小林は、「歴史事実に関する根本の認識といふよりも寧ろ根本の技術」にこだわったのだ。なぜならこの「抵抗」あるいは「制限」は、それが言語において構成される以上、叙述（の「技術」）において、突破せねばならないものだからである。だがそれは、いわゆる「達人」小林だけに赦される技なのだろうか？

これについては、ここでは否とだけ応え、後に花田とともに振り返ろう。
　とまれこうして、小林の歴史了解における「自然」は、まさに「史料」（の「認識」ではなく、叙述における「技術」）において、その姿を現す。だからこそ小林は、「僕等は史料のない処に歴史を認め得ない」と正しく断言し、次のように繰り返しを恐れず、そして美しく、敷衍する。「史料」とは、すなわち、「その在るが儘の姿では、悉く物質」としての「自然」であるが、それは「人間によつて蒙つた自然の傷に過ぎず、傷たる限り、自然とは、別様の運命を辿り得ない」と。したがって小林は、こうした「自然としてしか在り様がない〔…〕在るが儘の史料」に「自然ではなく歴史を読む」のは、すなわちそこに「別様の運命」――注意せよ。彼は「運命」と言ったのだ！――を与えるのは、自然を人間化するという「僕等の能力如何にだけ関係」すると、その「歴史」へのいわば驕慢を「行為」「欲望」において爆発させる。だがそれだけに留まらない。ここでは、花田は正しかった、と叫ばざるを得ないほどに小林は跳梁し、こうした自然を人間化しようとする能力は、「史料といふ言葉を発明した能力と同一である他あるまい」とさえ言い切るだけでなく、さらには「僕等は与へられた歴史事実を見てゐるのではなく」、自然を人間化する能力が「自ら感ずる自然の抵抗」にほかならない「与へられた史料をきつかけとして、歴史事実を創つてゐる」とさえ言い放ち、続けて、次のように述べる。

　歴史を観察する条件は、又これを造り出す条件に他ならぬといふ様な不安定な場所で、僕等は歴史といふ言葉を発明する。

あえて素朴に、戦慄、と言おう。このいわば内部観測的あるいはクァンタムな「不安定な場所」が、ぼくにとっての非精確な歴史叙述を担保する「間」である。そしてこの「不安定な場所」あるいは「間」を、次に看るように小林は、「曖昧な事態」とも呼ぶだろう。だがこの先走った論定の前に、小林における「歴史」と「歴史の問題」の離接・接合という積み残された問題を潜り抜けねばならない。

「歴史」と「歴史の問題」

小林は、パスカル『パンセ』から「最後に、土くれが少しばかり、頭の上にばら撒かれ、凡ては永久に過ぎ去る」を引き、これは「何か驚くべき事ではないだらうか」と、ことさらに驚いてみせた。だがこれは、後に触れるように、例の〈喪くした仔を想う母〉に事寄せて誤解されやすい「驚くべき」哀悼ではありえない。むしろそれは、ひたすらに、「歴史の問題」が「人間の置かれた曖昧な事態のうちに生」ずることを言うがためである。そしてここでぼくが看逃したくない点は、小林が「歴史」ではなく「歴史の問題」とことさらに言い、それが他方で「曖昧な事態」を——おそらくは、仮初めの——起源としてもつとされることだ。とすれば、「歴史」と「歴史の問題」との厳然とした異なりは、小林にあっては、どのように処理されていたのだろうか?

小林は、何人といえども「凡ては永久に過ぎ去る」ことを「疑う事」ができないが、しかし同様（程度）に、誰もが「疑ふ振り」あるいは「何一つ過ぎ去るものはない積りでゐる事」はできるとしたうえで、この「積り」からこそ「歴史」が「生れた」と述べる。だがぼくの読み方からすれば、この小林は、小林本人にとっても、その語用において曖昧だ。すなわち、この小林は、むしろ、「歴史」はこの「積りでゐる事」という「歴史の問題」から「生れた」と厳密に言わねばならなかったはずだ。ここでの「曖昧な事態」とは、小林にあっては、この「積りでゐる事」にほかならない「歴史の問題」それ自体であり、それは明確に「歴史」と分節されねばならない「行為」あるいは「欲望」においてのみ成立する。だが、この「積りでゐる」という「曖昧な事態」を支える――「技術」ではなく――まさに「認識」とは、何か？

こうした疑問を予期する小林は、敷衍する――「過ぎ去るものを、僕等は捕へて置かうと希つた。そしてこの乱暴な希ひが、さう巧く成功しない事は見易い理」である、と。すなわち小林は、「歴史」とは異なる意味で使用されているかにみえる「過ぎ去るもの」、すなわち現在における現在としての過去――あるいはフーコー的に、〈設題 problématisation〉と引っ付いた〈l'histoire du présent〉と言ってもよい――を「歴史」として「捕へて置」きたいという「乱暴な希ひ」が、「歴史の問題」だと言うのだ。そのうえで即座に小林は、それは「巧く成功しない」とも言う。だが何がそれをして「巧く成功」せしめないのだろうか？　言うまでもない。それは、すでに触れたように、いわゆる過去を「歴史」として「捕へて置」きたいという「乱暴な希ひ」あるいは「欲望」に、「物質性」に裏打ちされて「抵抗」する「自然」との現在における闘争に、歴史叙述が拘束されているからだ。それを言い換えれば、「歴史の問題」という「欲望」がまさに「歴史」とあたかも一致するかのごとくに作動するための仮構が、あるいは両者の「間」に「漠然とした同一性を創設する」仮構――否、ドゥルーズ的仮構 fabulation は「漠然とした同一性を創設する」ことそのものである[*7]――が、なかなか「巧く成功しない」と言っているのだ。この仮構、これがいわゆる概念の創設という「技術」の問題を負荷された「認識」の問題なのであり、[8]それをボルヘスは、ベンヤミン的に「故意のアナクロニズム」と呼び、ドゥルーズ的に「作者の曖昧な想定にもとづく技術」とも呼ぶだろう。[9]すなわちこの「技術」は「実用的」であるという意味でプラグマティックである。またこの意味で「与へられた史料をきつかけとして、歴史事実を創つてゐる」すなわち「創つて」――現在《いま》－此処《ここ》に――「ゐ（居）る」とさえ言い切った小林は、「積りでゐる」という「曖昧な事態」によって支えられている、あるいは「釣合ひ」が保たれている、歴史叙述の困難を、概念の創設において受諾しているのである。なぜそう言えるのか――それは、この叙述が叙述において完結するのではなく、まさしく「行為」においてあるいは闘争において遂行されるほかないからだ。したがってこの「釣合ひ」は、それ自体として、過ぎ去ったものへの哀悼に託《かこつ》けた現在《いま》－此処《ここ》の慰撫ではありえない。それはまさに、現在《いま》－此処《ここ》において過ぎ去るものへの、「行為」したがって「欲望」に支えられた不断に不均衡でおそらくは分不相応な、哀悼でなければならないのだ。そしてふたたび言えば、だからこそ小林は、「歴史事実に関する根本の認識といふよりも寧ろ根本の技術」にこだわったのだ。したがってそれは、「欲望」を非精確に表現する「行為」のきわめて精確な「技術」をも指していなければならない。

　こうして小林は、「出来るだけ人間臭を脱した『自然常数』の確立」を目指さざるを得ない「自然科学的精神」とは異なり、歴史を問題として創始的に設定する作業 problématisation は「既に土に化した人々を蘇生させたいといふ僕等の希ひ」という思考と「彼等が自然の裡に遺した足跡」という事物との「間」に形成される「微妙な釣合ひ〔…〕のなかで行はれる仕事に、歴史常数といふもの〔…〕を発見することは覚束ない」という意味で、「歴史」と「歴史の問題」を分離的にとりあげながらも、だからこそ他方で、両者を「遊走的に連結」させる「技術」が問われる、と言っていることになるだろう。したがって小林は、この行論に「パスカルの言葉を保存した、真理としてではなく歴史として」と、急いで付け加えたのである。そしてこの一文を、フーコーであればどう思うだろう。

注意してほしい――ここでは「言葉」を「保存」したと明確に言われている。またそれが、或る固有の出来事を「歴史の問題」として設定するという「行為」あるいは「欲望」にほかならない。だが、そこで「保存」されるものは、「真理」ではない。この「保存」は、「歴史の問題」という「欲望」あるいは「行為」をかいして、まさに「歴史事実を創つてゐる」ことそれ自体である。「歴史の問題」視《プロブレマチザシオン》という「行為」は、こうして、「歴史」を「保存」する「欲望」である。それは、「行為」によってあるいは「行為」として存在する此処《ここ》‐現在《いま》、あるいはフーコー的に〈現在の歴史 l'histoire du présent〉である。

だがふたたび訊ねよう――とすればこれは、小林のいわゆる「達人」にのみ可能な「技術」なのだろうか？　訊ね方を変えよう――小林のいわゆる「僕等」あるいは「振りをする」ことができる「積

＊7　例えば Gregory Flaxman, *Gilles Deleuze and the Fabulation of Philosophy: Power of the False*, Volume 1, Minneapolis: University of Minnesota, 2011 を参照。

＊8　例えば、ジル・ドゥルーズ＋フェリックス・ガタリ『哲学とは何か』財津理訳、河出文庫、二〇一二年をみよ。

＊9　前掲「『ドン・キホーテ』の著者、ピエール・メナール」。

もりでゐる」この任意の誰しもquelqu'un(e)/quelconqueとは、一体何（者）なのか？　それについて、戦後史への構想という逸脱を混ぜ込みながら、暫く花田清輝の小林を迂回することにしよう。

眸のひらめきにさえ……

花田清輝は、ぼくが知る限り二度、小林秀雄を論じている。最初は敢然とした敵対的搦め手を行使してみせ、二度目は文字通りの搦め手から遜《へりくだ》ってみせた。いずれも戦中の作品である。[*10] これら二つの搦め手を隔てる約五年という時間の流れは、その短さにもかかわらず、大いに加速され圧縮された時代的変位をその裡にはらんでいる。それは、敗戦後に抜き差しならない形で戦後日本という出来事を占拠するアメリカとの開戦とその「敗北」との裂開を穿つだけでなく、そうした裂開が裂開を晒したまま縫い合わせられたとも言うべき戦後をも予感させる。そしてこの縫合されながらもまるで抜糸すらされていないようにみえる裂開が、繰り返し動員され、戦後に戦後としてなされねばならなかったいわゆる「敗北」を腑に落とす喪の作業の様式――左右両翼の違いを問わず、反米‐親米論の拮抗的共犯――として機能してきた。また現在それは、敗戦から高度経済成長直前の一九四五年から五五年の一〇年間の記憶‐忘却の様式（あるいは装置）として、固有に問われねばならない問題となっているはずだ。

　この花田は、小林について次のように言った。愛すべき嫌な奴である。

かれの逆説は「人眼を掠めて存在しているのである」のみならず〔…〕我々はその「人眼」のな

かに、ともすれば小林秀雄の眼も、はいっているのではないかと疑う〔…〕。

「達人」小林という幻想に関わって決定的なこの評価――関係論であるほかない内部観測――は、これら二つの小林論のうち、中岡宏夫の求めに応じて同人組織〈旗社〉から刊行されていた文学雑誌『旗』第一四輯に寄稿された最初の――そして実質的には、最後の――本格的な論攷、「聖アウガスチンの感傷」から採られている。中国大陸における戦線拡大に窮しアメリカ合衆国との開戦が露出し始めた一九三九年一〇月に公表された作品である。もはや言うまでもなくこの論攷は、同年に創元社から刊行された小林秀雄『ドストエフスキイの生活』とりわけその「序（歴史について）」への批判という名目のもとで書かれた作品である。いまそれをぼくは、しかし、小林の有り様と微妙な共振を結果的に制《つく》りだしたものとして、おそらく小林本人の意向に逆行して、振り返ることができるように思う。結果的にそれは、以下に看るように、批判対象へその内的逆説を順説（接）として持ち込むといった、吉本隆明との論争においても駆使された花田らしい搦め手を経た、正鵠への到達という謂いにおいてであり、それがさきの花田の言い様に凝集されている。またこの言い様については、小林も決して異を唱えることはなかったはずだ。なぜならそれは、小林によって掩蔽された正解だったからだ。そう

＊10　花田清輝「太刀先の見切り」［一九四四年］『花田清輝全集』第二巻、講談社、一九七七年と前掲「聖アウガスチンの感傷」［一九三九年］。以下、断らない限り、花田からの引用は後者論文から。なお引用中に引用されている文章は、小林「序（歴史について）」からの引用である。

した花田と小林の微妙な共振は、その約五年後、小林の達人振りをなかば茶化し、なかば平伏してみせながらも、しかし後に看るように、批評家についての定義を「眸のひらめきにさえ〔…〕」とこの達人に関わる微妙な本音として記さねばならなかった花田として、ふたたび出現することになる。それは、敗戦が濃厚となっていた、一九四四年一月のことである。[*11]

そしてぼくは、やや長くなるが、いまやあまり振り返られることのない哀惜（あるいは愛惜か）に充ちた花田の小林を、まさに花田自身が持ち出した「抵抗」としての「史料」として、ここに再録したいと思う。花田は、一九三九年ではなくまさに一九四四年に、次のように小林を評している。

奇妙なことに、批評家として登場するや否や、すでにかれはかれ自身が、批評家として失格していることを知っていた。何ものかが、かれの心のなかで、無惨にも断ちきられた。ツァラツウストラは山をくだって、大衆のなかに行かなければならない。卑俗化すること、……これが、かれの熱烈な念願となった。しかるに、かれが通俗的に語ろうと努力すればするほど、人びとは、かれを難解だとか高踏的だとかいって非難した。〔…〕山顛の空気は、あまりにも冷たかったが、下界の空気は、また、あまりにも蒸暑かった。しかし、かれはついにその蒸暑い空気にも馴れた。つまり、達人になったのである。

花田は、こうして、小林が自己を語ったとすれば、それは「達人としてであり、批評家としてではない」とし、さらには「批評家としてのかれの生涯は、たぶん、闇から闇に葬られて行くのにちがいない」とさえ断言した。

だがそうだろうか？　むしろこの達人振りは、戦後にあっては、冷徹な知性としての小林だけの特権ではなくなり、戦後における日本人なるものが再構築されたその全体性において縦横に発揮する、吉本隆明風に言えば生活者の達人振りでもあったに違いない。そして戦後において、大方の人びとが歴史を問題として御する（！）に当たって良かれ悪しかれ多かれ少なかれそうした達人振りを発揮したという意味でこそ、花田は、その「表現」が「初期の佶屈さを失い、一見、すこぶる平凡になってきた」戦後の達人振りをすでに携えた敗戦直前の小林に、ある意味で安んじて、「この平凡が、ただの平凡ではない。相いも変らず不敵であり、毅然としており〔…〕絶えず濛々たる殺気が、行間に漂っているかのようだ」と、小林に敬意を表することを吝《やぶさ》かとしなかったのではないか？　だがそれに答えるには、ふたたび小林の「自然」が、花田の小林という政治的屈曲をかいして、問われねばならないはずだ。

さきに挙げたように、小林は、「歴史といふ生き物が、自然の上に投げざるを得ない影に、客観的といふ言葉が纏ひ附き、〔この〕影によつて実物」なるものを「無邪気」に「類推」することで「歴史的存在といふ概念」を捻り出す「唯物史観といふ擬科学の土台」を粉砕しようと試みたことをふたたび想い起こそう。もちろん花田も指摘したように、小林にとって「自己の史観の正しさを証明し、

＊11　花田清輝「小林秀雄」『現代文学』第七巻第一号（終刊号）、一九四四年一月（「太刀先の見切り」として前掲『花田清輝全集』第二巻に収録）。以下、断らない限り、引用は後者から。

唯物史観のインチキ性を剔抉することなど、実はどうでも「よかった」のかもしれない。またそのように理解させてしまう小林がいることも慥かだ。だが小林の言い分を真に受けてその歴史了解の基本を坦然と読むという立場から言えば、こうした整理は、決して誤ってはいない、いわば通説の一部であろう。実際、この文章を厳密に構成するすべての言葉（概念）の相互連関に、小林の世界認識としての歴史認識の大方を摑み取ることが可能であり、それはまた小林の専門家――もしそうした人がいればの話だが――でなくとも可能な言説分析にすぎない。だがぼくにとって訊ねられるべき論点は、花田が小林にとってのいわゆる「唯物史観といふ擬科学」をいかなる唯物史観として戦略的に受け止めたのか、そしてそれはなぜか、である。

もちろん小林と彼の時代のマルクス主義との関係については、これまでも多くが語られ、そして書かれもしてきた。だがこの問題は、存外、等閑視されてきたように見える。とはいえこの問題については、すでに戦前の花田が、ややトリッキーに、また混乱しているとはいえ、解答――あるいは展開――の糸口をぼくたちに投げ与えている。それが前出の一九三九年論文だった。そしてこの花田（のいわば巧みな仕掛けの小林への挿入）を経由することなしには、小林における唯物史観との応接のドゥルーズ的文体（唯物論）も見えてこない。

花田は、小林に次のような戦略的短絡を仕掛ける。すなわち、小林にとって「人間こそ一切の歴史の原因であり、人間と自然との闘争こそ、歴史の全内容」である、と。だがこの文章は、意図的かと疑わせるほどに、論理的に緩《ぬる》い。これまで看てきた小林にそくして厳密に書きなおせば、慥かに「人間こそ一切の歴史の原因」である。だがそれは、そうした歴史の原因としての人間が歴史をその生として創りあげるに当たって「抵抗」として現れてくる「自然との闘争こそ、歴史の全内容」であるという謂いにおいてである、と精確を期すべきだ。たんなる「自然」ではない――「自然の抵抗」として現れる「物質性」を小林が問題にしていることは、繰り返す必要はないだろう。とまれ花田は、小林の歴史観をこのように大胆に端折った。そのうえで花田は、さらに次のように「一言〔…〕断って置く必要」を強調する。

唯物史観が、自然と人間との歴史性について語る時、我々の眼前にある自然は、人間の実践によって――産業によって変化せしめられた自然であるということを強調し、歴史の前提としての自然を黙殺するのが常であった。そうして、ただ矢鱈に自然の代りに社会を、前面に押し出したものである。(自然科学を支柱とする、素朴な決定論を粉砕するために、かかる偏向が生じたことはいうまでもない。)

これは小林のいわゆる「自然を人間化する僕等の能力」を念頭に置いて語られているように見えるが、事態は、しかし、それほど単純ではない。すなわちその裏面には、当該期日本における正統派マルクス主義への花田の批判が存在している。とはいえそれは、小林が一絡げにして対峙したいわゆる日本資本主義論争における〈講座‐労農〉的な両面への批判ではない。ここでは、歴史叙述の言語的次元を度外視した両者に共通する〈自然‐社会‐人間〉といった安易な三幅対にもとづく「素朴な決定論」的歴史了解の地平全体に介入したある固有な時代性を担った批判を批判することを逆説的に担わされた小林が、仮構されている。
この捩れた批判に関わって花田は、ついに直截に、「歴史からその物質的土台である自然を閉め出し、ひたすら社会的モメントのみを認めようとしたルカッチの唯物史観が〔…〕辛辣に、精細に、同じく唯物史観の支持者であるウイットフォーゲルによって、批判され、克服された」と、歴史叙述に関する「社会」と「自然」との互換的対項にたいしてコミンテルン内でもそれぞれの事情から傍流であったルカーチ（西欧マルクス主義）とウィットフォーゲル（地政学）との対項を対置してみせたうえで、この新たな対項へ次のように小林を放り入れ、小林の論理の裡に自己撞着を演出してみせるのである。

小林秀雄の史観も、ルカッチの史観も、人間がつくり出さなければ歴史はないと考える点において、ひとしく観念論的であり、「擬科学的」であろう。したがって、両者は一つ穴の狢であるということもできるわけだ。にも拘らず、小林秀雄のいちばん敵視している「唯物史観」とは、実はルカッチの史観にほかならぬのである。

とすれば、小林はいわゆる正統派《モスクワ》なのか？　花田のこの小林「批判」の核心的部分には説明が必要なのかもしれない。なぜ花田はそう言えるのか――言うまでもなくそれは、「人間と自然との闘争こそ、歴史の全内容」という花田によって理解された小林の歴史了解が拠って立つ根本から言えば、小林は「自然」を専一的に「社会」に取って代えた（とされる）「ルカッチ」を批判せざるを得ないにもかかわらず、「人間がつくり出さなければ歴史はないと考える点」において、小林はルカーチと同一だからである。だが花田は続けて、小林は「我国におけるルカッチの亜流が、あまりにも社会的モメントを尊重し、それが一切であるかのごとく主張するのに業を煮やして、個人的モメントの存在を——そうして、それが歴史における最も支配的なモメントであることを絶えず強調してきた」と畳み掛ける——「業を煮やして」に滲み出る花田の小林への捻れながら深いシンパシーは隠せない。

もはや言うまでもないだろうが、ここでの「ルカッチの亜流」とは福本和夫あるいは福本イズム（におけるある種の生産関係主義）を指している。すなわち花田は、小林を出汁《だし》に福本イズムを批判しようとしているのだ。そして小林にもそうされても仕方がない隙があった。それはすでに看た小林の「自然」の処理に関わっているはずだ。問題は、すなわち、「ルカッチ」＝福本の対極にウィットフォーゲルを据えるという土俵を設定することで小林の「自然」に常識的な意味での自然《アジア》を固着させたうえで、「自然」に取って代わった「社会（的モメント）」に対項する機制としての「個人（的モメント）」あるいは（西欧）近代の強調を小林の立論構成に看るという、花田が操った小林（福本）批判の搦め手である。戦時中の東亜共同体論にたいするそのスタンスも含めて、花田が三〇年代の猪俣津南雄やそれ以降の転向マルクス主義者（生産力主義者）などと同様にアジア的停滞論やアジア的生産様式論を真に受けていたかどうかそれ自体が、ここでの問題ではない。[*12] むしろ問題は、この花田に厳密に拠ってさきの「人間と自然との闘争こそ、歴史の全内容」を言い換えれば、小林が「個人的モメント」と「社会的モメント」との闘争こそ「歴史の全内容」と主張していると見做されるほかないという点において「ルカッチ」＝福本と「一つ穴の狢」ということになってしまうという、小林の「自然」をズラしたうえでの論点のシフトである。すなわちここでは、小林の「自然」が、その論理的機能において、「ルカッチ」のいわゆる社会－人為と相同に措かれているのである。だが、あるいは、そして、この花田の小林改釈がその目的を達するに当たって功を奏するには——正しければ、とは言わない。というのも、繰り返すが、花田の主要打撃の表面的対象が福本イズムであったことはもはや隠し遂《おお》せない事実だからだ——、「個人的モメント」と「人間」が、また同様に、「社会的モメント」と「自然」が、いかなる機制においてそれぞれ互換可能なのかが、問われねばならなくなるだろう。またその過程で、花田が小林のどの点を看過しているかを、ぼくは追求したくなるだろう。

　こうして問題は、小林における歴史叙述を批判するに当たって花田が「自然」と「社会」との関係性をどのように位置づけたかに帰着する。また加えて、そうした関係性に「人間」と「個人」との関係性をどのように配備しているかも問題となる。というのも花田が、そうしたスタンスから、「フォイエルバッハなどとちがって、小林秀雄のいう人間＝個人は、かれが自然を悪魔のごとく忌み嫌う以上、むろん完全に肉体を喪失している幽霊であった」とも述べているからである。

　小林が「自然を悪魔のごとく忌み嫌」ったというのは花田の言い掛かりだとしても、むしろ問題は、ここでは、当初「自然」に対項していた「人間」が「個人」とまさに等号で結ばれ、そのうえでこの「個人」が翻って、まさに「人間」として、「自然」に取って代わった「社会」と対項させられ、この対項のなかで歴史を「歴史」たらしめる「歴史性」としてどのように叙述されるべきかが、その否定において、説かれている。またこの意味でこそ、小林は「ルカッチ」＝福本イズムと「一つ穴の狢」とされたはずだったのだ。こうした一連の土俵設定が機能するには、しかし、花田は小林のある概念を明示的に導入せねばならなかったはずだ。そしてぼくは、花田の小林（福本）批判を読みながら、その一言をずっと待ち受けていた。だが小林を批判する花田にはその一言が到来しない、あるいは隠蔽されている。それは、さきに我慢しきれず書いてしまった、小林のいわゆる〈社会化した私〉にほかならない。そしてこの〈社会化した私〉が他の何でもなく花田の小林批判において機能しなければ、「人間」あるいは類的存在と等号で結ばれたいわゆる「個人」が「歴史（事実）」を創り出すに当たって対峙する小林のいわゆる「自然」が結果的には「社会」にほかならない、などとはおよそ言えない。あるいは、この〈社会化した私〉が機能していれば、小林のいわゆる「個人」を「完全に肉体を喪失している幽霊」と直接的に等値することなどできない。またさらに、そのいわゆる「人間」が「社会」という具体性において画定されることが言えなければ、たとえ「人間がつくり出さなければ歴史はないと考える」という見かけ上の共通点を持ち出しても、小林をルカーチあるいは福本イズムと「一つ穴の狢」と断罪するわけにはゆかない。

花田は小林のいわゆる〈社会化した私〉を知らなかったのだろうか？　もちろんそんなことはあり得ない。むしろ花田は、小林が、あるいはむしろルカーチが、歴史を叙述するに当たって、この〈社会化した私〉という概念装置によって「社会（的モメント）」を「個人（的モメント）」において一身に

＊12　福本勝清『アジア的生産様式論争——日本・中国・西欧における展開』社会評論社、二〇一五年および同『マルクス主義と水の理論——アジア的生産様式論の新しき視座』社会評論社、二〇一六年の二冊は必読である。

引き受けるほかない「人間＝個人」を摑みだし、そのうえでそうした「人間」を社会的個人というモメントとして「自然」に対項させるという手順――ルカーチ的物象化論のもとでの受苦的存在（情念）Leiden(shaft) という疎外論的構え（喪った仔を想う母！）――を採っているかに見えるからこそ、小林をルカーチ＝福本と「一つ穴の狢」に分類しえたはずだからだ。またたからこそ花田は、小林が『人眼を掠めて存在しているのである』のみならず〔…〕我々はその『人眼』のなかに、ともすれば小林秀雄の眼も、はいっているのではないか」という疑いを「かれの逆説」と称しながらも、しかしその実、まさに小林本人に成り代わって順説あるいは順接させることができたはずだ。

だが花田が知らなかった、あるいは知ろうとしなかったことがある。それは「社会（的モメント）」を「個人（的モメント）」において一身に引き受けるほかないとされる「人間＝個人」が、すなわちひとたび〈社会化した私〉が「私」において社会を引き受ける「人間＝個人」が、小林のいわゆる「自然」に対項しながら歴史を想起‐憶想するに当たって「何の苦もなくやつてのける」手順と、そうした「人間＝個人」における想起‐憶想をさらに歴史として叙述するに当たって小林が採る手順を、すなわち「歴史」を創り出す「歴史の問題」を考え尽くそうとしているという小林の視角である。そして小林は、前者については「行為」を、後者については「認識」ではなく「技術」を、それぞれ強調した。とはいえ花田に公平であるために、彼がこの問題に頓着をまったく与えなかったわけではないこともまた、急いで付け加えねばならない。そしてそれは、花田の意に反して、小林への道を開くはずだ。

さきに引用した、一九三九年論文の五年後に書かれた文章で花田は、小林を批判するために与えられたはずの批評家の定義を、次のように書いている。それは、小林をこの定義から排除しようとしながらも、漠然として曖昧であり、結局は誰に向かって投げ掛けられたかが捉えづらい、定義である。

　私は、批評家というものを、厖大な理論の背後に、かがやいている眸をみいだすような人物ではなく、眸のひらめきにさえ厖大な理論を夢みるような人物だと考えているわけだが、そういう批評家は、所詮、この世では、余計者にすぎないであろうか。

　この魅力的な文章はひたすら曖昧だ――その意図において。だが花田がその文章の趣旨である批評家としての小林の失格を言うためにさきの文章を書きつけたとしたら、ぼくは次のように問わねばならない。すなわち、花田のこの「眸のひらめきにさえ厖大な理論を夢みる」作業が、まさに花田が批判する小林によって、例えば喪った仔を想う母の、しかも〈社会化した私〉でもあるこの母の、部分的「自然」からの「抵抗」や「制限」に抗うこの母の「眸のひらめき」の名の許に、未来に向けて仮構されているとしたら、どうだろう？　喪った仔は戻らない――だがその仔を想うほかない。この縫合されながらいつまでも抜糸されないままの裂開という「眸のひらめき」に。この過去において避けることあるいは為すことに失敗したある事柄を現在《いま》-此処《ここ》において未来に向け想起-憶想する「眸のひらめきにさえ厖大な理論を夢みる」という革命 re-volute/in-volute の論理。それは、ルカーチ的――あるいは西南学派＝ヴェーバー的――な疎外論的あるいはいわば主体性論的な物象化論（という疎外論《カル・スタ》）にもとづく歴史理解を端的に突破する文体において、提起される。それを花田は、小林の

「僕は邪念といふものを警戒すれば足りるのだ」を「我々は感傷というものを警戒すれば足りるのだ」と捩り、捨て去ってしまうことで、この作業を台無しにしたかに見える。そしてそれは、小林を出汁に福本イズムを批判しようとした代償にほかならない。だが同時にこの代償は、生産力主義を救済することなく生産関係主義を批判せねばならなかった花田の時代性に操られた宿命でもあったに違いない。そしてそこに小林は登場したのである——花田に付き添われて。

非精確な歴史叙述、あるいは行為

この〈誰しも〉である「僕等」が「未来への希望に準じて過去を蘇らす」空間を小林は、「奇妙な場所」と呼んだ。そしてこの「奇妙な場所」とは「厳密を目指して曖昧のなかにゐる」「僕等」そのものである。こうして「間」とは、すなわち、現在《いま》-此処《ここ》という「行為」であり「欲望」である。それは、「真理を摑む筋道はまことに曖昧だが、真理は確実に摑んでゐる、さういふ世界を出て、真理探究の筋道だけが極めて明瞭であれば、真理そのものなどは決して手に入れる必要のないもう一つの世界に這入る事」といった、出来事が思考との「漠然とした同一性を創始する」限りで成立する「間」にほかならない。それをぼくはあえてフーコーの意味における「真理陳述 véridiction」の一形式にほかならない〈レーニン的政治〉と呼んでもみたい。小林は、こうした「歴史事実」を「客観的なものでもなければ、主観的なものでもない」ものとして創り出す「歴史の問題《プロブレマチザシオン》」視を「認識論的には曖昧だが、行為」あるいは「欲望」において捉えようとしている。*13

花田の二番目の小林論が公表された一九四四年、ボルヘスは『伝奇集』を公表したが、そのボルヘスは、セルバンテスを一字一句反復したメナールの記述から浮かび上がってくる差異を、次のように称讃している。

歴史、「真実」の母。この考えは驚嘆に値する。〔…〕〔メナールにとって〕歴史的真実は、かつて起こったことではない。かつて起こったとわれわれが判断するところのものだ。La verdad histórica, para él, no es lo que sucedió; es lo que juzgamos que sucedió. 末尾の句――現在の規範と忠告、未来への警告――は臆面もなく実用的である。[*14]

この小林的メナールからドゥルーズ＝ガタリ的なプラグマティズムが「臆面もなく」始まる。このプラグマティズムは、喪った仔を想う母の哀悼を掻い潜って突き抜け、未来に向けて現在‐此処を哀悼する「行為」「欲望」である。それは「過去」を「歴史の問題」をかいして「歴史」として可塑的に生産する。あるいはそこでは「過去」が、「抱きしめ」きれない過剰として、猥雑として、非合理として、未来に肯定的な「生きられる歴史」として、あるいは行為、欲望、吃音として、描かれる。小林も含めて人びとは多かれ少なかれまた良かれ悪しかれ達人となるが、しかしこの達人たちは、北米のある日本研究者が言うほどには、すべてを「抱きしめる」達人振りを享受しえない。「抱きしめき

＊13　前掲「序〔歴史について〕」。
＊14　前掲「『ドン・キホーテ』の著者、ピエール・メナール」。

れない」残余は、「敗北」を何ものかに転移し損ねた「歴史」を「歴史の問題」として反復する「行為」「欲望」において、すなわち「僕等」において、贖われねばならない。ここに歴史の生産が、歴史の問題として、つねにすでに始まっていたものとして、始まる。だがそこには、例えば〈六八年〉をネタにいつまでも商売を続ける達人や批評家も不要である。

II

気分

第3章

気分はいつも、ちぇっ！

——埴谷雄高の「不快」

Credo taedium solum——不快のみ信ず（埴谷雄高）

悠々としているメエ・オンを眺めると、むらむらと嫌悪の情が湧き上がった。（花田清輝）

この——世界に対する人間の開かれと抑止解除するものに対する動物の開かれがほんの束の間だけ踵を接し合う——操作の場こそ、倦怠にほかならない。（アガンベン）

気分はいつも、*Pfui!*

すべてはつねにすでに始まっており、したがってこの闢《ひら》かれにおいて、つねにすでに閉じられている。これが律としての同一が窮極的に採るあり方である。だとすれば、埴谷雄高を論ずるに当たって引き合いに出されることが多い二人の哲学者である、「〈もはや‐ない Nicht-Mehr〉においてさえ〈いまだ‐ない Noch-Nicht〉が潜む」と希望の原理を構想したブロッホや[*1]、哲学の定義を「表現がいつもそれを同一化してしまうのに、非同一的なものへの加担によって何とかそれを表現しようとする努力」といった『不合理ゆえに吾信ず』で「不快」と命名されたそれと寸分違わぬ気分 Stimmung を肯定的に顚倒することに求め[*2]、弁証法における「いまだ片づいていないもの des Unbewältigten」が有する潜勢力に論及するアドルノが[*3]、こうした〈円環‐閉ざされ〉という永遠に抗する興味深い武器を携えて絶えず愁訴する埴谷の前に立ち開《はだ》かろうとも、この瞬きのような〈永遠の今〉こそ律《おきて》としての同一が経巡る歴程にほかならないことには、少なくとも暗き人《スコティノス》であり続けた埴谷にとっては、些かの支障も起きていないかに見える。

＊1　Ernst Bloch, "Einsichten in den Nihilismus und die Identitäät," *Gesamtausgabe* Bd., 13, Frabkfurt an Main: Suhrkamp, 1970, S. 249.

＊2　以下引用はすべて講談社版『埴谷雄高全集』より。引用箇所の指示は省略。

＊3　Theodor W. Adorno, "Skoteinos oder Wie zu lesen sei" in id., *Drei Studien zu Hegel*, Suhrkamp, 1963, S. 118-9, 275.

また、このことをすでに「知りぬ」き、またこの知悉という永遠に「眩暈」さえ覚えながらも、逆説的にもそれがゆえに、主辞《スコティノス》としてつねにすでに強く屹立していると思しき埴谷《ゴルギアス》が事後において取り憑かれた気分、あるいは精確には、事後でなければ取り憑かれるはずもない気分に送り返された名称が、埴谷を、辞《ロゴス》という羈《おもがい》を以て繋ぎ、そのことで彼を〈gleich〉とは異なる完き同一としての「自身」derselbeという主辞へ賓《つ》き従わせながらも、かかる「自身」にいまだ否を発し「怯え」を見せることがもたらす、彼のいわゆる「不快」だったに違いない。*4

気分とは、それがいかなる類のそれであれ、繫辞と賓辞との連み遇い（という偶発あるいは出来事）の事後においてのみ浮上する主辞が遡及的に仮構する事前であり、その意味でのみ~~前~~-存在論的である。それを、気分はむしろ存在に遅れる、と言うことさえできるだろう。

であればこそ、ここでは、咽頭を焼きながら三度《みたび》込み上げてくるニーチェの「吐き気」が、いまだ「神にへばりつ」く「青虫《カタピラー》」に象徴される永遠回帰が、あるいは埴谷の「永久運動」が、すでに動き始めているかのように、ぼくには思えるのだ。またそれを耐え凌ぐために残された唯一つの個体的応答、それが、ランシエールのいわゆる声《フォネー》のごとき、*5 埴谷の「ぷふい Pfui！」だったに違いない。そして、この「ぷふい！」をぼくは、ブロッホを援用して、〈A ist A〉の〈ist〉に潜む微少な「懸隔-間《あわい》Abstand」から律《おきて》の受諾にたいして発せられる、それ自体としては意味を為さない声《フォネー》、と言い換えることにする。埴谷は、ただにこの〈ちぇっ Pfui！〉を携えてのみ、不快をひたすらに受諾したばかりか、さらには多彩な辞《ことば》を弄してみずからの／みずからである不快と戯れる——戯れ、それは機械を構成する部品間の緩み-間隙jeuでもあるだろう——ことさえ、すでに論理であるみずからに、すでに論理であるみずからであるがゆえに、赦すことができた。「ぷふぃ！」という無意味な音は、こうして、あらかじめ言葉《ロゴス》で記述された意味で充たされている。

とすればだが、そこには、埴谷みずからが申告した「第一批判」のカントというよりも、むしろ執拗に憑き纏う円環のヘーゲルが、ニーチェの永遠回帰と肝胆相照らして、働き続けているのではないか？　街頭《パサーゲン》に立つベンヤミンを彷彿とさせる「惟観《ただみ》る人」という『死霊』の原型的構想には、[*6] むしろニーチェを指嗾するヘーゲルが、そして後にふたたび立ち寄る自称するブランキから「天体による永遠」を見遣るブランキへの移行（出来事の事後）があったのではないか？　またであればこそ、ときにはその文体の重々しさを内破するのではないかとさえ思わせることがある、〝ちぇっ！〟ではなかったか？

埴谷は「ぷふぃ！　それはそれだけで、既に意味がある」と言ったが、このことさらに傍点を付し

＊4　「不快」から埴谷を論じ始めることは、詩の原理や肉体＝無声を埴谷に読み込む菅谷規矩雄（『無言の現在』イザラ書房、一九七〇年や『埴谷雄高』三一書房、一九七四年など）であれ、それをやんわり却け「前‐存在論的根本気分」を強調する鹿島徹の明快な『埴谷雄高と存在論』平凡社、二〇〇〇年であれ、共通の見解だろう。

＊5　ジャック・ランシエール『不和あるいは了解なき了解――政治の哲学は可能か』松葉祥一ほか訳、インスクリプト、二〇〇五年参照。

＊6　スーザン・バック＝モース『ベンヤミンとパサージュ論――見ることの弁証法』高井宏子訳、勁草書房、二〇一四年参照。

た言明は、したがって、蓋《けだ》し名言とせねばならない。この「ぷふい！」は、「何かが同じもの das Selbe〈το αυτο〉でありうるためには、つねに一つのもので充分である」ことそれ自体を権利請求する〈το αυτο〉が発する声、またその限りで〈το αυτο〉には「既に意味がある」ことを主張する声であり、[*7] 埴谷は、不快という前‐存在論的とされる気分へ、だが辞《ことば》あるいは論理を操る存在という資格を決して手放すことなく、遡行しようとしているかにみえる。こうして、この埴谷の「ぷふい！」は、つねにすでに有り、知っているがゆえに、かかる知を以て「存在の外」あるいは「非‐知 agnoia」を、だが断固として「人間において」、切望する、剰《あま》りにも存在論的な気分なのである。[*8]

等価交換の不快

君が愛することがあっても、それに応える愛を喚び起こすことがなければ〔…〕君の愛は無力であり、一つの不幸である。（マルクス）

もし女が私たちを愛するのが、私たちがそれに価するからだとしら、なんと厄介なことだろう！　また、しっかりとやり遂げた仕事の褒賞や報酬としての幸福など、なんと退屈だろう。[*9]

詰まるところ問題は、繋辞‐賓辞をめぐる初期マルクスとアガンベンとの、この対照ではないのか？埴谷は、アガンベンに立って、『不合理ゆえに吾信ず *Credo, quia absurdum*』を次のように開いた。それは、埴谷と言えば誰もが思い浮かべ、また「惟観る」ことあるいは敗北＝出来事の事後を塞ぎ凌ぐために到来することが必至の或る固有の――『天体による永遠』のブランキに深くはらまれる「跪く力」の顚覆性さえ想起させる[*10]――気分を表白する、あの強烈な魅惑をはらんだ断章《アフォリズム》である。

――賓辞の魔力について苦しみ悩んだあげく、私は、或る不思議へ近づいてゆく自分を仄かに感じた。〔…〕

すべて主張は偽りである。或るものをその同一のものとしてなにか他のものから表白するのは正しいことではない。

ゴルギアスもまた忌まわしく思惟する網の裡に棲みながら彼自身の悪徳を味わっていた――そんな想念が、生き生きした姿をとつた。属性の魔力について知りぬいていたばかりでなく、そこに眩暈せしめるもののひそやかな悪徳の裡に、私も耽つていたのである。

繰り返す必要があるだろうか？　だが約めて言えば、ここでは、命題：A＝BにおけるBという、主

＊7　Martin Heidegger, *Identität und Differenz*, Pfullingen: Verlag Günther Neske, 1957, S. 10.

＊8　ジョルジョ・アガンベン『開かれ』岡田温司・多賀健太郎訳、平凡社、二〇〇四年。以下アガンベンからの引用は同書。引用頁は省略。

＊9　ジョルジョ・アガンベン『瀆神』上村忠男・堤康徳訳、月曜社、二〇〇五年。

＊10　以下ベンヤミンからの引用は、同「倦怠、永遠回帰」『パサージュ論』V、今村仁司ほか訳、岩波書店、一九九五年より。

辞に顚倒的に下属を強いる賓辞の圧倒的な「魔力」が「属性」——思惟（と延長）——「の魔力」として言挙げられ、またこのBはAと（同一に）成る律の許《おきて》にある限りでの非Aにすぎないという意味で、あらゆる命題は、その手続きにおいて「偽り」であることが宣言されている。そして、むしろ繋辞の魔力と言われるべきこの「賓辞の魔力」の顕揚が、読む者を深く捕らえたことは疑いを容れない。

そのように始めた彼はまた、然り気を抑え、だが即座に、この断章と同値のものとして、だが決定的なことに「不快」という、おそらくはあらゆる命題のいわゆる真を担保するために当該命題にとっての外あるいは前に、だがいかに「忌まわし」く、またたとえ「絶滅」「勦滅《そうめつ》」すべき、たかだか「五分間」しか機能しない代物であれ、まさに「論理」において排除されていなければならないであろう気分を属格あるいは同格の「の」において展《ひら》いた。

——私が《自同律の不快》と呼んでいたもの、それをいまは語るべきか。
——さて、自然は自然に於いて衰頽することはあるまい。

慥かに埴谷は、「同じことを言うのに、私より短い言葉で言える者は、誰一人あるまい」と胸を張ってみせたゴルギアス宛《さなが》ら*11、「賓辞」あるいは「属性」の「魔力」を律としての同「一」あるいは「自」同の等価交換に求め、それに不快を表明した。それだけではない。彼はさらに、この気分を「語る」とさえ宣言した——彼はまさに「語る」「自身」であることを自称することで、「自身」であることに起因するみずからの愁訴を語ろうとするのだ。この埴谷に指嗾されてその韜《つつ》み晦《くらま》す立ち位置に解釈を与えようとした読者の大方もまた、みずからの〈知っていること〉を安堵するためにか、埴谷の気分を自同律あるいは同一律という誰もが愛する哲学上の大問題へ詰め込み、さらに何と、埴谷はそうした解釈をみずからのそれとして受け容れたのである。またその過程で、哲学の綺羅星たち〈知〉が繰り返し呼び込まれ、不快と名指されたその気分は、おそらくは彼自身にとっても、後景化したかにみえる。だが、不快-気分は、論理において、抵抗する。この抵抗が不快をさらに助長する。埴谷の不快はそのように措かれて有る。

例えば『死霊』第三章と同時期に書かれた「即席演説」という論攷で埴谷は、「賓辞の魔力」や「賓辞の乱用」を「繋辞《コプラ》の暴力的な使用法」と言い換え、繋辞《コプラ》と賓辞《カテゴリー》という、ヘーゲルの奸計がもっともよく働くがゆえに、明確に分節されたうえで綜合的に説かれるべき、二つの領域を混雑させるが、[*12]あたかもそれは、ヘーゲルを顚倒すると称したマルクスの価値形態論において、すでに「一般的価値形態」あるいは「貨幣形態」を知悉している、「単純な、個別的な、または偶然的な価値形態」が、いわゆる「全体的な、または展開された価値形態」に踏み留まって、一般的価値形態あるいは貨幣形態に辿り着かない（ことを愉しむ）かの如き、否認の常態化であるようにみえる。それは、事後に措いて遡及的に仮構された「言葉をもたない人 *Homo alalus*」という人間と動物との間《あわい》にも似た、単純な価値形態と貨幣形態との間《あわい》に設けられた幾つかの（事実的には無用な）価値形態における、滞留に等しい。

*11　プラトン『ゴルギアス』加来彰俊訳、岩波文庫、449A。
*12　繋辞と賓辞の厳密な関係性（における無 Nicht の問題）については Bloch, op. cit. 参照。

バリバールであれば〈手前に墜ち、到り着かない〉とでも呼んだであろうこの滞留は[*13]、だが、その気分に反して、その行き着く先を、あるいはむしろその行き着く先につねにすでに到着していることを、悉く知っているがゆえに、埴谷の裡に解消不可能な不快を再生産する。解消不可能な――というのも、人は、まさに知っているがゆえに、知ることを欲せず、非‐知はまさに知によってのみ想起‐憶想されるからである――無頭《アセファル》であるためには、つねにすでに有る頭を一挙に刎《は》ねるギロチンが必要なのだ。だが論理は、みずからの頭を刎ねるギロチンなど与えてくれない。またしたがって不快が深まる。

Taedium solum

変わったことはなにもない。（サルトル）

「どこだっていいのだ！　どこだって！　この世の外であれば！」（ボードレール）

だが不快だけでいいのか？　この間《あわい》へのこの墜落とそこでの滞留――『死霊』を改めて読み返したぼくは、しかし、題字に措いた「Credo taedium solum――不快のみ信ず」という、これ自体有名な一文を愕《おどろ》きと喝采とともに再発見したのだ。以前のぼくは、迂闊にも、彼の不快がラテン語で *taedium* と表記されていたことを看過ごしていたのだ。不快、それは何と、倦怠 *taedium* ではないか！　だがとすれば、信ずる根拠とされた〈absurdum〉とは何かもまた、訊ねられねばならない。埴谷が〈absurdum〉に与えた邦語「不合理」は、後に触れる「理性的動物《アニマル・ラチオナーレ》」としての人間のアイソーポス的捻りというレンズを透してハイデガーのいわゆる動物（の「放心 Benommenheit」）を導き入れられるとき、いったい何を意味しているだろう？

ここでは端的に言おう――〈absurdum〉はぼくたちが囚われている合理が差配する不合理などでは決してない。〈absurdum〉は、語義においてそれ自体、調子外れあるいは不機嫌である。さらに厄介なことに、〈absurdum〉の形態素である〈surd〉それ自体が、無理－無声そして退屈－倦怠、共軛不可能を指している。〈absurdum〉とは、こうして、無理－無声そして退屈－倦怠から僅かにズレ－遠ざかり（ab-）ながらも、依然として、おそらくは永遠に、調子外れあるいは不機嫌であり続ける、まさにそれ自体として気分に差し向けられた、名称である。したがって、〈absurdum〉とは、合理を以て測られ、合理が羈絆《きはん》する、律にとっての不合理ではあり得ない。[*14] それは、即自的に、何か外のもの、何か前のもの、あるいはむしろ「主体による決断の最後」の隠れ家（退－隠）を表す不条理なのだ。[*15]「形式論理の諸法則」を「自同律に還元」し、自同律ほど「自明であるとともに、また神秘的なもの」はないと書いた花田清輝は、それがゆえに「言葉を捨てて事実につく」として、埴谷に対蹠し、さらにこうした「AはAであるという空虚な自同律の世界」が「なんと豊富にかがやいてみえることだろう」と、いわば聾唖の正義を選び採って、言い捨てさえしながらも、しかし同時に「メエ・オ

＊13　エティエンヌ・バリバール『マルクスの哲学』杉山吉弘訳、法政大学出版局、一九九五年。
＊14　Deleuze (avec Guattari), « Sur le capitalisme et le désir », op.cit. 参照。
＊15　Michel Serre, *La naissance de la physique dans le texte de Lucrèce*, Minuit, 1977, p. 10.

ン」に「憎悪の情」を表明したが[*16]、埴谷は、「言葉を捨て」るどころか、他に言葉を見出し得ないがゆえに、「自身」という、同一性にあってももっとも厄介な同一性であり、まさに不快に探り出された起源である主辞さえ濫喩的に藉《か》りることで、「自身をして自身について呻かしめよ」と、ふたたび不快の「自身」に命ずるのである。この「自身」は、埴谷が主張したがり、萱谷規矩雄が受け容れたような、「肉体」などではない。それはつねにすでに言葉《ロゴス》で溢れかえる世界である。こうして埴谷は、もはや声そして気分の問題であり続けることができない言葉《ロゴス》の世界に立ち入り、大いに辞《ロゴス》を弄しながらも、いまだ声そして気分に滞留しようとしているかに見える。そしてこれがふたたび、埴谷において不快－倦怠を再生産する。

主辞の退隠

神は死んだのではなく、人間の運命に組み入れられた。（ベンヤミン）

ところで「《自同律の不快》と呼んで」いるこの「私」、剰《あまつさ》えそれを辞《ロゴス》を以て「語る」ことを試みるこの「私」とは、いったい誰なのか？　あるいは、「俺はそいつのすきを窺つていた。すると不意に俺を窺つているそいつと目を見合わすことがある。俺は瞬間に《永遠》を感じた」に登場する「俺」と「そいつ」という疑いもなく一箇にして二重の何ごとかとは、何か？　それは、死して「私」に組み入れられた、主体という新たな神ではないのか？

埴谷の《自同律の不快》が〈私は私であるとは不快だ〉と翻訳されるとき、誰も惑うことがなかったのだろうか？　この翻訳はあらかじめ奇妙ではないか、と。奇妙――というのも、この翻訳には、二つの解釈的な理解が開かれてあるように想われるからだ。第一に、〈私は私であるとは不快だ〉とは、その意味内容としては、〈私は、私は私であることが、不快である〉であり、〈私は私である〉と思惟する〈私〉はかく思惟する〈私〉に不快である、でなければならない。とすれば、この〈私は私であるとは不快である〉は、あらかじめ主辞を欠いていることになるだろう。したがって《自同律の不快》は、［Aは〈A＝A〉が不快である］にほかならない。これは日本語と呼ばれる地域言語に通有する主辞の欠落を意味するにすぎないのか？　否、不快であるこの〈私〉は「露顕」すると同時に瞬時に「隠蔽」される〈A〉なのである。そしてこれが、現に（世界の裡に）有ることの有り様を浮

＊16　花田清輝「錯乱の論理」（『文化組織』第一巻第三号、一九四〇年三月（『世代』第九号、一九三七年一二月が初稿）および「悲劇について」（原題「帽子について」『文化組織』第二巻第一号、一九四一年一月（「詩学」『世代』第一〇号、一九三七年三月の改稿版））より。なお引用は講談社版『花田清輝全集』第二巻より。なお、埴谷『不合理ゆえに吾信ず』は、同人誌『構想』第一巻第一号（一九三九年一〇月一日）から同誌第三巻第二号の終刊号まで、毎回掲載されている。したがって、自同律へのいわば不安あるいはその不可解さについての論及は、花田のほうが早い。なお埴谷による花田清輝『復興期の精神』と同『錯乱の論理』への書評（それぞれ『文化新聞』一九四七年一月六日および『時事新聞』一九四七年一〇月一三日に掲載され、講談社版『埴谷雄高全集』第一巻に収録されている）には、埴谷の微妙な動揺が感じとれる。なお埴谷は一九四三年六月に公表された興風館『偉大なる憤怒の書』後書（いわゆる「ドストエフスキイの方法」）で「錯乱の理論」という語を用いている。もちろん戦時中の埴谷が『文化組織』を読んでいたかどうかは不明であり、またその詮索も無意味である。

上させる。だが第二の理解も可能である。それは、〈不快〉は〈私は私である〉である、といったように、気分としての不快あるいは倦怠それ自体が主辞の位置に立つと解釈する場合である。だが、存在論的了解の前または外に属するとされている気分それ自体が主辞に立つことは許されているのか？

　両者が埴谷において齟齬を来さないためには、この斜線を引かれ閂を掛けられたＡが、不快あるいは倦怠と、一致していなければならない。ハイデガーは、同一律が「同一性が意味しかつ属しているところのことをすでに前提」し、「ＡはＡである〔…〕各々のＡはそれ自身で同じものであるということを、まったく蔽い隠している」と述べたが[*17]、またこのことが埴谷の気分にも起きている（にすぎない）にしても、〈私〉に「序列」的に先立つかに見える気分が自同律において「露顕」した〈私〉を事後的に「隠蔽」することによってのみ論定されるほかないことを、それは意味している。埴谷の不快は、こうして、まさに存在論的にのみ了解可能な前‐存在論的な根本気分である。

　周知のように当初のハイデガーは[*18]、こうした点から進んで「存在するものの存在」の領閾へ到達する[*19]。だが埴谷は、この斜線を引かれ閂を掛けられた主辞であるＡ、ハイデガーを読むアガンベンを以てすれば「露顕と隠蔽が衝突する本質的な領閾」に滞留し、いわば動物の「放心」あるいは「宙吊りの宙吊り」を愉しむかのようなＡを以て『不合理ゆえに吾信ず』ると宣言したのである。またであればこそ埴谷は、晦渋とはいえ流暢な辞《ことば》を携えて、この剰りに人間的な露顕と隠蔽を次のように書き付け、『不合理ゆえに吾信ず』を閉じることができる。

　さて、断定と同一瞬間に現われる反対意識の強さを噛みしめつつ、自身へと見展くこの

Personatus の痛々しい瞳に見入るがよい。(心にもなき虚偽)を敢えて表白しつづけたこの
Personatus の重々しい足取りを辿るがよい。

こうして埴谷の不快〈absurdum〉は、一方で「自然は自然に於いて衰頽することはあるまい」と律《おきて》を受諾し、律《おきて》に凭れながら、他方でいわば花田の「事実」を密かに引き受けたうえで、しかし、その「事実」を「忌まわしく思惟する網の裡に棲みながら彼自身の悪徳を味わ」い、「眩暈せしめるもののひそやかな悪徳の裡に〔…〕耽つて」いることを露出させる。「Personatus」とは、したがって、そのための仮面にほかならない。そう、仮面が告白しているのだ。この埴谷は、多弁な「言葉をもたない人」であり続けることに、辞《ことば》を以て、執着している。だがとすれば、それはまた、律《シンボリック》それ自体にではなく、律《シンボリック》の受諾にたいする不快《リアル》であろう。それは、彼《か》の「碑面」に刻まれた「*Ich* wandre *meine* Strasse」すなわち「われの道」という形式を採って現れる律《シンボリック》を、にもかかわらずなお「彷徨う」ことを愉しむ「われ」(へ)の不快《リアル》にほかならない。

＊17　Heidegger, op.cit., S. 10. 傍点引用者。

＊18　ここでの「当初のハイデガー」とは、アガンベンが詳細に論じたハイデガーのフライブルク大学講義(『形而上学の根本問題——世界・有限性・孤独』)における「深き倦怠」に関する厖大な分析の方向性を意識してのことである。前掲『開かれ』七四頁以下を見よ。

＊19　Heidegger, op.cit., S. 12.

Caesura——二人の「ブランキ」

トーロー要塞の土牢の中で今私が書いていることを、同じテーブルに向かい、同じペンを持ち、同じ服を着て、今とまったく同じ状況の中で、かつて私は書いたのであり、未来永劫に書くであろう。私以外の人間についても同様である。Ainsi de chacun.（ブランキ）

倦怠は偉大な行為への敷居である。Die Langeweile ist die Schwelle zu großen Taten.（ベンヤミン）

［自称するブランキ］——裁判長は囚われたブランキに職業professionを尋ねる。例の人定質問である。ブランキは緘黙することなく「プロレタリアート」と応える。革命家の様《さま》だ。裁判長は「それは職業ではない」と反論し、ブランキはそれに「信条表明professionだ」と応じる。以前この国でもよく見られ、いまや忘れ去られた光景である。この逸話を引用したランシエールは、ブランキの「職業-信条表明」を「告白aveu」と理解し、「ある集団への帰属宣言」であると断じた。これは裁く者の眼差しでもある。そしてここには、〈私は～《カテゴリー》である〉と自称することの（あえて言えば、世界内的な）意味が、すなわちいまだ有（成）らざるもの、いまだ到来せざるものへの信条表明あるいは告白の意味が、ぼくたちの常態である否認（告白の否定dés-aveu）を否定する決断-自由（主体）として、待望されているかにみえる。[*20] であればこそ、賓辞だけでなく、〈は～で（ある）〉という繋辞-交接（における任意性）あるいは乱交-濫交の可能性もまた、おそらくは決断（主体）の問題として、同時に浮上

している。あるいはむしろ、賓辞《カテゴリー》 predicate が繫辞－自称によって転ずる――陥る――窮地－属性、predicament が、[21]だが〈Je pense donc je suis〉における〈suis〉を〈存在 être〉から解放し、その出口を〈追い求める suivre〉に求めることで、有ることを迂回しようとする衝動が、そこに描き出されている。

こうした自称行為には、また「現象と本質の関係」にある「主辞と賓辞」が、客観的には、自存する単独のAではなく、いまだAとAという二項が必要とされているという限りにおいて繫辞それ自体であろう、「A＝A」における見えざる微小な立場の「懸隔－間《あわい》 Abstand」が有り、したがって同一性とは決して「全面的ですでに成就された何らかの〔真理〕内容上の同一性に立っているわけではない」とし、その意味で「主辞プロレタリア」は「プロレタリアという賓辞が過渡的なものにすぎないと宣言する」と理解したうえで、そこに「概念の転位」が不可避であることを強調するブロッホや、[22]また興味深くも「真理要求が正しいか否かを決定せねばならない」まさに「敷居 *Schwelle*」の出来〔事〕に言及するアドルノ、[23]また「決断の自由とは、終えるためあるいは始めるために思惟〔属性！〕が滲透せねばならない当のものである」と言ったナンシーも同様に、[24]このブランキに合流するだろう。

＊20　前掲『不和あるいは了解なき了解』。
＊21　前掲『ヤサグレたちの街頭』参照。
＊22　Bloch, op.cit., S. 271.
＊23　Adorno, op.cit., S. 164.
＊24　ジャン＝リュック・ナンシー『ヘーゲル　否定的なものの不安』大河内泰樹・西山雄二・村田憲郎訳、現代企画社、二〇〇三年、一三五頁。

ここには自称という決断あるいは自由による不快あるいは倦怠からの一つの脱出口が仄めかされている。

［惟観るブランキ］――しかし他方で、タルデュー『退屈』に「ローマ人の生への倦怠《タエディウム・ウイタエ》を誉め称える永遠の記念碑」を読み取ったベンヤミンは、『天体による永遠』で「宇宙はたえざる破局の場」と書き付けた幽閉者ブランキを、世界は「もし円環の幸福のうちに目標がなければ、何の目標ももっていない。また、自己自身にいたる円環が善き意志をもっていなければ、世界は何の意志も持っていない」と書き付けた『力への意志』のニーチェと併走させ、倦怠と永遠回帰を重ね合わせる。だが――否、であればこそベンヤミンは、同時に、ブランキは「市民社会に屈服するが、その跪く力は物凄く、そのために市民社会の玉座が揺れ動きだす Blanqui unterwirft sich der bürgerlichen Gesellschaft. Aber es ist ein Kniefall von solcher Gewalt, daß ihr Thron darüber ins Wanken kommt」とも書き付けるだろう。なぜだろう？　それは、彼の「無条件の屈服」が、この「宇宙像をみずからの投影として天空に映し出している社会へのもっとも恐るべき抗議」であって、「古代の永遠回帰の理念がもつおそらくはもっとも恐るべき切先をへしお」ることで、「地獄の刑罰の永遠性は、循環の永遠性の代わりに、苦悩の永遠性を設定」するからだ。「循環の永遠性」は、埴谷も口にした「刑罰」をともなって、「苦悩の永遠性」へ遷移する――この「苦悩」をともなう「待機」を、あるいはまさに不快を、ベンヤミンは倦怠とも言うだろう。

　自称するブランキから惟観るブランキへのこの移行が、ハイデガーが『同一性と差異性』で引いたプラトン「ソピステス」における〈変動 Umschlag〉――それは、〈顛覆〉を意味する以前に、何よりもまず〈覆い包み、襞折ること〉であり、マルクスによるヘーゲルのいわゆる顚倒はこの意味でのみ理解されねばならない——と〈静止 Still-stand〉——瞬時の滞留——を一箇の身体において「分有」する者として二人のブランキが、[*25] 吉本隆明が埴谷の不快に与えたあまりに分かりやすい解釈とは異なった、[*26] 埴谷の気分の可能性を許してくれるだろう。またその可能性の中心に、ひとたび「露顕」された〈私〉とその「隠蔽」との衝突を——アガンベンであれば、人間と動物との人間における「内部抗争」と理解するであろう[*27]——凌ぐことを可能にする、だがつねにすでに世界に覆われてもいる〈私〉から遡行された、[*28] 有り得べき気分としての倦怠‐不快（の可能性）がある。

一方で倦怠を「内側に華やかで多彩な絹の裏地を張った暖かい灰色の布地〔…〕夢見るとき、この布地でくるまれ〔…〕この裏地のアラベスク模様のうちで安らっている」と描いた「救済」のベンヤミンと、他方でその不快あるいは倦怠を「絶望のアラベスク」として「織」ることで現実を凌ごうとする埴谷は、しかしともに、覆い包む倦怠に、円環に内接・外接する幾何学《アラベスク》に、游んでいる。そしてそこには、パウロであれば「切なる待望」とでも呼んだであろう耐忍が、だが最後に引くボードレー

＊25　プラトン「ソピステス」藤沢令夫訳、『プラトン全集』3、岩波書店、一九七六年、254以下。
＊26　吉本隆明「埴谷雄高」『吉本隆明全著作集』第七巻、頸草書房、一九六八年。
＊27　アガンベンが指摘するように、こうした「擬人化」を弄することなく動物について論じた唯一の哲学者がドゥルーズだった。
＊28　〈倦怠 ennui〉が〈覆う・包む・翳《かげ》る ennuager〉と類縁関係にあることを想起されたい。

ルの一節のように、さらなる怖れをともなった耐忍が、要請されるだろう。そしてこの耐忍、事後的に発見された気分としての不快−倦怠は、しかし、辞《ロゴス》において露出するほかない。またであればこその倦怠なのだ。そして、埴谷の「論理の不快」あるいは「忌まわし」き「論理」を以て感得された不快−倦怠、またそれに随伴する待機−耐忍をこそ——埴谷自身によるいわゆる「矛盾自体の展開」などといった、過程弁証法とはいえいまだ弁証法的である他ない世界了解を拒絶する——埴谷自身の得難きものであろう。

「拗《ねじ》けた動物的な人間」の放心−切望

倦怠とは純粋なる状態の儘にある幸福への稀求である。（レオパルディ）

レオパルディにあって無限は無限の儘である。したがって弁証法の終結は存在しない——止めどなき決定、際限なき想像的なものによる本質の産出。レオパルディは現代的問題の創生を生き−観たのだ。（ネグリ）

動物の存在形態を「放心」に定めたハイデガー「フライブルク講義」を読むアガンベンは、それを「露顕なき開示」あるいは「露顕と隠蔽が衝突する本質的な領域からの排除」と呼び、「言葉」の不在にこの「排除の痕跡」を認めた。[*29] 彼はまた、この「放心」がいわゆる「深き倦怠」という根本的気分を「共鳴させる」と理解するに到ったハイデガーを紹介した。ところで、『イソップ寓話集』には「プロメテウスと人間たち」という寓話が収録されている。[*30]

プロメテウスがゼウスの命に従って人間と動物を拵《こしら》えました。ゼウスは考えのない動物どもが遙かに多いのを御覧になって、彼に動物どもの或るものを壊して人間に造り変えるようにお命じになりました。プロメテウスは命じられたことをやりましたので、その結果初めから人間ではなかったものが造り変えられて、姿は人間のものを、魂は動物のものを持つようなことになりました。

この寓話の結論は、この噺が「拗けた動物的な人間ども」に妥当する、というものだった。それは、しかし、「姿は人間〔…〕魂は動物」であるこの「拗けた動物的な人間」が、現に「世界を形成する」限りにおいて、「世界を欠く石」でもなければ、「世界に窮乏する」純然たる動物でもないという意味で、ゼウスの命を以てプロメテウスが「拵えた」「初めから人間」だった者という虚妄（理性的動物《アニマル・ラチオナーレ》）を、まさに埴谷が不快あるいは倦怠を訴えた自同律の許に有る人間を打ち砕く、現に有る人間であることを語っている。とすれば、人間が形成する世界には、一方における「動物どもの或るものを壊して〔…〕造り変え」られた「拗けた動物的な人間」と、他方における「拗けた動物的な人間」に植えつけられた「初めから人間」というあらまほしき——すなわち、同一律が論定する——理念としての人間という、二種類の人間しか存在しないことになる。そして、この両者が、互いに「すきを窺」い、

＊29　以下アガンベンからの引用は前掲『開かれ』より。
＊30　「プロメテウスと人間たち」『イソップ寓話集』山本光雄訳、岩波文庫。

「目を見合わすこと」で「瞬間に《永遠》を感じる」「俺」という「拗けた動物的な」埴谷と、「初めから人間」だった理念の「そいつ」という埴谷だと考えたら、どうだろう？　すなわち、埴谷の不快が、理念としての「初めから人間」——「そいつ」——にたいして向けられた「拗けた動物的な人間」である「俺」の気分だとしたらどうだろう？　とすれば、動物の「放心」と「拗けた動物的な人間」の「深き倦怠」は、背中合わせではないのか？　この「拗けた動物的な人間」が、まさに「動物的」であるがゆえに、動物の「放心」を人間として切に稀《もと》めながらも、かかる切なる稀めそれ自体が、この「拗けた動物的な人間」が逆説的に〈私〉に憑かれることを不可避とし、それがまた翻って「拗けた動物的な人間」にさらなる「深き倦怠」を強い、それを以てこの「拗けた動物的な人間」はふたたび逆説的にみずからを「世界を形成する」人間と観念しているのではないだろうか？　またこの過程が強いる倦怠を埴谷は、固有な仕方で、示してみせたのではないか？

アガンベンは、深き倦怠が「世界の窮乏から世界〔…〕への移行が実現される形而上学的操作」であり、ここでの問題は「生きた人間が現-存在に成ること」にほかならないと書いたが、むしろ埴谷は、《自同律の不快》を根拠に動物の「放心」へ遡行することを、「人間のうち」における動物と人間の「内部抗争」として、だがそれを不可避に言葉を以て経験するという、逆行を示しているかにみえる。そしてこの遡行が、「動物の開かれざる非曝露性」が「真理の中心で支配する忘却——根源的に真理《ヴェリタ》に共属する非真理」であるがゆえに、人間であることを規定する「露顕と隠蔽との、非隠匿性と隠匿性の間の解決しがたい闘争は、人間と動物との内部抗争」であることを意味する。だがそこには「深き倦怠」が避けられない。〈*Déjà!*〉のボードレールは、「ついに岸が見えたとの知らせがあった。

〔…〕すぐに誰もが愉快になり、不機嫌を捨ててしまった。〔…〕ただぼくだけは、悲しかった。信じがたいほど悲しかった。〔…〕この仲間の船客たちめいめいが『やっと！』と言っているとき、ぼくは『もうか！』と叫ぶことしかできなかった」と書いたが、この一文は埴谷の不快を描写して剰りある。

そこには待望される倦怠がある。この倦怠にレオパルディは幸福を見出した——ネグリはそこに現代を観た。埴谷の、今度は飽き飽きした、〈Pfui!〉が骨壺から聞こえる。

第4章

風に向かって唾を吐くな!

——であればこそ、かのニーチェが

すべての勝者の語るがごとく、汝はかく語りき、「偶然は存在せず!」(「強者」[*1])

なぜ、斯く有るのか

モンテーニュを腐した『パンセ』のパスカルならずとも、以下の二行と本章最後の一行は、「愚かな企て」であるに違いない。だが、あえて冒頭でまず措く。

ある酒席で、なぜ、斯く——左翼で——有るかが、話題となった。私はいま想う。運命とは自由なる意志だから、と。

憶想せよ！——遙か未来に己《おの》が名を

ニーチェは、現在《いま》でもなければ「未来永劫に来ない日〔頻度零〕Niemals」にでもなく、「看過される筈もない」来るべき時代に向かって、予告した。来るべき遙か遠き時代に、己《おの》が名と「何かしら怪物めいたもの etwas Ungeheures」への「追憶〔-想起〕Erinnerung」が結び遇う、と。

ニーチェは命を下した。過去幾千年にもわたって嘘-虚偽-錯認を以て真理と為し、人間に疚しき怯懦を植え付けてきた道徳に敵対する一つの「裁定-決断」として、その名《ニーチェ》を「内面化 Erinnerung」せよ！　と。

慥かに、「全く新しい思想が、ニイチェを見舞ったわけではな」かろう。彼は「叫び声をあげただけ」なのかもしれない——「こんな愚劣極まる現在が、永遠に回帰する、而も敢へて現在を欲するか」と。だが、端《はな》から「哲学のドグマなぞ」埒外に打ち遣り、人間に疚しさを移植し続けてきた歴史《ゲシヒテ》の「Pudendus〔汚辱-陰部〕」だけに目を奪われてきたニーチェ[*2]は、マルクスなどの幾人かの天分を除

＊1　以下、ニーチェからの引用は、基本的には『ニーチェ全集』ちくま学芸文庫版に拠るが〔以下、出典箇所の指示は省略する〕、その際、Friedrich Nietzsche, Digitale Kritische Gesamtausgabe Werke und Briefe auf der Grundlage der *Kritischen Gesamtausgabe Werke*, herausgegeben von Giorgio Colli und Mazzino Montinari, Berlin/New York, Walter de Gruyter, 1967ff および *Nietzsche Briefwechsel Kritische Gesamtausgabe*, Berlin/New York, Walter de Gruyter, 1975ff., herausgegeben von Paolo D'Iorio、*Friedrich Nietzsche Gesammelte Werke*, München: Musarion Ausgabe、Friedrich Nietzsche, *Kröners Taschenausgabe*, Stuttgart: Alfred Kröners Verlag に拠って邦訳を変更した場合もある。

いて何人も為しえなかったこの一個の破壊的「道化」を、人間への余りに人間的な脱自的滞留において引き受け、「ダイナマイト」に成るという狂気を採択した。そして、「順《まつろ》はぬ者」ニーチェは「彷徨う[*3]」。

その「変わらぬやり方」であった「鍵を開けるのは読者《みらい》」とばかりに[*4]、このニーチェは、デカルトやベーコンもその遵守に失敗したオウィディウス「哀歌」（三巻四歌）にある自戒――巧ク生キル者ハ目立タズ生キル *Bene qui latuit, bene vixit.* ――を、みずからもまた「事の成行あるいは世の常 Lauf der Welt」に凭れて吐いたこれと同様の箴言を、歴史《ゲシヒテ》として凍て付いた過去数千年を頼まれもしないのに一身に背負い、それを数千年後の「来るべき時代」に向けて擲げ出すことで、違約する。

ニーチェは、ロト（！）の妻のようにソドムを振り返って塩柱になることなく振り返るために、あるいは、断じて男《オルペウス》ではなく、振り返ることなく黄泉の国から帰還する女《エウリュディケー》そのものたらんとして[*5]、歴史《ゲシヒテ》を「両断」し、歴史《ゲシヒテ》から歴史《ヒストリー》を想起‐憶想し、そうすることで歴史《ゲシヒテ》を歴史《ヒストリー》たらしめようとした。その意味で彼は、人間とその歴史《ゲシヒテ》にたいして、「来るべき時代における一つの哲学」あるいは歴史《ヒストリー》を「予告」する「一陣の烈風」、そして「鉄槌」だった。烈風《ニーチェ》、それは彼自身であり、彼の、したがって未来の、運命だったのだ。

洵《まこと》にツァラトゥストラは、すべての踏み躙《にじ》られし者 Nieder-ungen にとって、一陣の烈風なのだ。
彼はその敵とぺっと唾吐くすべての輩を戒める――風に向かって唾を吐くな！

とすれば、しかし、このいわゆる「運命」とは何か？

否、それ以前に、なぜ予告、あるいはむしろ予言なのか？

『この人を見よ』の冒頭三攷は、その掉尾を飾る余りに有名な「なぜ私は一箇の運命なのか Warum ich ein Schicksal bin」を含めて、疑問符を欠く疑問文をもって強く断言する予告に代えた。『この人を見よ』全体に敢然と添付された副題――「人はいかに自分が本来あるところのものに成るか Wie man wird, was man ist」――もまた、疑問符を欠く疑問文という体裁を採る予告だった。そしてこの〈一箇の運命への生成〉という運命そのこと自体が、彼のいわゆる「運命愛 amor fati」を支えていた。彼は、その有らん限りの張力――引き裂かれ――を以て、（無垢〔から〕の）生成をたどる運命を愛でる己が運命を愛でた。とすれば、片や「内側の円環を抽象し外側の円環に向かう」ことができるがゆえに人間には赦されていない「普遍史の最高の把捉」を許され、「予言者」たりうる「偉大な歴史家〔…〕偉大な哲学者」と、此方ニーチェは、或る重大な一点において、決定的に異なっていなければならない。ニーチェは予め言を垂れただけでなく、それを以て己れを来るべき時代の運命そのものだと、しかも

＊2　小林秀雄「ニイチェ雑感」『新訂　小林秀雄全集』第八巻、新潮社、一九七八年。以下引用頁の掲示は略す。
＊3　Jacques Lacan, *Télévision*, Paris: Seuil, 1974, p. 21. ラカンは、この文章に即座に続けて「この文章で自衛する」とも書いている。
＊4　前掲「ニイチェ雑感」。ルビは長原。
＊5　Kelly Oliver, *Womaninzing Nietzsche: philosophy's relation to the feminine*, London: Routledge, 1995 参照。

その名の許で、喝破したからだ。この遙か遠くから到来すべき時代に、己が運命を人間の、より精確には「余りに多すぎる者ども Viel-zu-Vielen」あるいは「余計者ども Überflüssigen」の[*6]、運命として受諾させること——またであればこそ彼は、次のように訊ねて、挑発するほかなかったのだ。これら喰《は》み出す多数者の畜群に向かって。

運命 Schicksal そのものが人間になる。そのような運命を言い表す定式を知りたいか？

と。だが、この定式を知るには以下の前提が必須である。そして人間は、これをしもまた、運命として愛さねばならない。

> 自分が有る〔べき〕ところのものに成るには、自分が〔現在《いま》〕何で有るかに毫も勘付かないことが、予め措かれている。Dass man *wird*, was man *ist*, *setzt voraus*, dass man nicht im Entferntesten ahnt, was man *ist.*（強調長原）

〈有る〉と〈成る〉を結節し、その関係性そのものに時間の流れ——それがいかなる流れであろうとも——を摑まえるこの予定前提の営為 *setzt voraus*、事前に措かれる事後（にとっての事前）をその裡に懐《いだ》く構想力、それが、有るが儘の運命とかかる運命への愛である。[*7] ここでの「毫も im Entferntesten」は、しかし、いかなる「距たり Entfernung」を意味するのか？ それは、幾千年もの時間を閲して人間に奴隷道徳という刺青を刻んできた歴史《ゲシヒテ》を「二に割る」という英断によって顕わとなる、その「以前vor」とその「以後nach」との「その」という連続において浮き上がるきわめて微細な間《あわい》そのものである。それは、その「以前」によって「穢されることなく」その「以後」へと生成するための、この「その」を断ち伐りにおいて創り出された不完全な――したがって永遠に回帰する――端緒とする、「疚しさを欠いた無垢-天真爛漫Un-schuld」であり、「表層」にすぎない「意識」に穢されることもなければ、「理念」という植えつけられた疚しさによって「統制」されることもない「本能」あるいは「生理」における感得、むしろ端的に「子供」あるいは「女性」に本来する「遠隔作用 actio in distans」である。[*8] そしてこの「その」あるいは「両断〔一分為二〕」という行為がその即自において「距たり」であり、それがまた「一切の価値の価値転換 Umwerthung aller Werthe」にほかならない。この意味での運命あるいは烈風に唾吐く者は、ニーチェにとっては、烈風に押し戻されみずからに唾する不健康の者でなければならなかった。

だが、とすれば「運命」とは、ふたたび何か？　ニーチェが「読みはしないが〔…〕身の毛も弥立

*6　周知の如く、これら二つの表現は『ツァラトゥストラは斯く語りき』に出現する。迂闊にもぼくは、この語の存在をトロツキー「ニーチェ――『超人』の哲学」『ニーチェからスターリン――トロツキー人物論集1900-1939』（森田成也・志田昇訳、光文社古典新訳文庫）で知ったが、この「存在」をトロツキーとは反対から理解するだろう。長原豊『ヤサグレたちの街頭』航思社、二〇一五年参照。

*7　この点については、前掲『革命の秋《とき》』参照。

*8　ジャック・デリダ『尖筆とエクリチュール』白井健三郎訳、朝日出版社、一九七九年参照。

つこの非人間的残虐のもつその全論理を〔…〕愛でる」と評した或る人物《パスカル》にとって「歴史の必然性を云々する世の常識そのものが、自ら知らぬ巨きなironieと見えてゐたに違ひない」と了解した小林秀雄に取り敢えず凭れれば、[*9] それはいわゆる必然性ではない。それは、いわゆる必然性を受諾し対峙することをその運命とする必然の必要性である。それは偶然Zufall——墜落〔擲《な》げ出され〕-〔有るが儘の〕事態Fall——を、「自由なる意志」との拮抗において、満腔から受諾する必要《かくご》である。必要が論理的事後性によって初めて必然として「充分に酸っぱく-酵母にdurchsäuern」なるからこそ、未来が運命として賭けられるのである。

或る人間が一箇の運命に成る

たしかに彼は、問い与えた。「なぜ私は一箇の運命なのかWarum ich ein *Schicksal* bin」と。彼は、歴史《ゲシヒテ》にたいして、他の誰とも違《たが》われることがあってはならない「唯一無類の〔…〕宿命Verhängnis」であり、その眼前に禍々しくも「ぶら下がりこびり憑くものHängen」でなければならない「私」を、その一身において宣言した。ニーチェは、この国ではその著作でいわゆる運命を表記するに当たって次にみる〈Fatum〉や〈Lo(o)s〉とともに並《な》べて「運命」と訳されてきた〈Schicksal〉を用いて、「私は一箇の運命だ」と宣言した。ニーチェは、「〔前へ〕送る」「遣わす」を意味する、だが「帰属する」をも含意する動詞〈schicken〉から派生した名詞〈Schicksal〉によって、〈一人の遣わされし者として一個の摂理あるいは神意であり、それはまた巡り合わせでもある〉と、その語意のすべてにおいて、「私」を宣言し、またその意味で〈Schicksal〉は、〈Fatum〉すなわち「神が発した言葉fari」の受諾〈の当為）であった。

しかし、ニーチェにとってそれはまた同時に、語の真の意味において、運命という語にこびり憑いて離れない不健康な悪臭である——端緒と結末があらかじめ結束されている——必然性 Nothwendigkeit を不可欠に構成する偶然をもその不可避の部分集合とする必要性 Nothwendigkeit（それを「意志 Wille」と呼ぼう）、あるいは一足飛びに言えば、むしろ現存在の未来に向けての投企的受諾（それをふたたび「意志」と呼ぼう）でなければならなかった。その意味で初めて彼は、運命を、自《みずか》ら必然＝必要——覆し、目を背けることが恕《ゆる》されないもの Not-(ab)wendend——として、その限りで、またその限りでのみ、一つの「宿命」として、予告したのである。

であればこそニーチェは、この意味で同語反復にほかならない「なぜ私は一箇の運命なのか」というこの断言命題を戴く論攷の冒頭に、「私は私の運命を知っている〔心得ている〕Ich kenne mein Loos」という文章を措いたのである。

＊9　小林秀雄「パスカルの『パンセ』について」『新訂　小林秀雄全集』第七巻、新潮社、一九七八年。ぼくが、小林のニーチェ論よりも、むしろパスカル論にニーチェを感じ取ってしまうのはなぜだろう。パスカルを論じて、「パスカルは、まるで賭ける様に書く。衝動と分析力とが見事に一致したニイチェの様な否定の達人も、パスカルの様には烈しくない。あらゆるディアレクティックを否定しようとして、屢々まことに精緻なディアレクティックを書いて了ふし、つまらぬアフォリスムもばらまく」、あるいは「彼も亦仕向けたのである、効果なぞ少しも期待せずに。最初に信じなかつたものが、あの様に疑へた筈があらうか」と書く小林に、ぼくはニーチェを感じ取ってしまうのだ。

神を危めることで神を殺めたニーチェは、こうして、「神の言葉《ファトゥーム》」をみずからの許に措いて心得ていると宣言し、語〈Lo(o)s〉を以てこの運命《ズィッヒ》を記した。そして、さきに仄めかしたように、この語〈Lo(o)s〉をめぐる経緯もまた、周知であろう。それは、アブラハムの甥で、その妻がソドムから遁れ出るときに振り返ったために塩の柱にされた「ロト」に由来し、[*10]延いては割り宛てられた「籤引き《ロト》（運命）」——天の配剤——という偶然‐出来事の帰結が然らしめる命運を含意するに到った語である。彼は、ヒュームに立ち寄り、[*11]その賭け‐偶然において必然を我がものとするこうした姿勢をこそ、「否」において過程の人間を看ず、あらかじめつねに「終末」に達している「超歴史的人間」に対峙する、「歴史的人間」の挙措と呼ぶだろう。そしてこの「歴史的人間」の「過去への眼差し」は、

みずからを来るべき時代へ圧し遣り、なお久しきにわたって生とその力を競うその勇気を掻き立て、義と儀《レヒト》は何れ到来するという信認、歩みゆく山の彼方に幸い住むという希望を点火する。

フランス革命の顚末《テロル》を未来に向けて振り返りつつ「われらを忘れし世に、死を！」と叫んで「三鞭酒《シャンパン》の飛沫」を散らせるニーチェが、ここにいる（「囚獄のうちにて」）。

ニーチェは、この「運命Loos」の質料の主体《ズィッヒ》あるいは質料の能動——すなわち、他の何者でもない、自分があるところのもの Was man ist——における抱擁（愛）によって、これまで数千年にもわたって人間の皮膚に真理《うそ》として彫られてきた刺青である歴史《ゲシヒテ》に敵対し、刺青を剝ぎ取る「最初の見苦しくない *anständige* 人間」（強調長原）をみずからの「生理」において感得し、この生成によって「初めて真理

を露呈」すると宣言した。「見苦しくない」——言うまでもなく、それはふたたび、動詞〈schicken〉が自己《ズィッヒ》に再帰することで運命に「順応する」という「礼儀に適った」挙措（あるいは能力）と反響し、それは後年、かの杣径の存在論で甦生するいわゆる「歴運‐巡り合わせ Geschick」にその活動の場を見出すことになるだろう。しかも——だが、と言うべきか——、ニーチェ自身は持ち得なかった（なぜか？　それは彼のいわゆる「個人性」では担い切れないからだ！——それは、かの畜群《プロレタリアート》が担うのである）、まずは「事の次第‐世の常 Lauf der Welt」への器用な適応力 Geschickeit、次いで新たな「事の次第」であろう〈然るべき状態 Ordnung〉という二つの語義をともに携えて。*12 だがここでの「新たな」とは何か？　それは最後に「出来事‐生起 Ereignis」（の意味）として登場するだろう。

とまれ、こうして、ニーチェの運命では、必然と偶然（あるいは客体と主体）の二元論は、あらかじめつねに「溶け合っ〈游動し〉ている ver-schwimmen」。であればこそニーチェは、「一切の組み合わせ〈綜合〉Kombination」にほかならない運命の「途方もなく偶然的な性格の証明」によって初めて、「自我即運命 Ego fatum」という命題が闡明《せんめい》される、と言うことができた。

*10　『創世記』13: 1-12 および同 19: 1-26 参照。

*11　ヒューム『自然宗教に関する対話——ヒューム宗教論集2』福鎌忠恕・斎藤繁雄訳、法政大学出版局、一九七五年、第四部参照。

*12　ハイデッガー『ニーチェ』Ⅱ、細谷貞雄監訳、加藤登之男・船橋弘訳、平凡社ライブラリー、一九九七年参照。

> 何事によらず現にそれが有るのとは違った有り方で有って欲しいなどとは決して思わないこと、前に向かっても、後ろに向かっても、永劫にわたって絶対に。必然的なものを堪え忍ぶだけでなく、況んやそれを隠すのでもなく――あらゆる理想主義は必然的なものを偽り隠す嘘だ――、必然的なものを愛玩すること

またその意味で、ニーチェにとって「私の外 Ausser-mir」そして「いかなる外 Aussen もない」というその虚無《ニヒロ》あるいは逆説的にも無垢が、われらの耳を劈《つんざ》く愛の稲妻となる。

かく一箇の運命と成り遂せたニーチェは、自分が（その）運命として透視している来るべき時代（への信認‐希望 Hoffnung）において「一つに蒐集」されるであろう「謎であり身の毛も弥立つ偶然」である「砕かれた欠片としての人間どもの間を彷徨し wandeln」、烈風と成ってその運命を抱き締めた。彷徨――それは、ニーチェにとって、その「以前」を、すなわち「すべての『斯くあった Es war』を『私がそれを斯く欲した！ So wollte ich es!』へと改作的に創造する umzuschaffen」意志が経巡る彷徨であったが、それがまさに「否定を行うこと Nein*thun* と肯定を語ること Ja*sagen*」を一つ乍らに背負う――注意せよ。〈「否 Nein」を「行う tun」〉ことと〈「諾 Ja」と「言う sagen」〉ことが対項的に併置されていることを！――彼のいわゆる（策に長けた）ディオニュソス的本性であった。だがこの彷徨は、であればこそ、「ヘーゲル的に理解された歴史《ゲシヒテ》」を「地上における神の漫《そぞ》ろ歩き Wandeln」と呼んで「嘲る」だけの――怯懦に充ちた講壇学者の――平板な（外をもつ）彷徨ではない。そんなことなら、誰にでもできるのだ。「総じては〔…〕健康」なニーチェにとって、受諾《うんめい》なき否定《いし》はあり得ない。それ

がゆえに、この引き裂かれは「一つの決して完了‐実現しない半過去 ein nie zu vollendes Imperfectum」であり、したがって、数千年の未来に向けて「斯くあった」を破壊創造的に掻い潜るための「本能的に適切な処置」を必要とするのである。

間《あわい》から「大いなる正午」が

否《ナイン》と諾《ヤー》との間《あわい》を「半過去」的――永遠に未完の過去（それをニーチェは永遠回帰と呼び、ベンヤミンであれば〈現在《いま》‐其の‐秋《とき》〉と呼ぶだろう）――に引き搾る張力に操られる、この彷徨。それは「世界史の円環に引き擦り込まれる」必然にある人間だけがその登場人物たり得る「個別的意志と全体的意志との闘争」であり、桎梏なく絶対的に恣意する「自由なる意志」を携える「彷徨（過去を漱ぐ‐雪ぐ）者 Schweifende」の精神《ガイスト》と必然性でもある運命との内在的（人間性 immanente Humanität の）闘争である。運命とは、何よりもまず、この闘争を指すだろう。この闘争（入れ子状の両項）を欠く人間は、睥睨する「神」となる（近代！）か、あるいは跼蹐《きょくせき》する「自動機械」（中世的現代！）になってしまうかの何れかを選ぶほかない――こうしたニーチェの変わらぬ立場は、この闘争を「あらかじめ運命的に選択された問いに対する予定された決断と答えが存在する」という彼の運命への信認‐愛を支《つか》えに戦い続けることである。であればこそ、次のようにへーゲルに然り気なく真向かうニーチェは、いまもなお響き続ける声高な反へーゲリアンの凡庸な叫びとは決定的に異なり、襞に富んで、祝福された幸《ファウストス》のように、胸の問え‐拳《ファウスト》を吐き出さねばならない。

「へーゲル的に理解された歴史《ゲシヒテ》を嘲弄して、地上における神の逍遥《ヴァンデル》と呼ぶ」者に向かってニーチェは

「歴史《ゲシヒテ》」が神を造ったことをふたたび喚起し、しかもそれは「ヘーゲルの頭蓋の内部で自己自身にとって見通し理解しうるもの」であり、つねにすでに「この自己啓示に到るまでの生成のすべての弁証法的に可能な段階を上り切ってしまった」と、ニーチェにとっては弁証法の別名である頽落《デカダンス》をヘーゲルに読み込み、またしたがって、ヘーゲルは「私の後からやって来るすべての事物は本来的には世界史的なロンドの音楽的な一つのコーダと評価され、本来的にはより余計なものと評価されるべきだ」と「言わざるを得なかった（... er hätte sagen müssen, ...）のであろう」と、ときにヘーゲルに媚を売ったマルクスを髣髴とさせる筆致で書いた直後に[*13]、しかし、ヘーゲル『法哲学』を読むマルクスとは異なる筆致で書き継いで、決定的にも「歴史の権力」から「あらゆる『権力』への然り」に説き及ぶからである。

だが、彼はそうは言わなかった。その代わりに（Das hat er nicht gesagt: dafür ...）、彼は自分が充分に発酵させ酸っぱくなった世代の裡に「歴史《ゲシヒテ》の権力《マハト》」に対する讃歎を植え付けた。この讃歎は実践的にはあらゆる瞬間に成果へのあからさまな讃歎に急変し、事実的なものの偶像崇拝に導く類のもの〔…〕「歴史の権力」に拝跪することをひとたび学んだ者は、遂には、〔…〕あらゆる権力に「然り」とシナ人式に機械的に首肯し、何らかの「権力」が糸を操っている拍子に正確に合わせて手足を動かすようになる。（強調長原）

ここでは「シナ人式に機械的」について穿鑿する遑《いとま》はない。一方でヘーゲルを素材に「一種の生の終結‐閉鎖 Lebens-Abschluss であり決済‐控除 Abrechnung である歴史《ゲシヒテ》」という必然性《デカダンス》を取り出しながら、他方でしかし、それを単純に論《あげつら》うことに留まることなく、ヘーゲルの歴史《ゲシヒテ》から控除された生をふたたび歴史《ヒストリー》の偶然として挿し込むことを論じて、「非歴史的力 unhistorischen Macht に奉仕し、生ける者に属する歴史《ヒストリー》‐出来事」あるいは「裁きかつ判決を下す richtenden und verurtheilenden 歴史叙述を欲求する批判的歴史」を提示し、斯く己れを二に両断するニーチェが、みずからを「デカダン〔弁証法〕とその反対 Gegensatz」に割って一つ乍らに背負うニーチェでもあることが、[*14] ここでは重要なのだ。このニーチェは、ひとたび神を殺め、その後、死せる神をふたたび人間の運命において半殺しにしようとしているかに見える。そしてここでもまた、運命が、精確には、運命を運命たらしめる「自由の意志」が、生成の過程として、顕揚されている。であればこそ、ニーチェは「運命がわれわれを当面のあいだ敵方に与して戦うようにさせるとき、運命は最も手厚くわれわれを待遇していること」に「運命の裡にある幸福」を求め、それを以て「われわれは一つの偉大な勝利に達するよう運命づけられた（あらかじめ決められた）*vorherbestimmen*」とするのである。

　こうして生成の過程、したがって運命とは、「我欲を至福のもの」として絶対的に肯定するその「最

---

*13　長原豊「マルクスのヘーゲル」『道の手帖――ヘーゲル入門』河出書房新社、二〇一〇年。

*14　先に註記したパスカルを論ずる小林秀雄を想起せよ。ニーチェは、おそらくパスカルと同様、「あらゆるディアレクティックを否定しようとして、屢々まことに精緻なディアレクティックを書いて了ふ」ほかないことを知っていたのである。

高の潜勢力」にほかならない「自由なる意志」によって「質料の歴史」と成る必然性に好機‐偶然《カイロス》を「忍耐」と「猶予‐時間と超猶予‐超時間 Zeit und Überzeit」に支えられて欲望する、運命の必要性である。こうして運命とは、絶対的肯定という欲望である。

出来事‐生起を実体視することなく、「出来事とは出来事を規定するところのものである Die Ereignisse sind es, die die Ereignisse bestimmen」という「原則」を繰り返し説教するこの運命は、こうして、「自由なる意志」である。「大いなる正午」は、単なる「この汚らわしきものを踏み潰せ！ Ecrasez l'infâme!」（ヴォルテール）ではなく、この「汚らわしきもの」の清濁併せ呑んだ「両断」から到来する。ぼくがいまだ左翼である所以をこのように了としよう。

III

「私」の反復《うけとりなおし》

第5章

予感する記憶
――三島由紀夫の「不快」とその編集

来し方を振りかえりみる *zurückblickt* 預言鳥の精神。（ニーチェ）

誘惑される読解

三島由紀夫が作品にあらかじめ埋め込んだ読解を制御する絡繰り、それがここでの問題である。過去の編集としての記憶、この記憶が纏う言説としての告白――「真理の陳述」を弄ぶフーコー研究者はこの事実を確認すべきだ――、そして編集装置として過去で遡及的に効果する予感によって、この絡繰りは構成されている。絡繰りを問題にする――にもかかわらず、あるいは、だからこそぼくは、そうした読解自体がこの絡繰りに嵌まることを惧れ、冒頭にこの結論めいた文章をあらかじめ描くことでぼくの読解を不器用に護り開くという変則を採る。三島については、三島に「到り着くことがない」距離をもって取り憑かれる読解だけが正しい。この変則は、そうした考え方に因っている。だがそれさえ「距離が私に『正常さ』の資格を与へる」ことを知悉する三島が、読解対象であるがままに、ふたたびこの「距離」あるいは間《ま》を詰める可能性を告げている。[*1] したがってぼくは、念のために、一つの詩篇を最後に措き、本章は仮綴（閉）じ的に開かれる、と言い訳することにする。その詩篇とは、伊東静雄最後の詩集『反響』（一九四七年）における一篇「寧ろその日が私のけふの日を歌ふ」である。本来であれば読解が集約されるべき場に、記憶の〈方向《じかん》〉を「到り着くことなく」知らせる詩だけが、卒然と、だが暗示的に、措かれる。こうしてぼくの三島読解は、終結におけるこの伊東への依存においてすでに、無力である。だがこの無力を掻い潜ることによってのみ、読解ではなく行為が歴史を備給することを識ることができるはずだ。

　ところで三島については、三島が実証的な科学者あるいは歴史家であるかのように周到な手続きをもって回避しながらも、しかし科学者や歴史家には到底望むべくもない（過剰なほどに）華美で容易に再顚倒されるべく意識的に表現されたその顚倒性《ミソジニー》ゆえに、今後の読解に余地を許すことになる或る一つの視点からの読解を別とすれば、三島が与えた読解を除いたあらゆる読解が、つねにそしてあらかじめすでに、まさに三島自身によって拒まれているという感覚が、ぼくを支配している。この感覚は、一〇歳のぼくが貸本屋から書名が与えるある種の後ろめたさに惹かれて『仮面の告白』を借りて

＊1　三島由紀夫「仮面の告白」『三島由紀夫全集』第三巻、新潮社、一九七三年。

読んで以来、ぼくに響き続けている。三島についてのあらゆる読解がある絡繰りによって与えられた「三島」を従順に擬《なぞ》るように誘われ、しかもそうした誘惑さえも、誘惑される読解によって容易に読解されるべく露出していながら、しかしそうした読解もふたたび「三島」への回帰あるいは帰順を誘われている可能性さえあるという感覚、と言い換えてもよい。

もちろんこうした指摘はこれまでさまざまな表現のもとで繰り返されてきた。例えば、『仮面の告白』出版直後に福田恆存は、[*2]三島の作品では「いっさいが計画ずみ」であると批評の無力を早々に指摘し、松山巖は「自分の行動もまた周到に作り上げ」る三島をすでに描きだしていた。[*3]また浅田彰が三島を「完全な紋切型」と決めつけ、『僕は模造人間』で『仮面の告白』をパロディ化するまでに誘われた島田雅彦が三島の文章を「飛躍のない〔…〕アフォリズム」と応答したのも、そうしたことの言い換えにすぎない。[*4]さらにその固有の文体でもっとも三島に肉迫しているとぼくには思われる丹生谷貴志が三島にみた「単調」「平凡」「癒しがたい脱力」でさえ、これまで幾度となく指摘されてきた三島における自己劇化という指摘と同様、自己の物語化（あるいは、物語化された自己）という「試み-懸案《ゾルレン》」が三島において見られただけであり、この「試み-懸案」の読解への強要が主題とはされなかった。だがぼくは、「試み-懸案 Versuch」にゾルレンとルビを振る丹生谷に、ニーチェの実験-誘惑の哲学への感応を感じないわけにはゆかない。[*5]そしてこれらすべてが、橋川文三や桶谷秀昭などの同時代者的な浪曼的共感をも含めて、三島の「三島」に誘われ、「三島」に連れ去られたまま、批評へは還ってきていないのだ。

こうしてこれまで夥しいまでの「三島」論が三島論として提出されながら、いかなる機制によって、与えられた「三島」の読解へただ向かうよう読解が誘惑されているかについては、先在する（とされる）創始的著者（創業者利得の獲得者）としての三島による「三島」の仮構という事実が前提とされただけで、それ以上に踏み込んだ読解は現れない。もちろん精確には、三島にみられる高度の自己批評《げんきゅう》性に激しく「嫉妬」する島弘之による三島と刺戟的に結託する批評[*6]、言語的「表層そして形式」へ円環的に「回帰」する三島を定置した青海健[*7]、またそうした円環構造に研究者らしい堅実な分析を与える杉本和弘[*8]、そして三島風に言えば、花田清輝による「縁《へり》の縁《へり》」を掠めるように巧みに[*9]――だが結局は、三島の思惑どおりに過って――摺り抜けた評論など、いくつかの先行する優れた読解にそうした問題設定を徴候的に読みとることができる。だがそれらは、ある意味で健全にも、いまだ三島における読解〈誘惑の機制〉には到達していない。その意味で、三島についての読解は、三島自身によって

＊2　福田恆存「『仮面の告白』について」新潮文庫解説、一九五〇年。
＊3　松山巖「悪漢の住んでいた家」『新潮』一九八八年一月号。
＊4　浅田彰・島田雅彦「対談　模像を模造する」『天使が通る』新潮文庫、一九九二年。
＊5　丹生谷貴志「月と水仙」『砂漠の小舟』筑摩書房、一九八七年および同「三島由紀夫はポップSFである」『天皇と倒錯』青土社、一九九九年。
＊6　島弘之「批評家を嫉妬させる『私』」『感想』というジャンル』筑摩書房、一九八九年。
＊7　青海健『三島由紀夫の帰還』小沢書店、二〇〇〇年。
＊8　杉本和弘「『仮面の告白』覚書」『名古屋近代文学研究』第六号、一九八八年。
＊9　三島由紀夫「太陽と鉄」『三島由紀夫全集』第三二巻、新潮社、一九七五年。

予告された読解がその内部に周到に埋め込まれた作品の登場において、つねにそしてあらかじめすでに終わっており、爾後のあらゆる読解は三島のマウス・ピースとして機能するように誘惑されている。

こうした無力感は、三島読解の重点が、ある時点を画期として、読解から評伝的考証へ移行したことによって、いよいよ深まった。というのも、そうした論点移行でさえ三島によってあらかじめ仕組まれていたのではないかとさえ、ぼくの無力感が疑うからである。こうしてぼくは、これまで多くの人びとが三島の読解を試み、またそれぞれの読解でそれぞれ固有の新奇に見える視点が提起されながらも、しかしそれらの新奇は三島があらかじめ与えた読解においてすでに署名済みであった、という悲鳴を抑えることができない。三島の作品に与えられるべき読解が、三島が与えまたその過程で連続する自己なるもの——仮面としての仮面（言語的表層）であり続ける三島と「三島」の関係性——において受諾された読解に、つねにそしてあらかじめすでに籠絡されているというこの抜き差しならない事態、それはいかにしても読解の敗北というほかないではないか。とすれば、三島には「語り手が作家然として覇権を行使する強度の感じられるものが少ない」と錯認されるほどに強烈な「覇権〔の〕行使」が隠蔽される絡繰りこそ、[*10]読解の対象とならねばならない。

だがさらに深刻な問題が浮上する。それは、この敗北が三島を論ずる人びとにおける敗北では決してない、ということだ。というのも、この敗北がこれまで三島を論ずる人びとに敗北感を与えてこなかったからだ。しかし、読解に敗北感を与えないという読解における不思議な敗北であったとしても、敗北が勝利との関係においてのみ存在する以上、この読解の敗北は三島に勝利を与えていなければならないはずだ。だがこの勝利は、敗者に敗北感を与えないように周到に計算された不思議な勝利である。なぜなら、敗北感はふたたび勝利を目指すさらなる読解を誘発し、それを三島の絡繰りあるいは「三島」に生《な》‐成《り》きった三島が懼《おそ》れるからだ。だがここでも、三島があらかじめ与えた読解が完全な勝利に「到り着くことがない」ように仕組まれ、そうした仕組みが「三島」から逸脱することのない読解を誘惑し続けているのではないか、とぼくの猜疑はさらに深まる。こうして三島は、三島が予告し周到に計算したみずからに必要な読解を読解者に敗北感を与えることなく勝ちとるという、勝利の実質を密かに享楽しているようにみえる。そしてそうしたすべてが、ふたたび、読解に不思議な敗北を迫っている。こうして三島の読解をめぐっては、誰も敗北せず、誰も勝利しない。ぼくの無力感の核心はこうした跳躍なき円環《ルーフ》にある。だが繰り返さねばならない——この無力と倦怠だけが読解に行為という歴史を想わせる、と。

ところで冒頭に措いたニーチェからの題辞を引いてゲオルク・ピヒトは、「過去について物語るのではなく、未来を先取りして歴史を記述する」ニーチェを「未来を予告する場合にも〈歴史家〉として理解されることを欲する」者として描いた。[*11] そしてこの〈歴史家〉は、現在そして現在において想起‐憶想される過去においても、いまだ到来せざるものの歴史を「実証」的に予告することさえすでに欲望している、実験哲学の誘惑《ゆうわく》〈歴史家〉であった。それと相同の機制が三島の作品には幾重にも埋め込まれている。そうした三島の作品における危険な誘惑あるいは固有な預言、そこに谺《こだま》する「三百年

*10 中村三春「三島由紀夫小説構造論―『〈変異する〉日本現代小説』ひつじ書房、二〇一三年。
*11 ゲオルグ・ピヒト『ニーチェ』青木隆嘉訳、法政大学出版局、一九九一年。

後に輝き始めること——それが私の名誉欲」というニーチェの哄笑にも似た三〇年後の三島の絡繰りに誘惑されながら、ぼくはこの絡繰りに努めて事物的な読解を加える。また、であればこそぼくは、配備された誘惑装置を生産的に顚覆するために、先在しかつ顕在しているかに見える三島や「三島」という事後的結節項でなく、三島と「三島」の関係性を構制する固有な行為遂行にこだわることにする。

こうしてここでの素材はすでに明白である。第一の告白『仮面の告白』とこの第一の告白との連続‐同一性《アイデンティティ》が執拗に意識された——またこの意識にそくする限りでの——第二の告白『太陽と鉄』である。だがすでに触れたように、この読解に与えられた距離は二つの告白それ自体にはない。読解はこれらの告白を根底において支える作為《パフォーマティブ》に向かう。ほぼ一六年を隔てるこれら二つの告白に一貫する記憶と予感という時制的には相反する二つの行為《パフォーマティブ》、およびそれらを同一方向へと整序・連続‐同一化するもう一つの作為である編集、これらがまず問題となる。もちろんこの記憶は、記憶が記憶であるために従わねばならない通則、すなわち現在において事後的に想起‐憶想された過去としての記憶という定義の許にある。だがこの記憶は、三島にあっては、過去の事後的な想起‐憶想による過去の記憶としての同定とそれにもとづいた三島の現在における連続‐同一性《アイデンティティ》の画定（という欲望）だけには留まらない。そしてそれが論点を複雑に構制する。

すでに触れたように、三島が与えた読解を除いたあらゆる読解が、記憶として想起‐憶想される過去としての現在においてだけでなく、同様の機制によって密かに構制《よげん》される未来においても等しく拒まれるためには、もう一つの作為が必要とされるのである。この作為とは、頻出する時制横断的な一つの語、予感あるいはその類語に表示されている。三島は、現在において記憶として事後的に想起-憶想される過去へ、過去にすでに存在したと現在において主張《へんしゅう》されると予感する「三島」をそのつど遡及的に繰り込むことによって、過去の現在における想起-憶想としての記憶とそれと同様の機制によって預言される未来とを、過去から予感された現在という仮象的な——あるいは仮象と「自」覚される——結節項であるみずからにおいて圧縮《よくあつ》し、現在の／という必然性と未来におけるあるべき読解の必然性との連続-同一性《アイデンティティ》を確保しようと企むのである。

こうした意味で、三島の作品は過去と未来とを現在において結節するための記憶の編集という行為遂行の文字化である。こうして三島は、批評家を嫉妬させるほどに優れた（自己-）批評家である以前に、記憶の優れた編集者であり、さらにはそうした作為の正統性を、予感という時制横断装置を用いて記憶を編集することで実証しようとする行為者《よげん》である。三島の作品は、この行為遂行的な記憶の反復——受け取り直し——的編集 Gjentagelse/Wiederholung において、創造的なのだ。そしてそれを三島は「告白」と呼ぶが、したがってその背後に「有ること」などあらかじめないのだ。ぼくは、こうした結論めいた前提を、素材の物語性に触れることなく、循環させようと思う。だがその前に花田清輝へのちょっとした迂回が必要である。

仮設-仮説——仮面

花田清輝は、田中英光の自死にたいする杉森久英からの弔辞執筆の依頼を蹴って、『仮面の告白』を「ほめあげた」書評「聖セバスチャンの顔」を書いた。[*12] 三島が『仮面の告白』出版と同時に繰り返した自註による読解の誘惑を除けば[*13]、この「聖セバスチャンの顔」が、否定、肯定、重視、軽視の如何を問わず、その後の三島理解に何らかの影響を及ぼしたことは否定できない。だがより重要な指摘は、その仮面論でもなければ、当時ちょっと読んだにすぎなかったであろうユングを借用した〈内向－外向〉型という仮面の分類と世代論との関係についての何となく納得させられる言及でもなく、科学が大好きなアフォリスト花田の然り気ない文言における決定的な方法論的「語」にある。「仮面だけをたよりに」という文言にある「たより」という語が、それである。さらにそれを花田は、仮面を「仮説」あるいは「仮設」として、三島は「おのれのほんとうの顔を求めつつある」、とも言い換えた[*14]。この余りにも有名な評論に先立つこと約一年、また『仮面の告白』出版にも先立って、花田はエッセイ「仮面の表情」を公表しているが、そこでは次のようにも述べられている[*15]。

仮説が、科学的発見のための不可欠の前提であるように〔…〕仮面とは、ほんとうの顔からみちびき出されたものではなく、かえって、それをみちびき出すためのものではないのか。

さきの「たより」あるいは、単なる誤字あるいは意識的な書き分けかはともあれ、「仮説 hypothesis」と「仮設 assumption」の両用によって花田が暗示しようとする論点は、いまだ真－素面と偽－仮面という二項対立に囚われているにせよ、三島と「三島」の関係の一次性を実証する方法に関わっている。すなわち、未証明の諸々の経験的事物に統一的説明を与えるための理論（仮説）をまず仮－初めに立て、それを一般定理へ誘導するための前提（仮設）として、言い換えれば前－提 Voraus-setzung を仮‐初めの（過程的な）起源に措くことによって創られる前提と結論との円環《きょうぼう》——前提が妥当するには結論が前提（正しくは前梯）されねばならないという、「端倪すべからざる」円環《メビウス》[*16]——へ三島《ほんしつ》と「三島《かしょう》」の関係性を戦略的にのみ本質主義的に放置することで、三島と「三島」からそれぞれの起源としての主権的特権を剝奪し、そうすることで三島と「三島」の関係の一次性を過程的に行為遂行しようとする三島の方法——「前提なしの結論」——を想起させる指摘がぼくの興味を惹く。[*17]

そうした方法について花田は、続けてさらに、その際「仮説を立てる際の相関づけや結合の方法」が重要であると述べたが、そうした花田に拠れば、二つの告白は仮面としての仮説‐仮設を「立てる際の相関づけや結合」すなわち編集の方法を語り続けていることになる。[*18] とすれば、三島の告白は「厳密な文体と言葉の作業仮設の上に」構築された「擬制体系」などではなく、この「擬制」を仮設

*12 花田清輝「聖セバスチャンの顔」『花田清輝全集』第四巻、講談社、一九七七年。
*13 三島由紀夫「作者の言葉」、復刻版『假面の告白』付録、河出書房新社、一九九六年および三島由紀夫「『仮面の告白』ノート」『三島由紀夫全集』第二五巻、新潮社、一九七五年。
*14 前掲「聖セバスチャンの顔」。
*15 花田清輝「仮面の表情」同前。
*16 前掲「仮面の告白」。
*17 前掲『われら瑕疵ある者たち』。だが、「前提なしの結論」は公理と呼ばれねばならないのではないか？
*18 橋川文三『三島由紀夫論集成』深夜叢書社、一九九八年。

―仮説それ自体の行為的反復として生を経験する――「何としてでも、生きなければならぬ」[19]――（力への）意志なのである。そこでの三島は、過去において効果する予感という記憶装置を用いて記憶をそのつど編集し、そうすることで前提と結論の円環を無限の循環過程に措き、あるべき読解としての「三島《こくはく》」という無時間的に円環する連続性または三島と「三島」の関係の一次性を「理想の書物《わたし》」として実証するために[20]、行為遂行していることになる。そこでこの「三島」に距離をもって誘われることにしよう。

「理想の書物《わたし》」

連続（－同一）性――『太陽と鉄』執筆中の六〇年代中期に三島は、「このごろ考えること」は、敗戦による「断絶感」というより、むしろ「連続性はどこにある」のか、という点であると述べた[21]。橋川はそれを三島における「己自身の経歴の意味の連続」の稀求と見做したが、しかしあたかも六〇年代になって初めて「連続性」を考え始めたかに述べるこの三島には、戦後民主主義という問題系への関心という論点をしばらく措くとしても、ある隠蔽が存在している。というのも三島は、そうした「意味の連続」への欲望以前に、生の連続の意味について考えた作品をすでに書いているからである。言うまでもなくそれが、『仮面の告白』である。したがって六〇年代中期のこの発言には、『仮面の告白』の再編集による別なる「理想の書物」すなわち『太陽と鉄』を「告白と批評との中間形態」として執筆しつつあった三島《みしま》における自己なるものの編集方針が隠されている[22]。

実際その自註において三島は、『仮面の告白』における「死（の）完成」と「生（の）恢復」あるいは「死の領域」と「生の回復」が併存する「瞬間」をことさらに顕揚してみせたが、[*23]それは告白としての「三島」における三島の連続性を読解に要（懇）請しているに等しい。また三島は『仮面の告白』に関わって「私は詩そのもの」とも自註したが、[*24]そうした発言と、『仮面の告白』執筆を契機に、従来三島を「苦しめてきた詩は、実はニセモノ」であり、「認識こそが詩の実体」であることを得心したと読解を説得する後年の三島の発言とを合わせ考えるとき、[*25]三島は〈私は認識において連続する実体である〉との読解を説得しているに等しい。

　こうして告白という「瞬間」において（のみ「認識」可能な）その以前と以後との「三島」における連続性を担保し、さらにその「実体」を「認識」において捉えることを読解に迫るこの三島は、過去の想起‐憶想によって構制される記憶の記述をもって告白とし、またそうした記憶が構制される現在における連続性の担保が「認識」においてのみ「実体」となるという読解を、読解に要求しているに等しいのだ。

＊19　三島由紀夫「私の遍歴時代」『三島由紀夫全集』第三〇巻、新潮社、一九七五年。
＊20　前掲「仮面の告白」。
＊21　林房雄・三島由紀夫『対話・日本人論』番町書房、一九六六年。
＊22　前掲「太陽と鉄」。
＊23　前掲「作者の言葉」および前掲「『仮面の告白』ノート」。
＊24　前掲「『仮面の告白』ノート」。
＊25　前掲「私の遍歴時代」。

記憶の三形態──だがこの視点は必ずしも二四歳の三島に初めて発見されたものではない。すでに一六歳の三島が「追憶は『現在』のもつとも清純な証《あかし》」と書いていたからである。[*26] 三島にとっての「追憶」は、しかし、「空洞」でもなければ「つねに『現在』を失っている虚無」でもない。[*27] むしろ逆に、現在こそ「空洞」であり、そこへの陸続とした「追憶」──余白──の充塡──置字──こそ告白であって、それが「三島」を構制しているのである。そこでは記憶が現在自体として充塡されることで「実体」と生《な》-成り、またそうした充塡を連続性において捉えるための装置が「認識」とされる。もちろん、伊東の詩にそくして最後に触れるように、伊東とは異なり、それが「清純な証《あかし》」とされる点に記憶の編集という価値選択における三島の固有性が浮上することになるが、それはともあれ、ここにはある絡繰りが作動し、それが時制が読解において錯認されるよう、読解を誘惑している。いくつかの文例を示そう。

例えば、しばしば問題にされてきた『仮面の告白』冒頭の「永いあひだ、私は自分が生れたときの光景を見たことがあると言ひ張つてゐた」という一文が、そのもっとも原初的な典型である。この「永いあひだ」は現在から想起-憶想された過去を暗示している。したがって「言ひ張つてゐた」のは過去における三島ではなく、「言ひ張つてゐた」「三島」を現在において想起し、記憶として記述《こく》-置字《はく》する三島である。これは分析以前の自明である。島弘之はこの「永いあひだ」に「一種の本歌取りの手法〔…〕過去の小説と間テクスト的関係を意識的に結ぼうとする志向」を探っているが、むしろそれは後に『太陽と鉄』において試みられる、すでに記述《こく》-置字《はく》されている『仮面の告白』との「間テクスト的関係」の意識的構築にこそ妥当するのであって、ここには過去など存在しない。ここではひたすらに現在だけが記憶として告白《きじゅつ》されている、と考えるべきだろう。

また自家中毒による臨死体験についての「最初の記憶」についても、この「ふしぎな確たる影像で私を思ひ悩ます記憶が、そのあたりではじまつた」と書かれている。だがこの「私を思ひ悩ます記憶」を現在の三島に想起させる「ふしぎな確たる影像」も、現在において「確たる影像」を「ふしぎ」にも「最初の記憶」として選択《へんしゅう》した現在の三島における想起‐憶想としての記憶の一部にほかならない。したがって三島は、そうした現在において過去を想起する文章には、必ずといっていいほど、例えば「居合わせた人が私に話してきかせた記憶からか、私の勝手な空想からか、どちらかだつた」とか、あるいは「この影像は何度となく復習され強められ集中され、そのたびごとに新たな意味を附されたもの」などと、明け透けな事後的編集についての一見正直な注釈を意識的に加えるという読解からの疑念を緩和する策略を忘れない。そしてこれが三島における第一の記憶記述《こくはく》である。そこでは現在における過去の想起‐憶想という記憶の通則が一般において是認され、またそうした記憶の通則について三島が知悉していることについての作家的告白《ちゅうしゃく》をも含めて、記憶の現在における遡及的な編集があらかじめ当然のものとされる。と同時に、翻って、読解へそうした絡繰りを告げることによって、作品と読解との共謀関係を読解においてあらかじめ創設‐誘導しようとするのである。この意味で、この第一の記憶記述は、もっとも原初的であるがゆえに、以下で述べる他の形態の記憶記述

＊26 三島由紀夫「花ざかりの森」『三島由紀夫全集』第一巻、新潮社、一九七五年。
＊27 清水昶『三島由紀夫』小沢書店、一九八六年。

を力強く支えることになる。

次いで三島は「もう一つの最初の記憶がある」と言う。それは、三島−「三島」の性的志向性を想起させるよう設えられた「糞尿汲取人」やジャンヌ・ダルク、そして兵士の「汗の匂ひ」についての記憶記述である。例えば「彼だと信じてゐたものが彼女」であった三島のジャンヌが、「この美しい騎士が男でなくて女だとあつては、何にならう」という、あからさまな否認に措かれねばならない記憶がそれである。また「糞尿汲取人」や兵士の「汗の匂ひ」についても同様の――ミソジニーとホモセクシュアリティとの顚倒的結託――否認の機制が働いていることは言うまでもない。否定ではなく、否定しえないことが記憶としての告白の当事者によって充分に了解されながらも、しかし現在において遡及的に否定されるほかないこの否認は、現在において想起−憶想される過去としての記憶と現在においてそれを想起−憶想《ひにん》する三島との間に横たわるいわば存在的異和を告げ知らせるかに関係づけられている。それは、しかし、現在においてそうした異和を記憶として想起−憶想する三島にそくして否認《へんしゅう》され、現在との連続−同一性が保証されねばならない記憶《へんしゅう》でもある。したがって三島は、現在における過去の想起−憶想という記憶の通則に内在する行為遂行の論理をさらに一歩進め、過去においてすでに編集を開始する過去の「三島」――すなわち現在において想起−憶想された「三島」を想起−憶想される過去としての記憶に反転的に繰り込んで、記憶を記述−編集せねばならない。これが第二の記憶《こくはく》記述である。そこでは、否認という命を携えた「三島」が現在から過去へと遡及的に分遣され、想起−憶想された過去としての記憶において、現在とのその「予定調和」を制御するために行為することが期待される。[28] そして読解は、この「予定調和」あるいは連続−同一性が「悔恨」にまつわる記憶記述に関連するように、誘われているのである。

すなわち、松旭斎天勝やクレオパトラなどの「扮装慾」に関わって、三島に「罪に先立つ悔恨」を与えたとされる第三の記憶記述《こくはく》が、それである。この「罪に先立つ悔恨」について三島は、これまでの記憶とは異なる「私の仮装の一部ではない悲しみ」と、その差異を作品を跨って繰り返し強調する。そしてさきの存在的異和は読解にこの「悔恨」を想起－憶想させるように仕組まれている。

悔恨だと私に意識された。しかし私に悔恨の資格を与へた罪があつたであらうか？　明らかな矛盾ながら、罪に先立つ悔恨といふものがあるのではなからうか？　私の存在そのものの悔恨が？〔…〕それは罪の予感に他ならないのであらうか？[*29]

三島は、「仮装」あるいは編集しきれない「悲しみ」が「私に意識された」——したがって「実体」となった、と読解を導いている。この一文には、当時の三島にとっては謂《いわれ》（それを「罪」とする「認識」）がなかった（と現在の三島が想起－憶想し記憶記述する）にもかかわらず、「悔恨」が先在（あるいは自存）するという意味で、「罪に先立つ悔恨」という構制が与えられている。だが記憶として想起－憶想する現在の三島にとって、この「罪」の謂《いわれ》はすでに「認識」され、その意味で「実体」化していな

＊28　三島由紀夫「詩を書く少年」『三島由紀夫全集』第九巻、新潮社、一九七三年。
＊29　前掲「仮面の告白」。

ければならないはずである。すなわちこの「悔恨」は「罪に先立」ってはいないのである。罪と悔恨とのこの顚倒あるいは「矛盾」は、現在の三島による記憶の記述においてのみ起きていなければならないのだ。したがって、現在においてのみ生起するこの顚倒を過去においてつねにすでに生起していたと主張するには絡繰りが必要となる。それが、後にも例示するように、過去において効果する予感という記憶の編集装置である。それは、さきの否認に関わる（備給する）記憶の編集と同様、現在において想起‐憶想された「悔恨」を予感する「三島」を、現在においてそれを「罪」と「認識」し「実体」化する三島が、想起‐憶想される過去としての記憶に反転的に繰り込み、罪と悔恨の時制的顚倒を現在において整序・連続させるための絡繰りである。したがってそれは「意識の自走性」ではあっても、単なる「徹底した事前性」とは言えない。むしろそれは「徹底した」事後性による「事前性」の確保という作為である。したがって、「私」＝「三島」が「行為に先立つ結果」を「予知的に回顧」するのではなく、[*30] 私＝三島が現在における「行為」——ただし「認識」における——の後に、それを事後的に予知《へんしゅう》するとされるのである。ところでこの一文は後半における次のような一文を予定している。すなわち、園子について

私が書いてゐることはかう書きたいといふ欲望の産物にすぎなく思はれるからだ。そのためには私は辻褄を合はせておけば万事ＯＫだからだ。しかし私の記憶の正確な部分が、今までの私との一点の差異を告げるのである。それは悔恨であつた。[*31]

引用部前半は、他の文例に拠って後に示すように、記憶の編集方法を記述する作家の告白《ほんね》（編集の再編集）について語っているという限りで、「平凡」「単純」な註記でさえある。しかしここでの問題は、この「私の記憶の正確な部分」が「今までの私」による過去の編集としての記憶とは「差異」をもっており、またこの「差異」が「悔恨」とされる点にある。すなわちここでは「仮装」あるいは編集しきれない――言語的表層には完全には収攬《しゅうらん》されえない――記憶のある部分が「悔恨」とされている。とすれば、「認識」をもって「実体」とする三島にとってそれは、三島のいわゆる「実体」とは異なる、言語的表層から喰みでる、固有な或る部分でなければならない。しかしここで最小限確認すべきは、園子を肉体的に愛することができない三島の「罪」を充全に「認識」し、したがって「悔恨」する現在の三島にとってそれは「記憶の正確な部分」にほかならないとしても、過去の三島にとってそれは「記憶の正確な部分」などではありえない、という点である。そしてこの簡単に露見されるように配置された時制的顚倒、すなわち「記憶の正確な部分」が、『太陽と鉄』において、「肉体」に先立って三島に到来し、すでに「肉体」を「腐蝕」しているとされる言語の表層における編集の「残滓」とされ、そこに三島の「肉体」論との連続‐同一性が賦与されるための端緒が埋め込まれるのである。こうしてあたかも『仮面の告白』が『太陽と鉄』をすでに予感していたかのように、読解は与えられた「三島」を遡及的に擬ることを『太陽と鉄』の三島に迫られることになるよう仕組まれてい

＊30　前掲「批評家を嫉妬させる『私』」。
＊31　前掲「仮面の告白」。

る。そして三島についての読解が時間の経過につれて堆積すればするほど、こうした絡繰りは効果的に作用するように作動しているのである。

私が「私」といふとき、それは厳密に私に帰属するやうな「私」ではなく、私から発せられた言葉のすべてが私の内面に還流するわけではなく、そこになにがしか、帰属したり還流したりすることのない残滓があつて、それをこそ、私は「私」と呼ぶであらう。[*32]

ここでの三島は、この言語的表層という「一つの『見せかけの秩序』」と「実体」とは異なるとされる「肉体」という「別の『見せかけの秩序』」との狭間に墜落したこの或る部分を「残滓」と遡及的に考えているかに見える。しかしまた同時に、ついに、「私の詩的直観は、あとになつて言葉によつて想起(＝憶想)され再構成される場合に、はじめて特権となる」と述べることになるこの三島には、連続されるべき「実体」におけるこの「残滓」の事前性への執着はもはや見出しえない。そしてそれが、後に触れるように、三島と「三島」の関係性をみずからのいわば存在的な〈反時代性〉として再編集しようとする『太陽と鉄』の三島の登場を準備するのである。[*33]

三島は、これで「二種類の前提を語り終へた」と読者に訴える。だがさらに三島は「なお語られねばならない前提が一つある」として、これもよく指摘されるハンガリーの童話に関わる「発明」についての記憶を述べることになる。その核心は、現実に存在する童話において読む必要を感じない部分を「隠して読む」という価値選択によって、現実の「書物」を「理想の書物」に編集する作業に関わっている。そしてこれが、これまで論じてきた二つの記憶記述《こくはく》術の完成形態でなければならない。

三島は、それらを「三つの前提」として本題《こくはく》を開始する、と読解に通告する。[*34] 三島はこの「三つの前提」を「復習」しろとさえ言う。というのも、それ以降の記述《こくはく》は、こうした「前提」に埋め込まれた読解の〈作法〉によって読解されねばならないからだ。だが、繰り返すまでもなく、この「前提」〈仮説あるいは仮設〉はすでに編集された記憶の記述《こくはく》にほかならなかった。とすれば、三島の記憶としての告白は、これらの「前提」にもとづいて、それ以降、何を語ろうとするのだろうか？ それは、予感された結論を迎え入れるために編集された前提という、円環的循環における仮‐初めの端緒の「仮構」あるいは「前提なしの結論」ではないのか？ こうした「前提」にもとづいてどのような本題が展開されたかについて最後まで残る曖昧さ、神西清のいわゆる『仮面の告白』における前半と後半との「断層」あるいは「異質」[*35]、そして決定的には、三島において『太陽と鉄』が書き継がれねばならなかった所以が、ここにある。そしてそれは、読解だけでなく三島自身にとっても、歴史的に際限のない――そして市ヶ谷における自死にまで到る――編集過程にあり続けるほかない、行為遂行を

＊32 前掲「太陽と鉄」。
＊33 同前。
＊34 前掲「『仮面の告白』覚書」。
＊35 神西清「仮面と告白と」および「ナルシシズムの運命」『神西清全集』第六巻、文治堂書店、一九七六年。

誘惑しているのである。したがってこの記憶の完成形態は「前提なしの結論」を編集過程に際限なく差し戻す行為遂行をまさにその内部に予感せざるをえない。すなわち三島はそれを言語的表層において終わらせることができないのである。こうして（いわば「本体」なき）「残滓」をそのような「残滓」であるがままに言語的表層の円環へ安置する方途が案出されなくてはならない。こうして『太陽と鉄』における三島固有の「肉体」論への前哨が姿を現すことになる。

まただからこそ三島は、遡及的に「予感」すれば、そうした記憶の完成形態を「前提」することによって初めて、例えば『仮面の告白』における近江の「白手袋」と「革手袋」に関わって「二つの手袋が私の記憶の電話で混線する」と語られるような、告白についての告白《ほんね》を——『太陽と鉄』に向けて——開始することができるのである。この告白《ほんね》は、例えば「私が現在の考へで当時の私を分析してゐるにすぎないといふ謗《そしり》を免れるために〔…〕」などと幾度も書き込まれる作家的編集についての意識的に明け透けな戦略的告白とは異なっている。それを三島は「記憶の実質」と「記憶の嘘」などという、みずからにおいてさえ信じられていないであろう擬制的な二項対立あるいは戦略的本質主義に措き換えてみせながらも、しかし結局は、「実質」と「嘘」の選択に関わって、近江の「粗野な顔かたちには、革の手袋のはうがふさわしいかもしれなかつた、またしかし、彼の粗野な顔かたちゆゑに、白手袋のはうが似合ひのものかもしれなかつた」と述べるほかない。したがってこの三島は、そうした二項対立を掻い潜ったうえで、その失効を宣言しているに等しいのだ。そこでは、記憶の真偽あるいは「混線」（と表記するほかないあらかじめの「混線」）がそれを想起‐憶想する現在において編集された記憶という価値選択にすぎないことが、文字どおり告白されている。そしてこうした価値選択に関わって三島は、「再考と再評価」を反復し、「記憶と予見の迷路」を彷徨ったことは慥かだ。しかしこの彷徨は決して「慢性的な優柔不断」ではない。[*36] それは記憶記述《こくはく》において確固たる連続性を維持するための編集の反復という行為遂行にほかならないのである。

こうした文例は枚挙に遑がない。だがここではそうした文例の追究ではなく、すでに簡単に触れておいたこうした記憶を支えるもう一つの装置である予感についての際限のない文例の一部を断片的に掲示し、その意味を足早に振り返ってみなければならない。

記憶を支える予感

過去における予感あるいはそれと同様の「認識」（その意味で、「実体」）の操作についての数多ある文例のいくつかをアト・ランダムに挙げるとすれば、例えば、近江への「最初の恋」心の結末についての「私が予知してゐない筈はなかつた」言い様が典型的である。想起‐憶想される出来事の結末を過去においてすでに存在したと主張される「予知」が語っていると現在から想起‐憶想する三島が、そこでは「語」っている。また例えば、「汚穢屋」についても、「私はこの世にひりつくやうな或る種の欲望があるのを予感し」たと、過去においてその過去の未来（すなわち現在）をすでに予感していたと想起‐憶想された「三島」を過去に登場させることで、現在でそうした過去を想起‐憶想する三島はこの「欲望」の連続性を確証しようとする。さらに例えば、「汚穢屋」が三島に喚起した「悲劇

＊36　前掲「批評家を嫉妬させる『私』」。

的なもの」についても、それを「私がそこから拒まれてゐるといふことの逸早い予感がもたらした悲哀の、投影」と書き記し、「拒まれてゐるといふこと」を現認する三島が救済される。だが繰り返すまでもなく、この「悲劇的なもの」はもちろん現在においてのみ作動し、それが過去に「投影」すなわち投射《プロジェクト》‐企図されているにすぎない。またここでの——というのも、この文例には枚挙に遑がないからだが——最後の文例として、園子との再会についても、三島は「この偶然の出会はいたつて自然なもので、私はすべてを予知してゐたやうに感じた。この瞬間をずつと以前から知悉してゐたやうに感じた」と書いている。こうして予感は「自然」となり、現在において想起‐憶想する三島は「自然」過程におけるみずからを確認する。この「自然」は、しかし、現在における三島にとってである。ここでは文例を挙げないが、『太陽と鉄』においても、この記憶装置は繰り返しより決定的に働き続けることになるだろう。

　こうして三島の記憶にあっては、想起‐憶想される過去においてすでにすべてを予感・予知・予想・知悉していた「三島」が存在していなければ、三島と「三島」の関係における連続‐同一性という現在が担保されえない。だがそれは三島の「全知」などではもとよりない。それは、そのつどそのつどの編集の反復による現在の肯定にすぎない。三島の「この幼ない・傲慢な・おのれの好みに惑溺しやすい検閲官」は、こうして現在、あるいはより直截に言えば、記憶における連続性の編集・維持者としての三島であり、またこの編集者は、未来を現在においてすでに予告していたと主張する、未来の記憶の編集者としての「三島」でもある。そしてこの編集行為において三島と「三島」の関係性はそれ自体として完成し、三島と「三島」はそのそれぞれの主権的特権を剝奪される。また読解はそれを擬るようにふたたび誘われることになる。こうした、現在において想起‐憶想された過去としての記憶において遡及的に予感・予知・予想・知悉しないはずがない「三島」について記述する三島、言い換えれば、三島と「三島」の関係の一次性は、記憶において想起‐憶想されたいわゆる「異形《いぎやう》の幻影」に関わって、次の典型的な文章をもって完成することになるだろう。

それは実に巧まれた完全さを以て最初から私の前に立つたのだ。何一つ欠けてゐるものもなしに。何一つ、後年の私が自分の意識や行動の源泉をそこに訪ねて、欠けてゐるものもなしに。〔…〕私の生涯の不安の総計のいはば献立表《メニュー》を、私はまだそれが読めないうちから与へられてゐた。[*37]

これをもって三島の文学的な想像力の所産と言い做すことは容易い。しかし、「献立表」を「読めないうちから与へられてゐた」と主張する三島（と「三島」の関係の一次性）は、単に「私」＝「三島」の「自己説得の便法」を行使しているだけでなく、そのように読解されるようにも読解を「説得」する「便法」を密やかに行使している。したがってそれは「自分に都合のいい『予定』の証しを何とかして探り当てようとするための現世的な」[*38]三島であるとしても、しかしそうした「予定」を読解に強いている三島（と「三島」の関係の一次性）もまた、そこに発見されねばならない。したがって「後年

＊37　前掲「仮面の告白」。
＊38　前掲「批評家を嫉妬させる『私』」。

の私が自分の意識や行動の源泉をそこに訪ねて、欠けてゐるものもなしに」三島の「前に立つ」この「実に巧まれた完全さ」は、まさに現在において「巧まれた完全さ」を過去において「最初から〔…〕それを見てゐた筈」でなければならないと誘惑する三島の記憶編集の所産である。その意味でこの「献立表」は、三島の現在という仮‐初めの「起源」、すなわち方法的「前提」以外のどこにも存在しないのである。それと相同の文例は、「神輿のかつぎ手」が「雪崩」れこんだ「情景」を契機として「幼年時代」からの「訣別」を感じたとする、次のような述懐にも見出すことができる。

> 私の内的な時間が悉く私の内側から立ち昇り〔…〕絵の中の人物と動きと音とを正確に模倣し、その模写を完成すると同時に原画であつた光景は時の中へ融け去り、私に遺されるものとては、唯一の模写〔…〕にすぎぬであらうことを、私は予感した。[39]

それは「原画」と「模写」あるいは三島と「三島」の関係の一次性が確立する「瞬間」――「それが言葉なんだ[40]」――である。ここには、過去の記憶としての編集、編集装置としての過去で遡及的に効果する予感、そしてそうした記憶の記述をもって告白とする三島の完成が与えられている。この原画あるいは「原形[41]」と「模倣」「模写」との一致という表層の言語的であるほかない完成――三島と「三島」の関係性の一次性――、そしてそれを背後で支えている過去で効果する予感という時制攪乱的な編集装置は、しかし、言語的表層の完結と齟齬を来し溢出するとされる「残滓」――「記憶の正確な部分」――を依然として言語的表層においても規定する義務を、まさに三島自身によって、強いられている。言い換えれば「認識が認識自体を危ふくするやうな危険なゲーム」である言語的表層にいまだ惹かれ続けていながら、同時に「肉体」への「飢渇」を抑えることができない三島は、「認識」＝「実体」から溢出する「悔恨」をこの「危険なゲーム」に留まったまま規定せねばならない。[*42] こうした課題が『太陽と鉄』における三島の課題となるだろう。

時の本質をなす非可逆性に反抗しようといふ私の生き方は、あらゆる背理を犯して生きようとしはじめた戦後の私の、もつとも典型的な態度ではなかつたらうか。もし、信じられてゐるやうに、時が本当に非可逆的であるなら、私が今ここにかうして生きてゐるといふことがありえようか。[*43]

この文章は決定的である。というのも、時制横断的な予感という編集装置による現在における記憶の編集とそれによる記憶の記述を告白によって行為遂行する三島が求めた三島と「三島」の関係における連続する一次性が、こうして、ついに「時が本当に非可逆的であるなら、私が今ここにかうして生

＊39　前掲「仮面の告白」。
＊40　前掲「詩を書く少年」。
＊41　同前。
＊42　前掲「太陽と鉄」。
＊43　同前。

きてゐるといふこと」という現在の〈反時代的〉な肯定に到達しているからである。とすれば、この三島は、「残滓」としての「悔恨」を現在における三島という存在においてまさに存在（論）的に捉えようとしているのか？　とすれば、だが、言語的表層におけるその位置づけはどのようになされるのか？　ここでは存在そのものが問われている。三島が『太陽と鉄』において対峙したこの問題を解く――またおそらくは、説く――鍵は、依然として、三島における現在の意味に関わるに違いないだろう。というのも、肯定された時の可逆性《れきしせい》こそが三島の現在（そして未来）を描き続けているからである。だがそうした問題提起は、次著が冒頭で開かねばならない次なる問題の開始を告げてしまうことになる。しかしぼくはそうした問題を主題とするであろう来るべき読解のために、冒頭ですでに「予感」したように、伊東静雄の詩篇「寧ろその日が私のけふの日を歌ふ」を描くことによって、おそらく反復に了わるほかなかったこの読解を仮綴（閉）じに放置することにしたい。

詩篇「寧ろその日が私のけふの日を歌ふ」は次のように詠われている。*44

耀かしかつた短い日のことを
ひとびとは歌ふ
ひとびとの思い出の中で
それらの日は狡《ずる》く
いい時と場所とをえらんだのだ

ただ一つの沼が世界ぢゆうにひろがり
ひとの目を囚《とら》へるいづれもの沼は
それでちつぽけですんだのだ
私はうたはない
短かかつた耀かしい日のことを
寧ろその日が私のけふの日を歌ふ

伊東と伊東を愛した三島との相違の一切がこの詩篇にある。それは記憶の現在――論証ぬきで言えば、歴史性――に深く関わっている。

伊東は、人びとが狡猾にも「耀かしかつた短い日」という「いい時と場所」を選んで「思い出」をかたちづくることにおいて幸せだ、と詠った。だが伊東は断念する――「短かかつた耀かしい日」を歌うことを。人びとそれぞれの「沼」を「ちつぽけ」にしてしまう「ただ一つの沼」、あるいは「その日」こそが「私のけふの日」を歌う、と伊東は詠う。現在の私が「その日」を詠うのではなく、「その日」が私の「けふの日」を歌う、と詠われる。伊東の「けふの日」は「その日」によって歌われている。この「いかなる記憶にも先立つ主体性に効果する根源的な受動性[*45]」、この魅力的な記憶の現在《じかん》は、しかし、ここではとりあえず、過去――しかし一つの出来事に担わされた過去――によってのみ

---

*44　伊東静雄『定本　伊東静雄全集』人文書院、一九七一年。

支えられているかに見える（私はこの浪曼派伊東における出来事としての歴史の受諾という覚悟を捨てきれない！）。

だが三島における記憶はひたすら現在に向かっている。そのために（のみ）三島は過去を編集‐受け取り直す。三島と伊東は、こうして、記憶の時間の選択において対蹠する。そしてこの対蹠に、三島における想起‐憶想されるべき過去の選択《へんしゅう》──「いい時と場所」──に関わる固有性が現れる。過去の編集として記述される現在の／という三島の記憶記述《れきし》は、三島がついに告白したように、「時の非可逆性」の侵犯による現在の三島における連続《アイデンティティ》‐同一性への稀求に依拠していた。それはまた予感において効果している。とすれば、こうした三島に拠って、未来の構想においてすでに未来にあるぼくたちが、予感という編集装置《へんかく》を駆使して、現在を過去として記憶することを、ぼくたちは、未来の記憶として、語ることが許されるだろうか？　許されるとすれば、そうしたぼくたちにおける過去の想起‐憶想はどのように編集されることが「正義」なのか？　編集における正義──それは、ぼくたちが「それでちっぽけですんだ」ことを何ら恥じることもなく、だがそれによって「狡く」と指弾されることもなく、「その日」を「思い出」とすることが、どのようにできるか、という点にそれは関わっているからだ。三島と伊東の「記憶」は、そうした記憶の〈方向《じかん》〉の問題をぼくたちに差し出していることに違いない。[*46]

＊45 T. C. Wall, *Radical Passivity: Levinas, Blanchot, and Agamben*, SUNY Press, 1999.

＊46 ぼくは、三島と伊東が「記憶の時間の選択において対蹠する」と書いた。それは以下の理由からである。周知のように、一九三五年、伊東はコギト発行社から初めての詩集『わがひとに與ふる哀歌』を刊行し、「寧ろ彼らが私のけふの日を歌ふ」が収録された（強調長原）。この一篇を、創元社から一九四七年に刊行された伊東最後の詩集『反響』に収録された一篇「寧ろその日が私のけふの日を歌ふ」と較べると（強調長原）、両篇は「彼ら」が「その日」に代えられた以外はすべて一致していることが分かる。つまり、一九三五年の伊東にとっての「彼ら」は最晩年の伊東にとっての「その日」と同一のものとされている。そこには自然時間に措かれた「彼ら」（当時の伊東にとって自分を取り巻く世界という「現在」）が「その日」（最晩年の伊東にとっての過ぎ去りし「過去」）に変わった以外は何も変わっていない様が、あるがままに、記述されている。だが注意しよう。伊東は、初めての詩集に登場した「彼ら」を「その日」に取り替えた以外にいかなる変更も加えない一篇を最後の詩集に収録することで、終結に端緒を埋め戻し、円環をみずからの詩作に表示したのではないか。

第6章

不自由な「私」

——戦後近代（文学）と *Ecce Ego*

私は私自身と闘争中である。[*1]

I　原文だけが残るこいふ感じ

不自由な「私」——言うまでもなく、対象としての主題と主体は関係している。主体は、主題をかいして、すでに対象である。そしてこの「関係」が政治を強いる。それは出来事が強いる政治である。小林秀雄であれば、それを「確かなものは覚え込んだものにはない。強ひられたものにある」と言うだろう。[*2]主体は、基体の負荷あるいは負荷する「賓辞の魔力」によって、[*3]その形成以前にあらかじめ汚染され、賓辞の秩序に感染している。そしてこの汚染－感染が、「強いられたもの」としての政治である。であればこそ、この強いられた主体‐臣下は、対象化＝主題に密通する疚しさに憑かれる。そしてこの疚しさが自我と信じられ、それはそうした自我を糊塗する発話主体としての「私」をマウス・ピースとして、秩序‐文法的に語るだろう。この「私」は、知る（べき）とされる主体 *sujet (d'être) supposé (de) savoir* ――〈社会化し（され）た私〉――を前梯するほかないからだ。こうして賓辞の束《ファッシ》である知ることが発揮する権力作用は、あたかも最後に到来するかのごとく装いながら、しかしつねにすでに到来し終わっている。この意味で、この「私」は初めから不自由であり、涸渇している。この不自由な「私」は、小林秀雄のいわゆる「何も言はない原文だけが残るといふ感じをどうしやうもない」という事実に支配される私を、[*4]発見するだろう。しかし残されたいわゆる「原文」を残したものは、依然として強いられた私のこの「私」であるほかない。

象徴的空白（‐天皇制）――『近代文学』同人における一つの類型を示す本多秋五は、後にみる荒正人「第二の青春」[*5]とは異なる意味での『近代文学』のマニフェストについて、蔵原惟人のいわゆる

＊1　Jacques Derrida, « Je suis en guerre contre moi-même » in *Le Monde*, 2004/08/18.
＊2　小林秀雄「新人Ｘへ」『文藝春秋』一九三五年九月号（『新訂　小林秀雄全集』第三巻、新潮社、一九六八年）。以下、すべての文献の引用頁数は省略する。
＊3　前掲『不合理ゆえに吾信ず』。
＊4　近代文学同人「コメディ・リテレール――小林秀雄を囲んで」『近代文学』一九四六年二月号。
＊5　荒正人「第二の青春」『近代文学』一九四六年二月号（『荒正人著作集』第一巻、三一書房、一九八三年）。

「主題の積極性」を意識しながら、[*6] 次のように書いている。

> 個性が対象と関係する仕方の中に主題が成立つ。〔…〕「私」に忠実であるといふことが、「私」の成長、「私」の向上、「私」の発展の内的必至を予想してゐることはいふまでもない。〔…〕現実が必然なら自我もまた必然だ。

『近代文学』を支配するこの気恥ずかしいまでの自我－「私」の氾濫をしばらく措くとして、主題との関係で発話主体として現れる「私」、この「私」なるものに「忠実」であるものは、本多のいわゆる「内的自我」である。逆ではない。本多は、「私」に「内的自我」が「忠実」だ、と主張している。とすれば、必然としての現実を「あるがままに肯定」するこの「私」に忠実な自我は、したがって、本多が肯とする小林秀雄の「社会化した私」あるいは匿名《にんい》の「私」の内張り《ライニング》である。[*7] 本多のこのマニフェストは、『近代文学』の一つの最良といってよい。ここではあらかじめ「人間的自由の限界」が、[*8] そして発話された自我としての「私」が、（戦前天皇なき）主体（－臣下）として、是認されている。だからこそ、この「私」の社会性は、林健太郎らによって、容易くも、主体－臣下とその政治の問題と読み替えられえたのだ。林健太郎は書いている。[*9]

> 〔…〕歴史の必然を認めると云ふことは、決して歴史の宿命論ではない。人民は常に歴史をつくる根柢的な要素ではあつたが歴史の主人ではなかつた。それはいわば歴史の基体ではあつたが、

主体ではなかつた。然しそのことを知ることは、実は如何にして今日人民が歴史の主体なり得るかと云ふことを知ることである。

ここでは『近代文学』が提起した自我－「私」の確立という問題が、初めから、服属として自立する主体－臣下へ顚調され、そのうえで〈如何にして〔…〕なり得るか〉がまさに政治性そして階級性として提示されている。

ぼくは、かつてはマルクス主義史家であった林を否定するほどには、反マルクス的ではない。むしろここでの林は、主体にたいする臣下の問題の先行性の忘却と基体としての主体性を批判するフランスのマルクス派の哲学者を持ち出すまでもなく、すでにして正しい。しかしぼくは、志賀直哉の反語《イロニー》であった「主人持ち」の文学を政治的に肯定するほどには、厚顔な民主主義者ではない。またしかしぼくは、磯田光一の政治的であるほかない諦念[*10]を身体的に是認するほどに、政治と無縁ではない。しかしさらにまたぼくは、後にみる荒正人のように、「主人持ち」の主体－臣下を彼の「市民」によっ

＊6　栗原幸夫『プロレタリア文学とその時代』平凡社選書6、一九七一年参照。

＊7　以上、本多秋五「藝術　歴史　人間」『近代文学』一九四六年一月号（『本多秋五全集』第一巻、菁柿堂、一九九四年）。

＊8　梅本克己「人間的自由の限界」『展望』一九四七年二月号（『梅本克己著作集』第一巻、三一書房、一九七七年）。

＊9　林健太郎「歴史に於ける主体の問題」『世界』一九四七年四月号。

て否定するほどには、非政治的、反ヘーゲル的、コスモポリタン、そして直接性を稀求する明るい近代ではない。ましてぼくは、平野謙のように、「主人持ちの文学は駄目だとする志賀直哉の声」に纏い憑く「自己の肉体の不可変性に絶望」する有島武郎の声に挟撃されて、「おのがじし肉体の自己省察」に赴いたりするほどには、暗くはない。*11

そんなことは、すでにあらかじめ遅きに失している。主体がすでに「主体が一つの神話」であり、「デウス・エクス・マキナ」であること、そしてこの「虚構」において主体が集団的臣下として再形象化されていることを前提しているぼくにとっての『近代文学』あるいは「戦後」という出来事は、したがって、主体－臣下にとって不可避の他者－掟の具体性に、すなわち主人である賓辞の束の所在という「全体主義」的な主体神話の解体の可能性に、あらかじめ密接に関わっている。後にそれをぼくは、この国というコンテクストに繋留されて、楕円的政治の境界＝限界を軌跡づける二焦点によって形成される、三つの距離の緊張と呼ぶだろう。そしてその二焦点が、天皇制と前衛党である。

出来事としての『近代文学』は、正円軌道をその特異表象とする楕円軌道を、天皇制と前衛党という二焦点をかいして痕跡化したが、そこで働いていた力動《ダイナミズム》は、各焦点から楕円周までのそれぞれの距離の和が一定であるという楕円の定義的条件の下における、二焦点間そして各焦点と楕円周との三つの距離であった。具体化されるこの「楕円幻想」のもとでのぼくの目論見は以下である。*12

『近代文学』同人が、自我－「私」の確立を渇望しながら、無知と誤認にほかならない自我とその発話的な取り繕いとしての「私」との異なりを分節するまでには到らず、彼らが否認した他者－掟としての政治によって、彼らの渇望が、たとえ不可避であるにせよ、主体－臣下の問題へと政治的にズラされたことの意味を、谷川雁が「幾本もの言葉の扇」と呼んだ埴谷雄高における戦前での孤独な一言[*13]と『近代文学』創刊号から連載され始めた未完の一文、[*14]そしてやや遅れて不思議な『近代文学』同人となった花田清輝において戦時下で構想され、敗戦後に突沸した修辞の束、これら二人の異なった言説群へ辿り着くことによって考え、ぼくの主体論を展望したい。

とはいえぼくは、ぼくの専門分野であろう日本経済史の分野における一つの論争を外挿することから、議論を開始したい。この論争は戦後改革の評価をめぐっていた。しかしその求心的論点は、戦前と戦後を連続性の相貌において把握すべきか、あるいは断絶性のそれにおいて把握すべきか、という点にあった。そこでは、戦後改革それ自体ではなく、あらかじめ「戦前」と「戦後」が実体的に前梯されたうえで、その断絶性と連続性がさまざまな視角から論争された。したがってこの論争では、

＊10　これは磯田光一『磯田光一著作集』第二巻、小沢書店、一九九〇年に収録された「戦後評論家論」などの諸論考に一貫している。

＊11　平野謙「『政治の優位性』とはなにか」『近代文学』一九四六年一〇月号（『平野謙全集』第一巻、新潮社、一九七五年）。

＊12　花田清輝「楕円幻想」『花田清輝全集』第二巻、講談社、一九七七年、同「境界線の移動について」『花田清輝全集』第四巻、講談社、一九七七年、同「灰色についての考察」『花田清輝全集』第三巻、講談社、一九七七年。

＊13　谷川雁「作者への手紙」、埴谷雄高『不合理ゆえに吾信ず』現代思潮社、一九六一年。

＊14　前掲『不合理ゆえに吾信ず』および『死霊』河出書房新社、一九七六年版。

「戦前」と「戦後」がそれぞれ完結的に解釈されれば、戦後改革期の意味が自動的に画定されるという意味で、連続説であれ、断続説であれ、ともにまず断続が前梯されるという方法が採られていた。そしてこの論争は未決である。しかし行論の必要上、強引に図式的整理を与えておこう。その図式は、連続説が、戦後改革を戦前において内発的に準備されていたと理解し、断絶説が、戦後改革をGHQによって遂行されたと理解する、という対蹠である。この対蹠は、この国における資本の蓄積運動とその国家形態の把握に密接に関わって、敗戦をどのように理解するかという点にかかっていた。

ところでぼくは、形式的に言えば、コーポラティスト的な蓄積体制の社会的な形成過程という意味で、昭和恐慌とその後の不況が工業セクターで底を打った一九三六年前後には、戦後高度経済成長を支える資本蓄積のスタイルが形成されつつあった、と考えている。この戦前における戦後の創発は、恐慌直後の佐野・鍋山的な転向とは質的に異なる、大量「転向」とも軌を一にした。そしてこの一致は、決して偶然とは言えない。

周知のように平野謙は、昭和文学史が〈政治と文学〉を「廻転軸」として展開したことを指摘したうえで、一九三六年を結節として前期と後期に区分している。しかしそれは時期区分のための区分ではない。彼は、マルクス主義文学の「政治」が問題となった「前期」と「『革新的』文学」の「政治」が問題となった「後期」それぞれにおける「政治」概念が、「まるで正反対」であることを肯定したうえで、しかしその差異にではなく、「両者が正と負ほどうらはらであればこそ、それをひとつの全体にかさねあわせ、そのことによって『政治と文学』の問題解明はより広い展望に立ち得る」という、同一に強調をおくために、この時期区分を行った。[*15] それは、後に立ち返る、「小林多喜二と火野葦平とを表裏一体と眺めよ」という有名なテーゼへと繋がっている。

相反するとみられる差異、そうした二つの差異がかたちづくる同一に全体を摑もうと試みる平野のこの眼は、すでに二つの政治、したがって二つの他者－掟を分節し終えている。それは、二つの他者－掟を媒介とすることによって描き出される楕円軌道（境界＝限界）上からみられた、差異と同一による全体－普遍（集合）という構想であった。そしてこの政治が、すなわちこの境界決定の焦点が、二つ存在することの意味が、『近代文学』同人にとって問題であった（あるいは、となった）。またこの二つの他者の分節によって彼らは、一九三六年（以降）における断絶を抹消する「民主主義文学」に、楕円の二焦点の一致（転向－戦争責任）を主体（－臣下）の連続という無神経な虚構で隠蔽する欺瞞を、正しく、発見することができたのだ。平野が「戦時下の文学〔を〕プロレタリア文学の裏がえされたステロ・タイプ」と見なすのは、こうした点に関わっている。[16] そこには、差異を同一において全体化する他者－掟の眼差し、すなわち主辞と賓辞を繫ぐという暴力にたいする予感が——そして予感だけが存在する。あらかじめ言えば（後に荒を典型としてみる）この予感は、主体を欲望しながらも賓述を不可避に招来する繫辞を恐怖する『近代文学』同人のパラドクスにほかならない。すなわち彼らもまた、主体という暴力を、臣下の問題の先行性を否認しながら、欲望したのだ。この平野は、後にみるように、吉本隆明によって、断絶の連続的移行（二焦点の連続性）としてより明確に定式化さ

＊15　平野謙「政治と文学(1)」『新生活』一九四六年四・五月合併号（前掲『平野謙全集』第一巻）。
＊16　前掲「『政治の優位性』とはなにか」。

れるだろうし、それはまた花田清輝によって〈コミュニストを舐めている〉と拒否されるだろう。むしろ花田は〈政治あるいは主体を舐めている〉と言うべきだっただろう。すなわち、吉本そして花田もまた、ともに、この二焦点を他者‐掟の問題領閾として把握しようとしたのだ。そしてこの楕円の二焦点が、主体性論争、戦争責任論争、〈政治と文学〉論争、転向論争などに一貫する。それは楕円における「主人」の所在、したがってこの「主人」に臣下として服属する主体の問題である。

したがってぼくの連続説の肯定には、〈それは単純な連続性の肯定ではない〉、という急ぎの弁明が必要だろう。それは、以下のいわゆる「空白」についてのぼくの考えに拠っている。すなわち、コーポラティスト的な蓄積体制形成という点における連続性は、一九三六年前後から始まり敗戦直後の空白に象徴される「空白」――戦後革命の敗北――を媒介（排除‐否認）しない限り、成立しなかったという論点である。この空白を断絶（排除‐否認）することでみずからを主人とし、そうすることで戦前と戦後を連続させる他者‐掟の所在が――前衛党であれ、天皇制であれ、そしてその天皇制を親政し、さらに「象徴天皇制」へと連続させたGHQ権力であれ――問題なのだ。

鋭敏にも栗原幸夫は、この敗戦直後の空白を、具体的に、一九四五年八月一五日の敗戦受諾から、GHQの圧力による東久邇内閣の倒壊と幣原喜重郎内閣の成立、そしてGHQによる治安維持法の廃棄と政治犯釈放指令（一〇月四日）までの約五〇日に求めた。[*17] またこの空白は、一九三六年前後から続いた大きな空白の象徴的な一部であったが、この空白のゆえに、四五年一〇月以降、矢継ぎばやに出されるGHQによる「改革」政策は、まさしく「断絶」と理解されえたのである。またこの空白が、逆説的に、三六年前後以降の資本蓄積とコーポラティスト的な合意形成システムを連続させ、最終的に天皇制を象徴天皇制として延命させ、GHQを「解放軍」たらしめたのである。日本共産党を中心とするコミュニスト内部における疑心と暗鬼にもかかわらず、四五年一二月一日の日本共産党再建第四回党大会における、徳田球一の一般報告に代表されるGHQ「解放軍」規定と「占領下平和革命」という戦略が、したがって現実的不可能性というよりも理論的不実が、あたかも現実的であるかのごとく理解される環境が、確かに、この空白とともに画定されたのである。

この敗戦直後の空白は、もっとも革命的と理解された「出獄者の感想」のなかに北原武夫が冷徹に見抜いた「内部の抵抗」あるいは「懐疑といふ最も怖るべき且つ必須な敵の抵抗」の欠如に、密接に関わっている。[*18] それは「出獄者」の無知と誤認の自我というナルシスを照射し、『近代文学』同人は、そうした人びとに抵抗するだろう。この「抵抗」が、『近代文学』同人が敗戦直後に問題視した、歴史の断絶あるいは連続を担う自我－「私」そして主体という問題領閾なのである。敗戦直後の朝鮮人〈労働者〉の祝祭に充ちた蜂起、読売争議などの生産管理闘争の敗北（→企業別組合）、地方における些細な農民運動の敗北（→農協－農政運動）、そして敗戦前後の沖縄における日本兵による住民殺害と集団自決そして〈独立→復帰〉運動とともに、この「空白」を新たな自我－「私」そして主体によって充塡する努力の一つが、ここでの主題である一九四五年末から四七年前半までの『近代文学』である。[*19]

*17　栗原幸夫『革命幻談・つい昨日の話』社会評論社、一九九〇年。
*18　北原武夫「たつた一つの単純な事」『人間』一号、一九四六年一月（『北原武夫文学全集』第四巻、講談社、一九七五年）。

空白の抹消‐充塡――したがってこの空白の意味を見ない連続説は、コーポラティスト的な資本蓄積体制の形成における戦前と戦後との連続性を対象として固定し、戦後史を高度経済成長の歴史とその終焉としてのみ綴ることになるだろう。というのはそこでは、戦時体制が非常時という特殊性においてのみ把握＝排除され、そこから人びとが創り出した輝く多くの出来事が、抜け落ちてゆくからである。〈平和な資本主義〉だけがそこでは問題となっている。したがって戦後は、連続説にとっては、あらかじめ存在しえない。

他方、GHQによる天皇制「解体＝維持」において戦後と戦前の断絶を考える人びとは、皮肉な逆転に陥っている。というのは、彼らにあっては、戦前が延々と戦後へと拡延‐浸潤しているからである。したがって彼らにとってもまた、戦争（したがって戦後）は存在しない。彼らは、いわば戦前における主体‐臣下であるがままに、みずからをいわゆる戦後に温存させようとする。その意味で、いわゆる戦後にあっても彼ら自身によって画定された「戦前」が厳然として存在し、来るべき民主主義革命（臣下の叛乱）という或る一つの出来事の出来を除いては、「戦後」は永遠に訪れない。そこでは主題としての対象（＝「主人」）が連続し、したがって主題と密通する主体‐臣下によるその断絶が、主題の否定であるがゆえに主体‐臣下の否定として、語られている。またこの断絶が、天皇制国家という例外権力に取って代わったGHQという例外権力によってもたらされたものと理解される限りにおいて、みずからを切断主体と捉えるマルクス主義者は、この断絶を戦前期からの闘争の連続性によって充塡するという逆転が、GHQとの競合のなかで、生じている。こうしていわゆる戦後革命の敗北は、事後的にはさきの連続説と同様、一九五五年以降を戦後として認知するほかない（この体制のもとで、階級的な政治党派が、〈球根〉の根腐れと〈歌声〉をかいして、「国民政党」となったことを想起せよ)。アナキストらしい権力への敏感さを保持した秋山清は、後年、「マッカーサーによるものと、わが新日本文学会によるものと、この二つの戦争責任の追及に当って、その追及の立場は全く同一のものであった。この二度の戦犯追及者がともに『民主主義』であった」と述べたが、[*20]このイロニーはまさにこの意味、臣民／階級に豊富にはらまれている夾雑物を排除あるいは併呑することによる臣民／階級から国民への改編という視点から、理解されねばならない。

こうして連続説も断続説も、この空白を捉えることがない。空白を抹消した両者は、結局のところ、ともに連続性に依拠している。連続説は、戦時体制（という空白）を平時経済への準備期間と捉え、さらに敗戦直後の空白をなかったものと理解することで、対象の連続性を確保した。断続説は、一九三六年前後から一九四五年一〇月までの空白をなかったものとして、あるいは獄中－亡命という「密室」における「非」転向者にのみ存在したものとして、否認＝肯定し、主体－臣下の連続性を確保したのだ。

＊19　『近代文学』創設および当時に雰囲気については、埴谷雄高『影絵の時代』河出書房新社、一九七七年、埴谷雄高ほか『「近代文学」創刊のころ』深夜叢書社、一九七七年、本多秋五『物語戦後文学史（全）』新潮社、一九六六年（『本多秋五全集』第七巻、菁柿堂、一九九五年）などをみよ。

＊20　秋山清「民主主義文学と戦争責任」『文学の自己批判』一九五六年一〇月刊（臼井吉見監修『戦後文学論争』上巻、番町書房、一九七二年）。

しかしこの「空白」を抹消‐否認することで成立する、これら二つの連続を肯定できない人びとが、確かに、存在した。しかしこの異議申し立てが実効するには、この「空白」を賓述する賓辞の機制が必要とされたのである。それが『近代文学』同人における、逆説に充ちた、自我‐「私」そして主体を賓述する賓辞群の渇望である。とはいえまず、いわゆる〈五五年体制〉と高度成長が始まる朝鮮戦争後の一九五五年の『近代文学』からみておこう。

II　楕円の二焦点

『近代文学』の五五年――『近代文学』は、一九五五年に一〇周年を迎えた。それは過去一〇年と将来へ向けた二つの座談会で「紀念」された。[*21] 佐々木基一は、過去一〇年を振り返る座談会で、一九四九年までの批評の中心問題を新たなる「近代性〔の〕確立」にまとめあげたうえで、五〇年以降の平和革命論への「幻想」の崩壊と占領軍の逆コースを指摘する。それを佐々木は、日本共産党の「主体的弱さ」あるいは「戦争責任〔を〕〔…〕追及する側の主体の弱さ」とも言い換えた。佐々木にとってそれは決して誤ってはいない。しかし問題は、そこから導き出される佐々木の結論である。彼の結論は、転向問題などが「自我の確立とか、自己の主体性の確立とかいう方向に進むだけで解決される問題であるかどうか」という疑心から導き出された。一方で日本共産党の主体的弱さを批判しながらも、他方で『近代文学』における原初のモチーフである主体性の渇望に疑念を表明するというこの結論は、一見矛盾しているかにみえる。しかしこうした矛盾は、『近代文学』それ自体に胚胎していたのではないか。佐々木は、その七年後、いわゆる「戦後文学」論争において、戦後文学が「幻影」だったと宣言し[*22]、本多秋五を狼狽させるが[*23]、そこで問題とされた論点は、佐々木の主体論が「空白」を意義づける努力を遺棄したことであり、同時にこの遺棄が、五五年（そして恐らくは、すでに四七年ごろ）には、準備されていたということである[*24]。明示的に言えば、『近代文学』が欲望した自我 - 「私」の――否定とは異なる――否認は、四七年における彼らの済し崩し的な政治的後退の五五年（体制下）における再認にすぎないのではないか。そしてそれは、彼らの平和革命論の是認に密接に関わっている。

吉本隆明は、彼が『近代文学』の「対立者」と見なした『新日本文学』の創刊準備号に掲載された「新日本文学会創立の趣旨」および「新日本文学会の綱領、規約（草案）」を「平和革命論的な背景をタテにして、なされた〔…〕『虚しい決定』」と批判し[*25]、その結果、いわゆる「主体性論争」は「足蹴にされて宙にまよったまま、論争はうち切られ、『民主主義文学』は『近代文学』の論客を抱きかか

＊21　近代文学同人「座談会　戦後における批評の問題」『近代文学』一九五五年一月号および同「座談会　今後十年を語る」『近代文学』一九五五年一一月号。
＊22　佐々木基一「『戦後文学』は幻影だった」『群像』一九六二年八月号（『佐々木基一全集』第三巻、河出書房新社、二〇一三年）。
＊23　本多秋五「戦後文学は幻影か」『群像』一九六二年九月号（『本多秋五全集』第八巻、菁柿堂、一九九五年）。
＊24　前掲「座談会　戦後における批評の問題」。
＊25　吉本隆明「前世代の詩人たち」『詩学』一九五五年一一月号（『吉本隆明全著作集』第五巻、勁草書房、一九七〇年）。

えた。そのとき、ゆく先は決った」と、あたかもそれが新たな発見であるかのように述べていた。[26] この五五年の吉本は正しかっただろう。しかし『近代文学』同人においても、平和革命論が共有されていたことは明らかである。例えば五五年の荒正人は、いくつかの「戦後十年間のめぼしい論争」をあげたうえで、〈政治と文学〉論争は、「政治については『平和革命』といふことが前提になつてゐた。文学に関しては、近代文学の理想型の追求が性急に行はれた。その第一条件として、近代的自我の確立を求めた。戦争責任から転向問題にいたるまで、近代的自我と結びついた『内なる権威』の問題として辿られた。いはば良心の問題」につながると述べ、さまざまな論争における平和革命論の前提性を強調し、他者を内なる権威のそれに読み替え、自我-「私」を「良心の問題」へと還元していた。[27]

したがって、この吉本が正しいとすれば、吉本の「そのとき」とは、まさに『近代文学』の出立の日、一九四五年末でなければならない。実際、平和革命論については、少なくとも一九四七年四月以前に開催されていた座談会「平和革命とインテリゲンチャ」において、「平和革命を口にするひとびとの大部分は無考へなオプティミストか、さもなければ警戒すべき政治家か、そのいづれかである」という、かの「一匹」にこだわる福田恆存らしい[28]、磯田光一のいわゆる「憎悪の宗教」に怯える警句が[29]、加藤周一や日高六郎などの慎重さとともに、表明されていた。にもかかわらず、いわゆる政治についてもっとも冷徹であった埴谷雄高ですら、そうした福田に異議を唱え、荒正人に至っては一貫して平和革命論を歌い続けたうえで、国民としての「市民」（そして冷戦下における核の危機と「人類」）となったのである。しかし、この座談会で眼を惹く発言が、花田清輝そしてかの佐々木基一からなされたことを、『近代文学』の思想史的意味のためにも、見逃さないようにしなければならない。そしてこの発言を看過しては、ぼくの主題としての『近代文学』あるいは「戦後」は無に等しい。

花田と佐々木は、この座談会でともに、何とノー天気にも「平和革命と武力革命のどちらをわれわれが望むかが問題」なのだと主張する。彼らが戯れ言を弄していない限り、それは、如何なる制度を革命することを欲望することによって、如何なる主体を欲望するのかという問いでなければならないはずだ。花田は、荒の「小ブルジョアの独裁〔…〕ファシズム思想になる傾向」という批判を蹴散らして——ここでの荒が、当該期日本共産党の政治戦略から、そのように花田を批判していることに注意せよ[*30]——、「自然成長的な、経済主義的みたいなものが未発達だといふことが、逆の意味で一つの強み」であり、これからのファシズムは、まず「経済闘争」を通じて組織化され、そうした「自然成

＊26　吉本隆明「『民主主義文学』批判」『荒地詩集1956』一九五六年四月（『吉本隆明全著作集』第四巻、勁草書房、一九六九年）。なお、小田切秀雄「新文学創造の主体」『新日本文学』一九四六年五・六月合併号（『小田切秀雄著作集』第二巻、法政大学出版局、一九七二年）も参照。
＊27　荒正人「戦後十年論争史」『文學界』一九五五年八月号。『荒正人著作集』には未収録。
＊28　福田恆存「一匹と九十九匹と」『思索』一九四七年三月号（『福田恆存全集』第一巻、文藝春秋、一九八七年）。
＊29　前掲『磯田光一著作集』第二巻。だからこそ中野重治は、福田恆存を警戒したのである（中野重治「批評の人間性(3)」『展望』一九四七年三月号（『中野重治全集』第一二巻、筑摩書房、一九七九年））。
＊30　本多秋五は、荒正人と小田切秀雄を「『近代文学』に送りこまれた共産党フラクともいうべき存在」と書いている（本多前掲）。

長的な経済主義みたいなものと対立する一つの高い目標」を掲げることが、「インテリゲンチャの一つの役割」であると述べた。[*31] したがってそれはまた、花田が、非 - 近代と近代批判の同時併存を革命《コミュニズム》として架橋する主体の所在の問題を天皇制と前衛党という楕円の二焦点という視点から提起していたことを意味していた。このいわば花田の予定調和なき「奇妙な弁証法」は、まさに当該期の日本共産党(平和革命論)批判と理解されねばならない。[*32] 花田は、後にみるように、まさに『近代文学』の拠り所であった自我や「私」とは異なる政治の選択について、しかし当該期の哲学者や社会科学者とは異なり、まさに『近代文学』が提起した原初の基点に立ち戻って、すなわち「空白」の充塡を目指して、そのように述べている。この政治の選択は、まさに他者 - 掟の選択と選択されたその他者 - 掟への自己同一化による主体 - 臣下の形成を、「私」において凌ぐという政治の核心を衝いている。すなわちここでの主体には、与件としての賓辞の貧困な束から、賓述の文体《スタイル》を選択し、そうした所与を超え出る実践が想起されている。そしてこの文体の選択が、政治と呼ばれねばならない。だからこそ花田は、座談会「今後十年を語る」で、『近代文学』を次のように強烈に揶揄できる「私」を、多分に露悪的に、みずからに許したのである。[*33]

探偵小説の定石〔…〕結末の意外性についても、僕は犯人はわかつているのだね。その全体の見通しからすると探偵即犯人、被害者即犯人〔…〕暗い谷間とか被害者とかいつていたものが犯人かもしれんし、探偵であるような顔をしていたものが犯人〔…〕。

これを単純に、五五年という事後の高見から遡及的になされた驕慢な発言と理解することはできない。むしろこれは、後にみるように、花田の戦中の物言いから一貫する立場であることを識るべきなのだ。本多秋五の「あなたの説によると、なんだか『近代文学』が犯人であるというふうに聞こえるが」という花田への応答は、[*34] まさしく他者を喪失した無知と誤認の自我であるがままに、そうした自我に惑溺していた「密室の自我」が、[*35] 主体（−臣下）を、不可避にしかし不可能に欲望したことによって、必然的に生じた事態についての悲鳴なのである。そしてその悲鳴に、議論が与えられねばならない。

＊31　近代文学同人「座談会　平和革命とインテリゲンチャ」『近代文学』一九四七年四月号。

＊32　花田は恐らくすでに党員だっただろう。小川徹『花田清輝の生涯』思想の科学社、一九七八年。

＊33　『近代文学』同号には、中野重治、伊藤整、大井廣介、田宮虎彦、小久保実、小島信夫、渡辺一夫が文章を寄せている。これらの書き手たちは、総じて、雑誌『近代文学』に活気がないことを婉曲に指摘している。ただ伊藤整だけが、『近代文学』は「文学観で言ふと、一つの新しい不安定な場所を作り出した〔…〕中心に、ヒューマニズムへの信頼といふ一本の太い線〔…〕一種の中途半端さが〔…〕批評のスタンダード」を作り上げたと過去形で指摘し、一〇周年を祝った（伊藤整「『近代文学』と戦後の文壇」『近代文学』一九五五年一号〔『伊藤整全集』第一七巻、新潮社、一九七二年〕）。また『文學界』も、〈戦後文学の十年〉と銘打った特集を組み、中島健蔵は「いわゆる『戦後』の時代は、このへんで終つたと見てよい」と書き付けた（中島健蔵「戦後社会と文学——文学的風土は如何に推移したか」『文學界』一九五五年八月号）。

＊34　前掲「座談会　今後十年を語る」。

＊35　前掲「戦後文学は幻影か」。

だが他者‐掟の喪失とは何か？

楕円の二焦点――発見は、否認ではなく否定のために、行われるだろう。発見は、対象という実在を字義どおりに発掘するという意味での発見ではない。それは、発見対象との関係に緊縛される主体したがって臣下の発見にほかならない。この意味で、日本のマルクス主義は、天皇制と同時に誕生し、両者はともに、さまざまな主体を楕円周上に画定する二焦点となった。マルクス主義者は、天皇制を非‐近代的な制度と把握したがった。したがって、この他者‐掟の否定‐承認によって確立される主体‐臣下とは、招来されるべき近代を主人として仰ぐほかない。と同時に、それがマルクス主義者によって提起されたがゆえに、そうした主体は、この招来されるべき近代＝自己を「超克」‐止揚する機制としても理解された。ここにこの国のマルクス主義者たちそしてその同伴者の一般的陥穽、すなわち倫理主義あるいは私小説（否定の否定の「私」における受諾）が生まれる。それは、かの全共闘運動における鬱陶しい自己否定論から、共産主義化に露呈した連合赤軍の敗北に到るまで、一貫しているこの国の「戦後」依存症なのだ。戦前期の日本共産党の諸綱領は、独占資本を他者として戴いた「三一年政治テーゼ草案」を曖昧な例外として、すべてこの他者‐掟を基準――「基準の確立[36]」――として提起された。こうしてこの国では、マルクス主義が近代である。しかしこのマルクス主義は、天皇制《アルカイズム》という他者‐掟あるいは後にみる平野謙の「宿命」を不可欠とする近代である。

　こうしたマルクス主義に対峙する小林秀雄は、この国における「私」小説が浪曼主義ではなく自然主義小説として「成熟」したと述べ、志賀直哉に私小説論の「究極」を発見した。またそうした発見から匿名の「私」あるいは「社会化した私」に到達した。したがって「『私』は作品になるまへに一つぺん死んだ事のある『私』」でなければならないという小林の射貫いた発言は、その逆流の意味を、すなわち主体形成の失敗が「私」への新たなる回帰に帰着する必然性を、彼がこの国の現実として自覚していたことを意味している。すなわち小林にとっては、この国のマルクス主義者（こそ）が問題だったのだ。したがって小林は、さらに次のように述べた。[*37]

わが国の私小説家達が、私を信じ私生活を信じて何んの不安も感じなかつたのは、私の世界がそのまゝ社会の姿だつたのであつて、私の封建的残滓と社会の封建的残滓の微妙な一致の上に私小説は爛熟して行つたのである。〔…〕

マルクス主義文学が渡来したのは、二十世紀初頭の新しい個人主義文学の到来とほゞ同じ時であつた。〔…〕〔マルクス主義文学が〕実際に征服したのはわが国の所謂私小説であつて、彼等の文学とともに這入つて来た真の個人主義文学ではない。

最近の転向問題によつて〔…〕彼等に新しい自我の問題が起つて来た事だ。〔…〕私小説は亡びたが、人々は「私」を征服したらうか。私小説は又新しい形で現れて来るだらう。

＊36　平野謙「基準の確立」『新生活』一九四六年七月号（前掲『平野謙全集』第一巻）。
＊37　小林秀雄「私小説論」、前掲『新訂　小林秀雄全集』第三巻。

それは、この国のマルクス主義者が、否定の否定の「私」における受諾という倫理主義のゆえに、この国の「私」を征服しえなかったことを冷徹に記述している。だからこそ佐々木基一が、一九四八年の『近代文学』の座談会「戦後における批評の問題」――それは、〈政治と文学〉論争に関わる新日本文学会との実質的手打ちであったが――で、嘆息とともに、「政治と文学の問題が紛糾し処理が困難になつて来ると、いつも志賀直哉が、デウス・エキス・マキナのように持ち出されるというのが僕らの宿命なんですね。〔…〕あそこへ帰らざるをえないということが、僕には何か我慢がならぬ気がする」と述べるとき[*38]、この苛立ちは、彼らの「青春」であり、この国の私小説の「私」に敗北をもたらしたとされるマルクス主義の敗北=転向が、彼ら同伴者に、この国の「私」が主体にノッペリと取り憑いて離れないことを、すなわち主体がどっちであれ――非‐近代（天皇制）であれ、近代（資本）であれ――何ものかの臣下であるほかないことを知らせたのである。したがってこの「デウス・エキス・マキナ」とは、佐々木が勘違いしたように、私小説の「究極」を示した志賀直哉ではない。それは、志賀的な「私」を天皇制との対峙のなかで否定したマルクス主義（文学）が内包し続けるマルクス主義（文学）と志賀的な「私」との関係それ自体ではなかったのか。そしてこの「デウス・エキス・マキナ」が、小林秀雄の「現実」と呼ばれなくてはならない。それは、自我が「私」を発話的に纏い、「私」（小説）の否定を契機として選択する主体を発案する際に、あるいはそれに失敗する際に、この国の「私」すなわち現実という物質性へと逆流してしまうことの「宿命」的困難について述べているからだ。この困難=宿命は、後にみるように、平野謙においてもっとも厳しく表出するだろうし、吉本はこの「宿命」を一挙に天皇制それ自体と同一化し、『近代文学』同人よりも徹底的に、この国の主体のアルケーへと不可能に向かうだろう。そして花田といえば、この困難にガロアの群論に発見したリアリズムによって対峙しようとするだろう――方程式が解けなければ、非決定の〈解〉を是認しないかぎり、超越《ニュメレール》を外挿して未知数を減らし、解を導出するほかない。それは、再帰的な群論的構造の先験的〈外〉、あるいは、ドゥルーズのヒュームを藉口《しゃこう》すれば、所与を超え出る信《しん》すなわち理念としてのイデオロギーの問題の所在を曝露する。これが花田のリアリズムであった。

もちろん左翼的知識人あるいは同伴者たちが、マルクス主義者との埋めえぬ距離に後ろめたさを感じながらも、マルクス主義者と同様の機制、同様の他者‐掟によって、自己を画定してきたことは疑いを容れない。あるいは同一の他者‐掟が共有されているがゆえに、この後ろめたさが同伴者を支配してきたのだ。そしてこの後ろめたさが、彼らの自我であり、その発話的な取り繕いが彼らの「私」であった。ここでは、天皇制という（非‐近代的な）他者を設定‐発見することによって、（近代《しほん》としての）自己を確保し、さらにその自己を否定するという、二項的で単線的な機制――〈天皇制‐マルクス主義者≒同伴者〉――が作動している。敗戦後の彼らは、しかし、この「私」からの逃亡を欲望するだろう。この他者関係から、『近代文学』同人は自由になりたいのだ。だがしかし、そこでは政治が決定的に必要とされるはずだ。

だからこそここには、もう一つ問題とせねばならない重要な論点が存在することを明確にしておかねばならない。それは、期せずして昭和と大正との隔絶を徴づけた哲学における福本和夫の〈結合‐

＊38　近代文学同人「座談会　批評の新次元」『近代文学』一九四八年四月号。

〈分離〉論と文学における青野季吉の目的意識についての議論が、彼らの自己規定がただ単に天皇制という他者の政治的な措定によってのみ形成されるのではなく、もう一つの他者によっても政治的に画定され（てい）ることを、同伴者たちに思い知らせたという事実である。それは同伴者にとっての前衛党というもう一つの他者－掟である。この二項の単線関係は、じつは三幅対――〈天皇制－マルクス主義者－同伴者〉――であったことが、〈政治と文学〉という名を与えられて、明らかとなったのだ。ここでは、楕円周上の同伴者と二つの焦点とのそれぞれの距離そして二焦点間それ自体の距離という、三つの距離が機能している。したがって楕円軌道上を旋回する同伴者にとっての後ろめたさは、天皇制とマルクス主義者という楕円の二焦点からの楕円周までのそれぞれの距離の和が一定である以上、その距離はゼロ－サム関係にあるという諒解からもたらされ、新旧を問わず「戦後」左翼でもずっと巣くっているこのゼロ－サム関係（倫理主義）には二焦点間の距離が重大な影響を及ぼすだろう。

こうして同伴者の視線は、天皇制と前衛党に化体されるマルクス主義者という、対立関係によってのみ関係－共犯的に構制される、二つの他者（との距離）に熱く注がれている。そこでは眼差す対象が二つ存在し、後者がいわば近代――そしてさらに近代批判《コミュニズム》としての自己否定――として顕現している以上、同伴者たちにとっての「私」の獲得とは、マルクス主義的な主体（前衛党の臣下）としてのみずからを確認することでもあっただろう。そしてこの二つの他者－掟は、ともに、いわゆる民衆を非在のままに所有しているとまで自称していたのだ。そして敗戦直後の『近代文学』も、後にみるように〈自分こそが民衆だ〉と宣言し、民衆の自己における領有－横領を果てしなく欲望するだろう。

一方、マルクス主義者の視線といえば、唯一の他者としての天皇制だけに注がれ――おそらくその視線は、崇拝に近接するほどに極めて熱かっただろう――、その直線上の彼方に近代を超えたものが、自己否定《コミュニズム》として、待望されていたのだ。こうしたマルクス主義者にとっては、接近と背離の「階級移行」過程[*39]に「中途半端」にあると見なされた同伴者の群は[*40]、指導‐組織化の対象でしかない。彼らは、マルクス主義者の「目的論的魅惑」[*41]すなわち革命という政治的消失点の眼差しにとって、非在の民衆の一部分でしかない。せいぜい知識の多寡だけが、正しくも、問題なのだ。他方、天皇制も、同様に、マルクス主義者と同伴者との関係を臣民としてもろともに眼差しており、敗戦後間もなくマッカーサーによって天皇が親政されれば、この眼差しはＧＨＱそして象徴天皇制（‐五五年体制）における「国民」へと消失点を変えるだろう。[*42]こうして主体性論争は、戦前の臣民と戦後の国民との連続あるいは断絶――「空白」において、臣民に代えてさまざまに構想された、人民・民衆・市民・国民など

＊39　吉本隆明「『近代文学』派の問題」『群像』一九六四年七月号（前掲『吉本隆明全著作集』第四巻）。

＊40　吉本は、インテリゲンチャの「階級移行」論を安易に批判しているが（前掲「『近代文学』派の問題」）、その背後には、戦前・戦後をつらぬいてこの国のマルクス主義者を支配してきた、二大階級論的な両極分解論についての無理解が存在するように思われる。

＊41　本多秋五「小林秀雄論」『近代文学』一九四六年四月号（前掲『本多秋五全集』第一巻）。

＊42　Yutaka Nagahara, "The corporeal principles of the national polity: The rhetoric of the body of the nation, or the state as memory-apparatus," in *Perversion and Modern Japan*, edited by Nina Cornyetz and J. Keith Vincent, New York: Routledge, 2010 参照。

の名称――を測る出来事なのである。

しかし一九三六年前後の大量転向は、同伴者の視点からみれば、この三項関係が二項関係へと単純〈単線〉化――〈天皇制・転向マルクス主義者-同伴者〉――されたことを意味していた。こうして対立関係にあると観えたこれら二項の一致に裸で取り残された同伴者たちは、この二項関係への他者の同一化に立ち竦んだのだ。本多は、『近代文学』の自己規定に関わって、後に「不可能の巨大な鉄壁が行く手に立ちふさがるのをありありと目撃し、曠野のまんなかにただ一人裸で投げ出されている自分を見出し」たと回想したが[*43]、それは彼らが、共軛的に対立することをあらかじめ強いられていることれら二つの他者-掟が、文字どおり共犯したことで、自己規定の機制を喪失したことにはたと気づいたことを語っている。そしてこの喪失は、他者の無知あるいは誤認にとって格好の状態、すなわち「密室の自我」を同伴者たちに与え[*44]、それを糧に彼らは戦時体制をまさに必死に生き抜いたのだ。

こうして『近代文学』の人びとにとって、近代の超克の名のもとに、二つの政治そして二つの他者が、あるいは花田の創意に充ちた修辞を借用すれば、楕円の二焦点が一致して正円の中心あるいは「円の亡霊」となって登場したことが、すなわち転向問題・戦争責任問題が、まさしく自我-「私」の問題と同一の位相で固定化されることを意味したのである[*45]。それゆえに同伴者たちにとって、敗戦直後の最初の作業は、いかなる他者-掟をどこに設定することによって、いかる自己を肯定的に規定するのかという論点が重大事となったのだ。

こうして、さまざまな個性のばらつきを内部に抱え込みながらも、『近代文学』同人は、以前の三項関係にルサンチマンである郷愁《ノスタルジア》――nostos/aigos（帰郷の苦渋あるいはナルシスと読め！）――に引き摺られながらも、しかしこの三項関係の背後に、存在していることは分かっていても非在でしかなかった民衆という不可視の第四項を、この第四項と同一化＝自己規定することを敗戦後のモチーフとするだろう。戦後における〈皇室－臣民〉史観の批判と〈前衛－人民〉史観の定立、そして〈前衛－人民〉史観から民衆史観、さらにいわば国民史観への急速な移行は、こうして準備されたのだ（もちろん日本共産党の「人民」は、山村工作隊によっては発見されず、球根は野晒しにされたまま根腐れ、「国民」が新たな主体－臣下として立ち上がってくるだろう）。

III　自己を準備するための他者

サムソンの髪の毛－ディライラの所在——平野謙は、こうした天皇制と前衛党という政治的二焦点が形成する政治の領野における、〈政治と文学〉をめぐる論争において、「中野重治と坂口安吾といふ左右両翼から荒と私とが批評されたといふ事実こそ、実は私ども二人だけぢやなくて、『近代文学』全体の位置づけを微妙に浮きだささせてゐる」という規定を[46]、まさに〈政治と文学〉論争の渦中で、みずからに与えている。また本多秋五は、後に次のように回顧している[47]。

＊43　前掲『物語戦後文学史（全）』。
＊44　前掲「戦後文学は幻影か」。
＊45　前掲「楕円幻想」。
＊46　平野謙「編集後記」『近代文学』一九四六年一一・一二月合併号。

「蔵原惟人と小林秀雄を重ねてアウフヘーベンする」方向を望んでいた。おれたちは、蔵原惟人も小林秀雄も、ともに理解することができる、しかし、そのどちらでもない方向へぬけ出て行きたい、と考えていた。

二〇年を隔てるこの二つの発言に、〈政治と文学〉論争を政治の領野から文学の領野へ奪還するという一貫した試みを発見することもできるだろう。平野にとっては、中野重治に象徴される他者と坂口安吾に象徴される他者が、自己を規定する。本多にとっては、二つの他者は蔵原惟人と小林秀雄である。だが何かが変なのだ。〈政治と文学〉論争に併走する平野とそれを回顧する本多が『近代文学』によって括られるとすれば、また平野の小林多喜二と火野葦平を追加すれば、中野重治、蔵原惟人、小林多喜二は同一であり、坂口安吾、小林秀雄、火野葦平は同一でなければならない。しかしこれには無理があるだろう。とくに「一流」の文学史家であった平野謙が、この無理を無視しえたわけがない。この無理は、二〇年という時間の経過がなせる業なのだろうか。しかし後にみる本多は、論争当時、確かに、小林秀雄をみずからに対置しただろうし、論争過程の平野は坂口安吾をみずからに対置したのである。したがってそれは時間の詐術ではない。

すなわちこうした自己規定は、ただ一点で、無理ではないのだ。このことは『近代文学』同人にとっては、共通の理解だったはずだ。それは、こうした自己規定が、彼らの新たな他者－掟を模索する政治によってなされた、という点である。したがって「『近代文学』は片隅の運動だ、といふ人がある。なるほど『近代文学』はセクトだ」と、パルタイとセクトを分離する佐々木基一[*48]、そして「時来たつて薔薇の大道（もちろんこの〈薔薇〉は、コミュニズムを指す――引用者）を歩む真に健康な素朴人が、邪道のみ彷徨せざるを得なかつた私達のぬけがらを蹴とばしても、私達は黙々と答へるすべもなく踏みつけられてゐらねばならぬ」という埴谷雄高の反－代議的な政治的規定は、[*49]『近代文学』の政治の可能性をはらんではいた。そしてその政治こそ、臣下であることを否認しながら、主体を、不可能に、欲望した当のものであることを見逃してはならない。したがって、あるいはしかしまた、その際ぼくたちがさらに注意すべきは、ここでの政治には、それまでの他者－掟の一極であった天皇制との緊張関係が背後に退いている点である。すなわち『近代文学』の同人は、いわゆる〈政治と文学〉論争において、蔵原あるいは中野に象徴された「民主主義文学」の対極に、坂口安吾であれ小林秀雄であれ、天皇制という他者－掟とは異なる他者－掟を設定することで、自己を規定しようとしたのだ。

さきに見たように、そうした彼らの新たな位置性を、本多の『近代文学』は、まさしく、「蔵原惟人」と「小林秀雄」を理解しながらも、しかし同時に、「どちらでもない方向へぬけ出て」ゆくことを目指す方向性に、みずからを位置づけようとした。それは、蔵原にも、小林あるいは安吾にも、存在すると自覚されていたであろう、いわゆる受諾するほかない現実（民衆－社会）を、発話主体とし

＊47　前掲『物語戦後文学史（全）』。
＊48　佐々木基一「同人雑記」『近代文学』一九四六年六月号。
＊49　埴谷雄高「サロン」『近代文学』一九四七年七月号。

ての「私」において、奪回する方向性だったただろう。それは、対峙する二つの政治（天皇制と前衛党）と文学の「と」の背後に、この二つの政治が依拠すると僭称する現実（民衆‐社会）との直接的な回路を発見し、そこへみずからをいかに位置づけるか、という論点の提起であっただろう。[*50] ここでは文学から観られた現実の表象という政治が語られようとしている。それは荒が彼の観念に探し出そうとした市民としての民衆だったのか、球根たちが縄延《なわのび》に探し出すことを命じられた革命的農民‐人民だったのか、あるいは竹内好が〈革命と国民主義〉の邂逅に探し出そうとした国民‐民族だったのか。それが「空白」とともに問われねばならないのである。本多は、敗戦直後、一九二九（昭和四）年の『改造』の懸賞文芸評論で宮本顕治『「敗北」の文学』が一席、小林秀雄『様々な意匠』が二席だったことについて、「意味深い、ほとんど象徴的ともいふべき事実」であると自己規定のための環境を指示する。その「意味」は、

内容においてではない。時代的意味である。真二つに引裂かれつつある若い文学的インテリゲンチヤの陣営を、あれは如実に具象化してゐた。宮本が一席、小林が二席といふ順位も、正にさうあらねばならぬところだつた。[*51]

本多は、こうして当該期におけるいわゆる「政治の優位性」を「時代」性において是認したうえで、「目的論的魅惑」という未来に眩惑されていた戦前期プロレタリア文学は、現実（あるいは現在）における「宿命」として纏い憑く過去という「本質的問題に慌ただしい一瞥」を投げ掛けただけで通過し

た、と宮本‐小林の「関係」を読み替える。すなわちここでは、天皇制と前衛党という楕円の政治的二焦点が、過去と未来という歴史的な二焦点に翻訳され、この楕円周においてみずからをかたちづくろうとする現在《いま》‐此処《ここ》の主体が示されている。そのうえで本多は、みずからに「外なる必然と、内なる必然を、統一的に把握した自由な人間」あるいは「信念ある自由人」を構想し、「馬鹿は馬鹿なりに、利口は利口なりに」という小林秀雄の発言を藉口して、これらそれぞれの信《しん》ある自由人が「織りなす場」を彼らにとっての社会と歴史としての必然的な現実‐現在と位置づけたのである。[*52] ここでの他者‐掟は、天皇制と前衛党との距離における〈あれか、これか〉ではなく、これら二つの政治が背後にもつと自負してきた社会としての民衆への直達が、現実‐現在において、待望されている（ぼくはそこに、楕円平面ではなく、萩原朔太郎の「球体」にも似た卵形の楕円球という空間とその曲面上のさまざまな主体の可能性と理解する裁断を獲得したい）。

こうした『近代文学』同人の自己規定の可能性は、何よりも、一九四六年から四七年にかけての『近代文学』に掲載された一連の座談会に準備されている（それは、『近代文学』同人が、優れた編集者であったことをも意味している）。それは、一九四五年の一一月二四日に創刊号のために準備された蔵原惟人へのインタビューに始まり、[*53] 次いで四六年一月一二日に開催された小林秀雄、[*54] そして中野重治、[*55]

＊50　前掲『物語戦後文学史（全）』。
＊51　前掲「小林秀雄論」。
＊52　同前。

宮本百合子、[*56]窪川鶴次郎、[*57]平林たい子、[*58]最後に——何と！——大塚久雄[*59]にいたる一連の対質である。しかしここでは蔵原惟人と小林秀雄との座談会における発言を見るだけで十分だ。

本多は、蔵原を招いた座談会を司会して、次のようなエピソードを紹介している。[*60]

松村一人君と〔…〕新宿裏の喫茶店でいろいろ話をして、それから家へ帰る途々また話を続けて、家の前を通り過ぎてそのへんをぐるぐる廻つて話をしてゐました。その時、自分は今後考へているることを誰に尋ねていいか分らないから、獄中の蔵原氏のところへ手紙を書いてみたいと思ふ。〔…〕松村君も矢張り、自分も蔵原氏に手紙を書かうと思つたとか、書かうと思つてゐるとかいふやうなことを言つたので、その暗号に驚いた〔…〕。思いあまつて蔵原惟人の名を思ひ浮かべる気持ちには、祈りに似たものさへあつた〔…〕。蔵原惟人の名は私にとつて——そしてまたわれわれにとつて、神のごときものがあつたのであります。

この一九三三年当時における蔵原あるいは「党」的絶対への憧憬は、三六年前後を経過して、しかし佐々木基一の「客観的真実、流動する歴史的真実」にたいする「人間の魂の問題、精神の問題」の意味の有り様という抽象的な質問を承けた埴谷雄高の次の問題提起、すなわち「文芸政策」あるいは「政治と文学」の問題へと顚調する。埴谷は、きわめて冷徹に「政治の要求が強力な場合は、必ず文学に強力な影響を与えて来る。戦争中戦争遂行のため軍国主義的なイデオロギーの下に〔…〕尚ほかの権力も行使して一定の文学を作り出さうとしたのは、政治本来の性格」であると指摘した。他方本多は、埴谷のこの天皇制と前衛党という二つの政治〈他者－焦点〉と〈文学的〉主体との関係についての問いかけを、戦前期プロレタリア文学運動そしてそれとの連続性を主張する民主主義文学に焦点を絞りながら、「政治が強すぎた」ことが文学を「全滅させ、或は欠陥を露呈」させたと、プロレタリア文学運動の政治的欠陥へと縮約し、他のもう一つの他者すなわち天皇制という政治を背後に退ける。

しかし（あるいは、また）平野謙は、次のようにみずからの問題を提起するだろう。

文学するといふことは結局自己の宿命との闘ひ〔…〕さつき蔵原さんが民衆の立場といふことを

＊53　近代文学同人「文学と現実――蔵原惟人を囲んで」『近代文学』一九四六年一月号。
＊54　前掲「コメディ・リテレール――小林秀雄を囲んで」。
＊55　近代文学同人「民主主義文学の問題――中野重治を囲んで」『近代文学』一九四六年四月号。
＊56　近代文学同人「今日の文学――宮本百合子を囲んで」『近代文学』一九四六年六月号。
＊57　近代文学同人「プロレタリア文学を語る(1)――窪川鶴次郎を囲んで」『近代文学』一九四六年九月号。
＊58　近代文学同人「プロレタリア文学を語る(2)――平林たい子を囲んで」『近代文学』一九四六年一一・一二月合併号。
＊59　近代文学同人「近代精神について――大塚久雄を囲んで」『近代文学』一九四七年一月号。なお、長原豊「大塚久雄：〈価値の倒錯〉試論」『情況』５（３）、一九九四年参照（この大塚論は大改訂を施したうえで次著に収録する予定である）。
＊60　以下、前掲「文学と現実――蔵原惟人を囲んで」より。

おつしやつて、そこの中に入つて自分自身を鍛へ直す或は変革するといふとき、さういふことは果して可能であるかだうか〔…〕蔵原さんが〔…〕各作家の一人一人の顔付き、宿命といふものを頭に浮べてあゝいふ風におつしゃつたのだらうか。〔…〕一方に於いて自然主義文学運動といふものは結局私小説といふものに低下してゐる。他方、プロレタリア文学といふものが転向文学に堕して行つた。〔…〕社会的なものを目指しながら、自然主義文学運動でもプロレタリア文学運動でも、結局私的な問題へ還元されて行つたのは〔…〕文学の宿命ぢやないか〔…〕。プロレタリア文学者たちが結局文学的真実といふものを語る場合、転向文学といふ立場に於て自己の文学的真実を語らざるを得なかつた〔…〕。

こうした対質にたいして蔵原は、政治家としての当然の対応をし、磯田光一がそれに突き放した「解説」を与えたが、それらに今のぼくは興味がない。少なくともぼくは、誤解を恐れず言えば、蔵原が彼の他者である天皇制を一身に眼差し続けている点において、彼の文学「理論」の無惨さとはまったく別個に、政治家蔵原がそこに確かに存在することを是認せざるをえない。したがって、ぼくの興味を惹くここでの問題は、そこで語られている『近代文学』の自己規定のための他者－掟の設定の問題でなければならない。そしてそれは、もっとも冷徹に政治を凝視しようとする埴谷から、佐々木、本多、荒、そして本質的な意味での同伴者的感性をペシミスティックに表明する平野にいたるまで、それぞれの個性が、それぞれの他者によって自己を規定しようと試みながらも、しかしそこで共通しているのは、政治によっては表象しきれないと『近代文学』同人が考えた、他者－掟としての民衆（現実）への直達あるいは社会と自己との関係における直接性の模索に顕れる。

しかしこの政治的表象を超える存在に自己同一化する機制もまた、表象という一つの政治ではなかったか。というのは、荒に代表されるように、この現実としての民衆への自己同一化には、まず自己を自己において現実として受諾し、そのうえで現実としての民衆とそうした自己が同一であることを表示するという、一連の操作が必要である。しかしそうした操作には、まず他者としての現実的民衆を切り取る主体としての彼ら（例えば荒）が先行せねばならない。したがって切り取られた現実としての民衆は、彼らによってあらかじめ同定‐領有されているそれであるほかない。こうしてそこでは、まず〈私は私である〉という宣言が先行せざるをえない。それは政治的に為されるほかないだろう。しかしこの政治は、社会的に承認されねばならない。こうしてその承認を与えるものが必要とされた。それが小林秀雄の「社会化した私」あるいは「匿名」の私である。この「社会化した私」あるいは「匿名」の私によって、〈私は私である〉の無根拠性が解除されると考えられたのだ。こうした論点は、蔵原への本多の素朴《ナイーヴ》な最後の質問――なぜ新日本文学会の発起人に小林秀雄が入っていないのかという質問に露出するだろう。こうして小林秀雄との座談会は、こうした『近代文学』同人の他者（したがって自己）の策定にとって、小林自身の思惑とは別個に、決定的でなければならなかったはずだ。[*61]

*61　前掲「コメディ・リテレール――小林秀雄を囲んで」。蔵原と小林を囲む座談会の背景については、埴谷前掲『影絵の時代』が詳しい。

若い同人たちに囲まれて上機嫌の小林秀雄は、端的に「今まで文学の社会性とか、社会的評価とかいふことが盛んに言はれて来たけれど、それは紙の上の事柄〔文学、と読め！〕ぢやない。文学者の劇、文壇劇といふもの〔政治、と読め！〕が見えるか見えないかが、問題」だと言い放ち、文学は、それほど「文学的ではない」と、若い『近代文学』同人を教え諭し、さらに「自分の為、他人の為、それは結局言葉のとりやりです。自分といふ言葉も使ふ人間でどうにでもなる」と、他者‐掟の設定によって自己が複数的に規定されることを説いている。ここでの小林秀雄は、他者へ埋め込まれた主体の受諾という問題において、まさしく政治的である。小林は、彼らに彼ら自身の政治＝他者をみるように促している。こうした小林にたいして佐々木は、「歴史を審判する歴史を離れた正義」すなわちプロレタリア文学への見解を質すが、小林は「人間の正直な美的経験といふものは、さういふ考へから常にはみ出す。ある絶対的なものに対する憧れがそこにあるのだ」と、佐々木のマルクス主義的「紋切り型」を往《いな》し、その背後に存在する同伴者の後ろめたさを衝いた。小林のこの「絶対的なものに対する憧れ」は、しかし、文学的には惨めな小林多喜二の「党」への「美的経験」すらをも抱擁せねば、肯定されえないだろう。だからこそ小林は、次のような否定を差し出したのだ。

芸術家の政治的無関心、そんなことを言はれるのが恐いからせいぜい政治的関心を示す。〔…〕僕は御免だ。僕は政治が嫌ひです。

こうした政治の主体的な否定‐峻拒という政治は、同伴者たち、とりわけ平野における「中途半端」

な否認[*62]の小田切の否定ではない[*63]。それは、政治の政治的な否定であり、また荒正人（自我‐青春）の政治的な中途半端さ――エゴイスティックなヒューマニズム――を敏感に感じとる小林の政治の質の高さを示している。荒の「一つのサブリメーションを通じて、政治といふものも非常に氾濫する。さういつたものの救済はやはり芸術の世界に通ずるわけですか」という、いわば良心的な質問にたいして[*64]、小林は、即座に次のように返答している。文学には、

救済なぞ出来ませぬ。抵抗するだけです。ほんたうに物を作り出す人々が、物を決して創り出さぬ人々に抵抗するのです。黙々として抵抗するのです。さういふ政治嫌いの沈黙の抵抗を感じてゐない政治などといふものは、すぐに狂気状態に落ち入る。〔…〕人が救へた人間は自分が救へた人間に限る。これが歴史の実例が示す文学者の原理です。〔…〕自由と必然とかいふ実生活に深く結びついた観念は、これはデイアレクチックでは決して解けぬと思ふ。解けてもつまらぬ。それはその人の実践にあるんだ。その人の悟りにあるんだ。

＊62　平野謙「私は中途半端がすきだ」『文学時評』一九四六年一一月号（前掲『平野謙全集』第一巻）。
＊63　小田切秀雄「私は中途半端なぞ嫌だ」『近代文学』一九四七年一月号（前掲『小田切秀雄著作集』第二巻）。
＊64　前掲「戦後十年論争史」。

ここでは、弁証法なるもので「解けてもつまらぬ」本来の意味での実践－商議の政治が、語られようとしている。福田恆存とは根底において異なる、こうした小林秀雄にとっての必然性とは、「図式ではな」い。それは「否応なくふりかかつてくる」物質性としての現実－現在である。彼はそれを「どうにもならんものとして受入れる」のである。それは、小林という主体－臣下の受諾である。彼は、いわば「関係の絶対性」を受諾したうえで――吉本の「関係の絶対性」は歴史的必然性ではない。それは「私」において受諾を余儀なくされる絶対性あるいは他者性である――、それにどのように「処すべきか工夫する」ことに、「自由」したがって不自由な「私」としての主体－臣下を発見している。小林は、この「どうにもならんものとして受入れる」自我－「私」を荒たちにむけて差し出すという意味で、極めて政治的だったのだ。奇妙にも、ここでの小林は、花田そして後にみるサムソンの中野重治に近似しているだろうし、こうした小林－花田－中野的な視角の喪失が、騙された民衆なるものが嬉々として担った奪う－焼く－犯す侵略行為に懺悔という免罪符を安価に売り捌いたのだ。しかし本多は、この小林の発言を、「政治は嫌ひです」という一点に絞り込み、「文学のために慶賀すべき言葉」であると理解してしまう。[*65] ここにこそ『近代文学』の、政治好きな文学的自我あるいは文学的「私」の、新たな他者－掟による自己の規定という試みの限界が露出する。そこでの小林は、せいぜい「人民戦線」的にしか理解されていない。それは彼らが否認して止まなかった民主主義文学の政治ではなかったか。[*66]

こうした蔵原と小林との座談会を終えた同人たちの自己規定は、中野重治との座談会以降、より具体的な論点へと移ってゆく。例えば、中野との座談会で議論が集中したのは、佐々木が真っ先に指摘した新日本文学会の綱領における「民主主義文学の確立」の意味であった。佐々木は、「民主主義文学といふものが果してあるのか」と中野に問いかけ、ついには中野に「文学について言へば、荒療治で行くのが一番親切なお手柔らかな方法」であると言わせてしまうだろう。[*67] また宮本百合子にたいして荒が、彼女をバックアップし続けてきた母親の問題をもちだして彼女を苛立たせ、[*68] さらに窪川鶴次郎との座談会では、小田切秀雄が、プロレタリア文学の「前史」が近代文学であると指摘し、それにたいして窪川が「断層」が存在すると応答し、その応答に埴谷雄高が、それは「政治の優位性といふ

*65 前掲「小林秀雄論」。

*66 座談会「唯物史観と主体性」(林健太郎ほか「座談会 唯物史観と主体性」、『世界』一九四八年二月号(日高六郎編集・解説『現代日本思想体系』34、筑摩書房、一九六四年))は、冒頭に編集者が、「主体性の強調といっても、文芸批評などに見受けられるものには、実存主義を借りた一種のソリプシズム〔…〕日本における人民戦線の成立〔…〕人民戦線の哲学が必要〔…〕マルクス主義における実践の意義の深化〔…〕人々を連らねる戦線統一を課題として主体性が強調されている」と、人民戦線なるものへと回収しようとする点から、議論が始められている(彼らは、全協＝日本労働組合全国協議会の運動をどのように総括していたのだろうか)。そこでは宮城音弥がマルクスとフロイトで武装し、丸山眞男はマルクスとフロイトそしてエトス(ヴェーバー)によって武装することで、真下信一・松村一人・古在由重らのマルクス主義者と対峙し、林健太郎がマルクス派寄りに、清水幾太郎が反マルクス派寄りに、それぞれ調停を試みるという構図が形成された。なお丸山眞男の戦闘的な論争は、彼の真価を表示している。

*67 前掲「民主主義文学の問題――中野重治を囲んで」。

*68 前掲「今日の文学――宮本百合子を囲んで」。

問題〔…〕つまり（党派的）指導性」であると挑発し、またさらに佐々木が「共産党が政治を（民衆から）取り上げたんだ」と述べ[*69]、「階級的必要は、党の必要に統一されてある」と[*70]、党派的な引き回しに論点が収斂してしまうことになる[*71]。

こうして、政治という領野における退屈な〈政治と文学〉論争あるいは主体論が、文字どおり政治的に、開始されることになった。佐々木は、窪川との座談会で、小林秀雄は「プロレタリア文学運動に対立することによつて、逆に自己を社会的に認識した」と述べ、さらに本多は「小林秀雄が社会を発見したといふのは発見せられた社会の外に退くより仕方がない自己を発見したといふ意味で言ふんぢやないか」と佐々木に応答したが、この本多は、決定的な論点を発見しているように思われる。すなわち本多は、小林理解をかいして、自我－「私」の発見が社会という他者－掟をみずからの外部に措くという暫定的操作によってのみ為されうることを、しかしそうした外部観測が政治的に許されるには、この自我－「私」にとって閉域化された受諾すべき現実としての社会の内部で「私」が一度死んでいなければならないことを、他者のそして他者としての内部にすでにある自己を感じとって、指摘している。そこでは他者と主体の問題が、他者と主体の共軛的関係について発話する「私」という視点として、語られている。しかし、この決定的な論点の発見は、『近代文学』同人それぞれの他者の設定によって、それぞれに異なって為され、雲散することになるのである。そうした点は、『近代文学』同人による座談会「文学者の責務」ですでに露出していた、「私小説的思惟によって私小説的思惟を撃つ」平野謙[*72]と青春的自我の再形成に熱り立つ荒正人を対極とする『近代文学』の本源的分岐[*73]、そしてそうした対極から脱出する埴谷と花田の方向性に関わっている。

座談会は[*74]、『新日本文学』を意識しながら、同人が戦争責任を追及する立場を「われわれが無名であつた」がゆえの「無疵」にもとめ、「このことを忘れたくないと思ふ」という、本多秋五の真摯でいまだに美しい発言から始まっている[*75]。もちろんすでにぼくたちは、真摯がつねに美しく、美しさが

＊69 前掲「プロレタリア文学を語る(1)——窪川鶴次郎を囲んで」。

＊70 佐々木基一「今日への出発」『近代文学』一九四六年九月号。窪川鶴次郎は、同人に向かって「観念的な範疇論〔…〕あなた方には政治に対する非常な嫌悪がある〔…〕大衆的活動に対する恐怖」と応答し、佐々木は「窪川が『頭が悪い』と見えるのは、現代への感覚的なつながりを失つてゐるから」と書いた（佐々木基一「同人雑記」同誌）。

＊71 平林たい子は、中野重治は「分裂してゐる」と指摘し、例えば「雨の降る品川駅」の「気分は室生犀星なぞの詩の気分で、プロレタリアの詩ではない〔…〕機械的なものが中野さんの中に二つ同居してゐる〔…〕今にいたるまでさうだ」と、発言した。戦後の詩を書かない－書けない中野における「歌のわかれ」が問題であろう。また座談会で大塚が次のように述べたことを、資料として確認しておきたい。「民衆といふものは、私自身も理想の民衆を胸の裡にもつてをりますが、現実の民衆はあまり好きではない。（笑声）とくに、この数年の戦時中の生活経験からですが、或る場合には憎らしく思ふんです。時には憎悪をさへ感ずる程です。にも拘わらず、民衆を愛する。そしてわが日本の民衆が直にオリヂナル・シンの意識によつて良心に突き刺され、悔改めること、別の表現をすると正しい意味での近代的人間類型へと自らを鍛え上げることが不可欠だと思ふ。たゞ知性的な方法のみでは、日本の民衆が真に近代的民衆となり、近代生産力建設の主体へと向上することが可能であるかだうか、疑問に思ふのです」（以上前掲「プロレタリア文学を語る(2)——平林たい子を囲んで」）。

＊72 前掲『磯田光一著作集』第二巻。

つねに「正しい」わけではないことを、よく識っている。ぼくは、この美しい発言に、底意地悪く、戦前における一連の泥塗れの相剋を経た平林たい子の「若しあの人たちがやつてゐることが文壇で持てはやされたら、或は違う気持ちになつたかも知れんといふ〔…〕仮説」を対置し、[*76]また「コメディ・リテレール」ばかりでなく「コメディ・ポリチック」も描くべきだという小林秀雄を対置することも可能だろう。ともあれそこでは、素朴で単線的な、そしてうんざりするほどにマジで誇り高い荒や小田切の近代主義的な「民主主義革命」論、埴谷に固有な屈折した（反）主体論、佐々木の「マルクス」主義、そして平野の「日本的自我」論が、さまざまに「純一」に交錯している。だがぼくにとっての問題は、平野謙における『近代文学』の理想像でなければならない。それはまた、引き続いて一挙に走り抜ける荒正人の「青春」論と対比されねばならない。

座談会で、平野謙と荒‐小田切との対立が露わにまえに、埴谷は、戦争責任という問題を「人間の自己確立」の欠如に求めて、『近代文学』の集合的基調を確認した。それを承けて佐々木基一は、重要な論点を繰り返し提示している。それは記憶されておいてよい。すなわち佐々木は「近代的個人主義思想はこの戦争に対して無力〔…〕近代が確立されても戦争は起る」ことを正当に指摘したからだ（五五年と六二年の佐々木の「形式」は、すでにここに存在している）。またそうした認識に埴谷は、「さういふ困難は政治と文学とが遊離してゐるからだ」と明確に対応している。逆ではない。政治と文学の遊離が否定されているのだ。ふたたびそれは記憶されてよい。しかし、こうした政治と文学の新たな捉え返しを、荒そして小田切は、天皇制とマルクス主義という以前の二項関係の一項（すなわち前衛党）へとふたたび回収し、「民主主義革命〔の〕完成」の問題と理解してしまうだろう。すなわちそこでは、〈政治と文学〉などという問題は起きてはいないのだ。存在するのは、平和革命という政治だけである。すなわちそれは彼らが、〈三六年前後〉以前の構造に、しかし今回は平和革命論を携えて、初発から回帰していることを意味している。

平野は、こうした荒‐小田切にたいして、「どうも僕にはピンと来ないね」と応答したが、荒はこうした平野にたいして「ピンと来ないのは平野自身の戦争責任観が非常に稀薄だといふことの証拠」

＊73 『近代文学』一九四七年四月号の「編集後記」で埴谷は、「小田切秀雄君は、意見の相違により、同人より脱退することとなつた。その意見の内容は今後の機会に明らかにされると思ふ」とだけ書いている。後に小田切は、「荒や平野たちは『近代文学』に拠って近代主義〔…〕の一層の展開に進んだ。わたしは二ヶ月ほど苦しんだのちに、『近代文学』を脱退することで近代主義へのわたし自身の対立を明らかにし新日本文学内でわたしへの攻撃者たちと争いつつ共産主義的部分の発展のために働くことにした。〔…〕わたしが脱退の辞を書きたいといったら、本多が、さうなると『近代文学』としてもそれにたいする見解を発表しなければならなくなるから、よそうじゃないか、といった。わたしは同意せざるをえなかった」（小田切秀雄「同人脱退の回想」『近代文学』一九五五年一月号）と、回顧している。

＊74 以下、近代文学同人「座談会　文学者の責務」『人間』一九四六年四月。

＊75 この本多の立場は終生変わらないものであった。彼は、後年、「彼等は無名であるという特典によって、戦争の最終段階では散り散りにひき裂かれながらも、戦争の批判的な意識をもちつづけることができた」と繰り返している（前掲「戦後文学は幻影か」）。

＊76 前掲「プロレタリア文学を語る(2)――平林たい子を囲んで」および平林たい子「思ひ出」『近代文学』一九四六年九月号。

であると批判し、さらに「戦争の政治責任は天皇制にあるのだと思ふ。が、それに対して天皇は全然責任をとつてをらぬ。〔…〕文学的に天皇の戦争責任を追及するならば、自分の内部にある『天皇制』に根ざす半封建的な感覚、感情、意欲——さういふものとの戦ひにおいて始めて天皇制を否定することができ、窮極において、近代的な人間の確立といふ一筋の途が開け」ると言い募り、それを「中野の天皇制」すなわち『村の家』と同定したのである。ここでの荒はいわば〈内なる天皇制〉なるものを持ち出している（それは、六〇年代末で、そしてその後の「代替わり」のつど、形を変えて、ふたたび登場しなかっただろうか?）。それは、荒における、否定の否定の「私」における受諾という倫理主義であろう。それを小田切は「自分自身にたいするゾルレン」と言い代え、荒はさらに「近代的な自我」「ヨオロッパ的な個人主義」の欠如とも言っただろう。

こうして、戦後における諸論争の土俵を提供したとされる、一九四六年のこの座談会において、政治的には、転向問題も戦争責任問題も主体性論も、起きてはいない。それを「論争」としたのは、むしろ「民主主義文学」の政治だったのである。小田切そして荒を中心とする、平和革命論を純朴に——そして「私」において自己否定する倫理主義によって——信ずる『近代文学』同人と『新日本文学』の民主主義文学との相違は、少なくとも、政治的には存在しない。『近代文学』同人の、戦前期プロレタリア文学と戦後民主主義文学との連続性を捏造することにたいする正当な違和感は、ここでは消失してしまっている。それは「空白」へ躙り寄る努力の放棄ではないのか。だからこそ次のような花田清輝の強靭な政治が、政治として、対置されたのではないか。花田は、いわゆる〈政治と文学〉論争が政治的に消滅してゆく過程で、『近代文学』一九四七年八月号で次のように書いて、〈政治と文学〉と主体－臣下の問題の所在を拓こうとしている。[*77]

数年前の或る朝、私は新聞のなかに、異様な写真をみつけた。それは文学報国会の勤労奉仕といふ記事の横に掲げられてゐる、中野重治の砂をはこんでゐる姿だつた。〔…〕その写真は、歯がみをしながら、かういつてゐた。しかしおれは賢くなるよ、サムソンだつて、眼がつぶれて、臼をひいてゐるうちに、あの馬鹿が賢くなつたんだ。これがおれの挨拶だ、と。

〔…〕かれが日本のサムソンだつたことに疑問の余地はない。したがつて、かれを倒すのは簡単だ。堀辰雄もいつてゐるやうに、中野の秘密は、モジャモジャしてはゐるが、実にしなやかで、柔らかな、かれの髪毛のなかにある。要するに、平野、荒の両人が、中野を丸坊主にしてしまひ

＊77　花田清輝「砂の悪魔」『近代文学（政治と文学）』一九四七年八月号（前掲『花田清輝全集』第三巻）。周知のように平野の発言は、岡田嘉子と杉本良吉のいわゆる「越境事件」（そしていわゆるハウス・キーパー問題）の解釈をめぐる、政治における目的と手段の問題に発している（平野謙「ひとつの反措定」『新生活』一九四六年六月（前掲『平野謙全集』第一巻））。私は、平野が描き出す岡田嘉子に、例えようもない、セクシズムを感じとるほかない（平野謙「近代文学　サロン」『近代文学』一九四七年七月号もみよ）。したがって平野にたいする「非人間的な想像と下司なかんぐりとを土台に批評をくみ立てゝゐる〔…〕。平野の描きだすやりとりは、平野の人間に基く。〔…〕平野には政治を人間的に考へる能力がない」という中野重治の反論は、圧倒的に政治的に機能しただろう（なかの　しげはる「批評の人間性(1)」『新日本文学』一九四六年四号（前掲『中野重治全集』第一二巻））。

さへすれば、「政治と文学」論争は、直ちにケリがつくと思ふのだ〔…〕。

花田にとっての「ケリがつく」とは、論争に勝つ「政治」のことだったのだろうか。とすれば「平野、荒の両人が、中野を丸坊主」にするとは、文学報国会にやっと入会できた中野の「歯がみ」を認めたうえで、文学報国会で勤労奉仕ができる中野を叩くという、冷徹な政治の行使でなければならない。しかし『近代文学』同人は、論争当時の論敵中野重治とは異なり、少なくとも表面的にはそれを自己に許さなかった（平野が中野の手紙をめぐって、マルクスのいわゆる「事情の力」を行使したのではないかと疑うことが可能だとしても）。また花田は、『近代文学』同人が訴えた自我-「私」の確立が、勤労奉仕する中野の「歯がみ」にすでに、完成していると言っているのだろうか。とすれば「平野、荒の両人が、中野を丸坊主」にするとは、丸坊主にされた中野に何が残っているのだ、と問い質していることになるだろう。そしてその答えは、真の意味での「中野の天皇制」あるいは『村の家』であろう（サムソンは『村の家』に登場する）。「密室の自我」――『近代文学』同人の自我であれ、「非」転向の「出獄者」の自我であれ――とは異なる「歯がみ」の主体が、戦争を潜り抜けて、敗戦後の「空白」に政治的に対峙しようとしたことは、その成否とはまったく別個に、確かなのだ。政治における目的と手段は、中野という主体-臣下において、「中野の天皇制」として、商議されたのである――ぼくは、ここでも、中野の太宰治への「追悼」[*79]を想起するほかないし、花田が太宰を柳田國男とクロスさせたことも[*78]、この点に関わっているだろう。

「密室の自我」と「青春」、あるいは「歯がみ」の主体――おぼろげだが、どこかで吉本隆明は、「青春は例外なく不潔である」と書いていたように想う。そしてまたこの若き吉本は、次のようにも、分裂しながらも確かに、書いていた。[*80]

> 私は今日「小人」を斯う考へたのである。自分の性格、乃至は人生観といふ針の穴程のものを通して他人を見、他人を批判する、これが小人であると思ふ。〔…〕幸ひ私は此の「考へ」から一二年前に外脱してゐる。人は私の名を聞けばすぐに其の特異な人生観を思ひ浮べるであらう。〔…〕人は私自身が「俺は小人ではない」と自惚れても許して呉れるだらう。〔…〕併し私は私の友が華々しい成功を勝ち得、私が不遇の身を晒す日を考へないでもない。

そしてこの「軍国少年」は、その日のために、一つの歌を用意した。それは石川啄木の歌だった。

---

*78　花田清輝「二十世紀における芸術家の宿命――太宰治論」『新文学』一九四七年六月（前掲『花田清輝全集』第三巻）。

*79　中野重治の冷徹な政治は、彼がそのことを知悉していたことを窺わせて余りある。中野の政治は、太宰治の死に手向けられた二つの文章にも現れている（「太宰の死について」『文学新聞』第17号（『中野重治全集』第一二巻、筑摩書房、一九七九年）および同「死なぬ方よし」『藝術』3（2）（『中野重治全集』第一二巻、筑摩書房、一九七九年）。

*80　吉本隆明『初期ノート（増補版）』試行出版部、一九七〇年。

友が皆我より偉く見ゆる日よ
花を買ひ来て妻と親しむ

他方本多秋五は、『近代文学』を衝迫した「実存的体験」を次のように述べた。[*81]

どんな真理も真理でない、自我という針の目をくぐらぬかぎり、それは人間的真理にならない、と覚る体験である。

本多の真理のための「針の眼」という自我は、吉本にとっては「小人」の条件の「針の穴」と同じものでなければならない。「例外なく不潔」な青春に無知と誤認の自我を持て余し、屈折した自負《ナルシス》とともに自我を、発話主体としての「私」を、そして他者‐掟であるしかない一個の主体（「私」の死）を獲得しようとする吉本も、しかし、啄木の歌という後退線をあらかじめ引いたうえで、目一杯「私」を肥大させている。吉本も本多もともに、鉄で鋳固められた「針の眼」あるいは「針の穴」という空虚の自我に、「無名」であるがゆえの「無疵」に、それぞれの戦争‐戦中を発話主体としての「私」として充填したのだ。本多は、『近代文学』を「戦時下に彼等がめいめいの自我の密室のなかでこね返し〔…〕自我の密室のなかで経験した苦悩を銘記し、蓄積する以外に『抵抗』の現実的可能性がなかった」という「蓄積された鬱屈をバネ」とした跳躍、と捉えた。[*82] そして吉本も、同様に、密室で純一な軍国少年である「私」を「こね返し」たのだ。しかしここには、吉本のいわゆる不潔であろうが、次にみる荒のナルシス‐ノストトスであろうが、鬱陶しいまでの「青春」が、あるいは本多のいわゆる「青年向き」のロマンチシズムが支配している。そこでは「密室の自我」という不可能な主体あるいは「母」に埋もれた自我が、「父」としての他者を喪失した主体として、肯定されている。それは〈私は私である。この自我をみよ――*Ecce Ego*〉という宣言にほかならない。

吉本は、『近代文学』を「ささえた主要な文学的イデオローグが意外にも、荒正人である〔…〕。〔荒の一連の文章は、〕いずれも力作であり、この雑誌の背骨をなす理念を展開している。〔…〕荒正人が、その主要論文の発表をやめてしまったとき、じつは、文学理念としての『近代文学』は終っている」と書いたが、[*83] ぼくはそこに吉本の荒への奇妙な共感を見ないわけにはゆかない。荒正人の「第二の青春」は、そうした「密室の自我」あるいは〈私は私である。この自我をみよ〉の結晶であろう。しかしこの宣言は、敗戦後に、〈私は私たちである〉へと、無媒介に、顚調されることでのみ成立する〈私は私である。この自我をみよ！〉あるいは正しくは〈私たちは私たちである。この超自我をみよ！〉であるほかない。一連の荒の「第二の青春」のマニフェストを引用して、一挙にこの顚調を通過してしまいたい。

＊81　前掲『物語戦後文学史（全）』。
＊82　前掲「戦後文学は幻影か」。
＊83　前掲「『近代文学』派の問題」。

わたくしが発見したものは、美しく醜い、醜く美しいものとしての人間であつた。偉大のなかに卑小をみとめ、卑小のなかに偉大を見出すことを覚えた。さういつたわたくしなりの道程をかたることが、『第二の青春』の実体になるであらう。〔…〕エゴイズムを拡充した高次のヒユーマニズムこそ、わたくしたちが、第一の青春といふ浪費のなかから購ふことのできた唯一の財貨ではないか。[*84]

民衆とはわたくしだ。〔…〕自分が自分であること、それがそのまま民衆への道なのである。〔…〕民衆とはたれか。わたくし以外に民衆はない。[*85]

民衆は外部にゐるのではない、かれの内部にゐる。かれ自身が民衆なのだ。〔…〕自己の内部における民衆の発見である。〔…〕思想の肉体化〔…〕肉体の思想化[*86]〔…〕。

この鬱陶しいまでの「青春」とその「浪費」へのルサンチマンそしてその裏返しである倫理主義から登場する（敗）戦後の自己肯定は、ついにみずからを民衆として同定することで是認される。ここでは自己を自己において現実として受諾し、そのうえで現実とされる民衆と自己が同一であることを言うために、荒によって切り取られた現実的民衆を予め領有するという、まず〈私は私である。この自我をみよ〉という初発における政治的宣言によって、いわば「自同律」への不快と恐怖を欠いたままに、「私」が肯定され、そうした自同律の無根拠性に纏い憑く不快と恐怖が、〈私は私たちである〉と断言されることによって解消されるという観念‐暴力が肥大している。〈私は私たちに成る〉ための「私」がいっぺん死ななければならない「私」という機制（社会性・政治性）が、〈私は私たちで有る〉という政治的宣言によって、そこでは忘却《インペイ》されている。そしてそれはまた、歴史性を欠如した「空白」の忘却でもある。ぼくはこうした『近代文学』の無視できない一側面に、彼らの決定的な政治的弱点を見るほかない。もはやここには彼らが切り結ぼうとした「空白」は存在していない。

しかし彼らが肯定して止まなかった小林は、「君は私小説に興味を失つたのではない、書かうにも書けないのだ。つまり君は表現するに足るだけの青春を実際に持つてゐないのだ」と、[*87]あの大量転向の直前に、彼らが愛して止まない「私小説論」の連載を終えて、書き継がなかっただろうか。そしてそこから平野が右翼呼ばわりしたあの太宰が、何とかおろおろと立ち上がらなかっただろうか（小林の「新人Ｘへ」が掲載された『文藝春秋』には、川端康成に宛てた太宰の文章があったはずだ）。「私」への逆流を批判する『近代文学』は、この地平から出立せねばならなかったはずだ。また小林は、次のようにも言ったはずだ。すなわち「いかにも新しい解釈だらけなんだ。新しい生活はありやしない。新しい解釈は反逆にはならない。反逆してゐる様な気がしてゐるだけだ」と。もし荒が、この「始末に

＊84　前掲「第二の青春」。
＊85　荒正人「民衆とはたれか」『近代文学』一九四六年四月号（前掲『荒正人著作集』第一巻）。
＊86　荒正人「民衆はどこにゐる」『中央公論』一九四六年一一月号（同前）。
＊87　前掲「新人Ｘへ」。

悪い〔…〕自意識の過剰どころか自意識そのもの」を、彼の「第二の青春」として、新たなる自我―「私」の近代的確立の根拠にするのであれば、「確かなものは覚え込んだものにはない、強ひられたものにある」という小林の冷徹な「社会化した私」は、決して荒の「第二の青春」の内実とされた〈私という民衆〉という、内部観測――そこに死んだ「私」を観測しようが、励起する「私」を観測しようが――を欠いた外部観測としての「私」ではありえない。[*88]

さらにぼくは、こうした荒にたいして「マルクス主義文学運動にのろのろ近よつていつた」『近代文学』同人、平野謙の次の一文を、不承不承!、対置することで、荒らの〈政治と文学〉論争それ自体の喪失を指摘してもよいだろう。[*89] 平野は、次のように書いている。

私もまた荒正人のやうに決定的な青春の一時期をマルクス主義文学運動の影響においた。だが、私は荒のいはゆる「第一の青春」とちがつて、それのみまつすぐみつめてはいつていつたものではない。こんなものがおれのめざしてきたぶんがくであつてたまるかといふ気持と、しかし文学的インテリゲンツィアとしての自己を窮極に救つてくれるものはここにしかないとする気持が私の身うちでたたかつた〔…〕。

ここには、荒とは異なり、二つの政治、二つの他者、二つの焦点の緊張が、文字どおり――あえて荒の発言を借りて言えば――「自分の内部にある『天皇制』に根ざす半封建的な感覚、感情、意欲」にたいする、冴えない、暗い、惨めな「私」の抗いが、対象化されて、依然として頑固に、吐露されている。レーニンを唱った芥川龍之介の「末期の眼」の「つたない剽窃」にすぎないと平野謙が述べた、この「小林多喜二と火野葦平とを表裏一体と眺め得るような成熟した文学的肉眼こそ、混沌たる現在の文学界には必要なのだ」というテーゼは、こうして楕円の政治という幻想と切り結ぶだろう。[*90] 平野は、この惨めさを、小林秀雄を藉口して、「『われを忘れる』面白さと『身につまされる』面白さ」とも表現したのだ。[*91] 欲望を解放する快楽とその恐怖に挟撃される、この生身の〈我-身〉が、平野にとっての「思想の肉体化〔…〕肉体の思想化」でなければならない。とすれば、「同じ成熟した文学的肉眼を強調する」なら、むしろ「小林多喜二が生きていたら、火野葦平になったかもしれない可能性」を指摘すべきであり、平野はプロレタリア文学の「転向過程の二段階説」を唱えるべきであった。そうすれば主体性論争は、不毛にはならなかっただろう、[*92] という指摘は事後的には正しいにせよ、しかしそれは余りに整理が行き届いた解釈であり、歴史過程的には、留保が必要なのだ。だがそうした留保について語るためには、花田の境界的な「主体（解体）」論を迂回せねばならないだろうし、またぼくは、花田が、この吉本にたいして、露悪的に、次のように批判したことの意味をより深く探る

＊88　前掲「私小説論」。
＊89　前掲「編集後記」。
＊90　前掲「基準の確立」および前掲「ひとつの反措定」参照。
＊91　平野謙「同人雑記」『近代文学』一九四六年一月号。
＊92　前掲「『民主主義文学』批判」。

べきなのだ。

花田は、吉本を挑発する。[*93]

「二段階転向論」なんていうのはコミュニストをなめていると思うんだ。そんなことはわかりきっているんだ。つまり火野葦平と小林多喜二が実際はつながるというんだ。政治というものを抽象化して、そして図式化してこれを結びつければそうなるに決まっている。その根本にある思考方式が非歴史的なんだ。〔…〕吉本氏の論文は、平野を一歩進めただけのもの。

この花田は圧倒的に正しい。そしてこの花田は、その三年後に、さらに次のようにも挑発するだろう。[*94]

〔…〕われわれは、かならずしも平野謙のいわゆる「成熟した文学的肉眼」の助けを借りる必要はない。いわんやその「成熟した文学的肉眼」なるものが、じつは自然主義文学によって毒されたモラリストの未熟な眼であって、われわれの眼にプラスとしてうつるものを、ことごとく、マイナスとして評価するにおいてをや、だ。戦争中、戦争の革命へ転化する決定的瞬間を、心ひそかに待ちつづけてきたわたしは、あまりにも早過ぎた平和の到来に、すっかり、暗澹たる気持にならないわけにはいかなかった。ところが、荒正人などにとっては、その決定的瞬間から、かれらの「第二の青春」がはじまった〔…〕。

花田は、ことさらに、帝国主義戦争の内乱への転化などというレーニンの「紋切り型」を繰り返そうとしているわけではない。違う、彼はこの「紋切り型」を繰り返している。しかしそれは、政治的主体したがって他者の選択という問題としてである。花田は、「小林多喜二」（前衛党）と「火野葦平」（天皇制）という楕円の二焦点が交錯《クリナーメン》する点における、楕円周上の主体生成の可能性を、非‐近代と近代の「超克」との「奇妙な弁証法」において、夢想している。こうした花田にとっては、荒のような存在は、すでに戦時中に見透されていたのだ。花田は、すでに一九四三年、次のようにすでに書いていた。*95

〔…〕もはや青春とは愚昧以外のなにものでもないのだ。〔…〕或るノスタルジアは、いかにも戦闘的な顔つきをして、かつてわが国にも青春の時代があり、当時、世代の対立は熾烈をきわめたものだ、などという。かれが古びた青年であることはいうまでもない。青春は過ぎ去ってしまったが、晩年はまだ訪れて来ない。ツルゲーネフ風にいうならば、かれは希望に似た哀惜と、哀惜に似た希望との間を彷徨しているのだ。なぜ一気に物々しく年をとってしまうことができないのか。

---

*93　花田清輝ほか「座談会　藝術運動の今日的課題」『現代詩』一九五六年八月号。

*94　花田清輝「二つの絵――戦後文学大批判」『群像』一九五九年一月号（『花田清輝全集』第八巻、講談社、一九七八年）。

*95　花田清輝「晩年の思想――ソフォクレス」『文化組織』一九四三年六月（前掲『花田清輝全集』第二巻）。

花田のこの心を打つ「一気に物々しく年をとってしまうこと」とは、中野重治の出来すぎた物語である「勉次」と「孫蔵」でなければならない。勤労奉仕する「歯がみ」のサムソンでなければならない。彼らは、そして私たちは、「小塚原」で死ぬ必要はない。彼らは、そして私たちは生き延びねばならない。近代は戦争を抑止できない。むしろ近代こそが戦争を昂進する。したがってここでの自我－「私」は、非－近代としての「村の家」に帰るのではなく、それを占拠しなければならない。「村の家」は、天皇制と競合して奪回－解体され、自己肯定として近代批判《コミュニズム》がなされねばならない。それには密室からの単純な出立ではなく、いかにこの密室から出立するかが問われねばならない。この出立《カミング・アウト》の文体《スタイル》が政治における主体の問題なのである。「第二の青春」ではなく「一気に物々しく年をとって」しまう主体が、『近代文学』にとって重大だったのである。それは主体を獲得するために、いかなる他者－掟が、どのように設定されねばならないのか、という選択の問題である。コミュニズムの運動は、「青春」ではなく「一気に物々しく年をとって」しまったものたちの運動なのだ。ぼくは、そうした問題へと急ごうと思う。

複数の「雲散霧消」する函数的な私――埴谷雄高は、一九三九年から太平洋戦争開戦直前まで『構想』で連載されたアフォリズム集『不合理ゆえに吾信ず』の冒頭に、次の一節を残している。[*96]

――賓辞の魔力について苦しみ悩んだあげく、私は、或る不思議へ近づいてゆく自分を仄かに感じた。

また埴谷は、『近代文学』創刊号から連載され始めた『死霊』で、次のように書いている。[*97]

主辞と賓辞の間に跨ぎ越せぬほどの怖ろしい不快の深淵が亀裂を拡げていて〔…〕おお、私は私である、という表白は、如何に怖ろしく忌まわしい不快に支えられていることだろう。

埴谷のこうした思索が、賓辞の束である知の権力作用という政治を否認しながらも、しかし自我-「私」と呼称された主辞を声高に稀求する『近代文学』という環境でなされたことが、『近代文学』の多様な可能性を表示するともいえるし、また他方で、受動的にではあれ、セクトとしてみずからを規定したこともある『近代文学』の失敗をも表示している。

このいわゆる自同律の不快は、しかし、暴力そしてまさに政治における主体-臣下の画定への不快である。賓辞の束は、他者-掟であるほかない。それなしでは主辞は根拠を与えられない。であればこそ他者-掟の所在が、主人の所在が、問題となる。そしてこうした埴谷の「不快」に、埴谷が感じとった「不思議」に、いわゆる〈政治と文学〉論争のさなか、花田が書きつけた「ワイルドのジイドに与えた忠告」についての一節と重ね合わせるという誘惑を、ぼくは抑えることができない。それは

*96　前掲『不合理ゆえに吾信ず』。
*97　前掲『死霊』。

「わたしという字を書いてはいけない」という忠告である。花田は、それを「わたしのなかにひしめきあつているさまざまなわたし——現存在としてのわたしを問題にせず、存在するものの全体を超えるわたし——どこにも存在していないわたしだけに、わたしという字を使えばいい」と、素晴らしい理解を披露している。[*98] また花田は、この一節をもう一度書き換えて、次のようにも語っている。すなわちこのワイルドのジイドにたいする忠告とは、

〔…〕私が私のみる私であるとともに、君のみる私であり、さらにまた、誰か第三者——かれ或いはかの女のみる私でもあり、そういうさまざまな私が相い集って一個の私を形づくっており、いわば私とは、私の接触する人間の数だけある、実体のない、架空の存在にすぎない、という意味であった。〔…〕世の所謂赤裸々な告白は、その容赦のない私への肉迫の点において、一見勇敢にみえはするが、実は私を、関係概念としてではなく、あくまで実体概念としてとらえ、雲散霧消する私への直視を避けて通ろうとする点からいえば、怯懦のあらわれ以外のなにものでもあるまい。[*99]

この花田に、ファシズムを感じとることは容易であろう。花田にコムファシズムなどという安易なレッテルを張り付けることは、徹頭徹尾、アメリカ政治学的（冷戦論と読め）である。しかしここでは、むしろ、「己をいたわりすぎる」あるいは「後生大事に魂を肉体のなかにしまい込み、あらい風にあてまいとする」ことで「殉教」者振りを発揮する人びとにたいする痛烈な皮肉を、ぼくは読み込

む。[100] しかしそれは、単なる皮肉ではない。ここでは花田のいわゆる「イムパーソナルな人間関係」[101]という集合的な主体論（「私」の解体論）が、説かれている。それはまた「徹底的におのれが客体化されるばあいにのみ、おのれの主体性が確立する」という「死（あるいは物）」の物質性とのギリギリの接点に「自由をみいだす」試みでもあるだろう。[102] そこでは人間を実体として把握する自我‐「私」的な主体論が、「函数概念」としての人間という根底において、批判されている。この函数的な「私」は、その都度その都度、頗る歴史的に具体的であり、商議それ自体である。

花田が傾いた有名な一言、すなわち「すでに魂は関係それ自身になり、肉体は物それ自身になり、心臓は犬にくれてやった私ではないか」の枢要は、まさにその直後に括弧で包まれて書き加えられている、次の一節にあるだろう。その一節とは、「否、もはや『私』という『人間』はいないのである」である。[103] そうした「無限の灰色の系列」あるいは「境界線のない世界」こそが、花田に固有な、主体論の領野でなければならなかったはずである。[104] この境界線のない世界は、しかし花田にとっての

＊98　花田清輝「わたし」『近代文学』一九四八年一月号（前掲『花田清輝全集』第三巻）。
＊99　花田清輝「眼の鱗」、前掲『花田清輝全集』第三巻、初出未詳。
＊100　花田清輝「群論――ガロア」『文化組織』一九四二年五月（前掲『花田清輝全集』第二巻）。
＊101　花田清輝「ヤンガー・ゼネレーションへ」『文学』一九五七年七月（『花田清輝全集』第七巻、講談社、一九七八年）。
＊102　花田清輝「革命のプリズム（サルトル）」『近代文学』一九四九年九月号（前掲『花田清輝全集』第三巻）。
＊103　前掲「群論――ガロア」。

境界そして限界が、「線でもなければ、帯でもなく、相互に規定しあう二つの世界のいずれにもまたがり、それらを統一する契機をみずからのなかに含みながら、徐々に転化しつつある、堂々たる一箇の世界」である以上[*105]、この楕円の二焦点からの距離の和が一定であることによって痕跡化される楕円周が多孔的に非在化される、力の領閾なのだ。こうした領閾が花田の主体を、暗箱を横切る軌跡のように、複数・非決定に痕跡化するだろう。またそれは、坂口安吾の「私は、私を肯定することが全部で、そして、それは、つまり自分を突き放すこと」であるという「主体」論にも通底する[*106]、主体の放棄――賓辞の魔力と非決定の主辞――が、刹那の主体を構制する世界にほかならない。それは、萩原朔太郎の「円球の中心」ならぬ〈楕円球の表層〉を高速で滑る多様な連結で、突如現れる「主体」であろう。そこには福田恆存の「他者を否定しなければなりたゝぬ自己といふやうなものをぼくははじめから信じてゐない」などという[*107]、〈私は私である〉的な自同律の愉快‐安堵は許されていない。そこでは谷川雁が埴谷にみた「この世のいかなる層をも代表しまいとする〔…〕決意」あるいは、「代表の論理は政治の論理をつらぬいて、すべて表現とよばれるものの骨髄にまで達し」ている世界における、新たな政治の文体スタイルが稀求されている[*108]。

こうしてぼくには、五五年体制における〈主体〉の問題をめぐって、戦後史が未決の儘に残存している。それは、後ろめたさや疚しさにまとい憑かれた「主体」論を他者‐主体という枠組みから解放し、新たな〈運動‐連結《リンク》〉論を展望するというマルクス的なプロジェクトとして、書かれねばならないだろう。おそらくそこでは、花田清輝、谷川雁、そして吉本隆明（またおそらくは、竹内好）が、従来とはまったく異なった相貌において、読み替えられねばならないだろう。未来‐期待と過去‐記憶は楕円の二焦点のように、人びとに想起－憶想の主体という現在を非決定に強い、したがって選択という実践として、主体を与える。この楕円に政治は制度としての物象（暴力）を与えるだろう——天皇制であれ、前衛党であれ、この二焦点を串刺しにする軸によって、この楕円が旋回するとき、この平面は立体となり、この空間のどこかに、人びとはみずからを位置づけるだろう。文学はその空間に言説的に導かれるほかない。

＊104　前掲「灰色についての考察」および「罪と罰」『社会』一九四八年一二月（『花田清輝全集』第五巻、講談社、一九七七年）。
＊105　前掲「境界線の移動について」。
＊106　坂口安吾「私は誰？」『新生』一九四六年二・三月合併号（『坂口安吾全集』第一五巻、ちくま文庫、一九九一年）。
＊107　前掲「一匹と九十九匹と」。
＊108　前掲「作者への手紙」。

補論

余白と置字
――萩原朔太郎の「球体」

いまわれわれが、遍在し、どこにも表層がない、それら「球体の中心 centres de sphère」の一つにいると仮定しよう。（ブランキ）

《眼で聴く［…］ouïr avec les yeux》ことを教えるために。（デリダ）

詩が自己聴解するとき

しかし『氷島』の自序で萩原朔太郎は、「読者は声に出して読むべきであり、決して黙読すべきではない」と要求する。それは発話の自己聴解と唱和によるその秩序化の要求であった。それはまた、「悪魔より孤独」な漂泊者が唱和されるという事態によって、近代の完成をぼくに告げ識らせている。[*1]

とはいえこの完成こそ、《眼で聴く》ことによって脱臼されねばならない当のものではないのか。

とはいえもちろん、出来事としての『月に吠える』は、『青猫』期に主張された「耳に聴えない韻律」を重視するという揺れを示しながらも（「自由詩のリズムに就て」）、しかし「調子本位の詩からリズム本位の詩へ」という転換において際立っている。すなわち「耳で読む詩」への稀求が朔太郎において一貫して存在していたことは否定できない（「言葉の問題」）。しかしこの要求は、『氷島』に収録されたそれぞれの詩篇が漢詩‐文語詩的な文体《スタイル》を選択したこととは別に、またやや後に彼が戦時下における詩の朗読会の叢生から距離をもとうとしたこととはまったく独立して（「国民詩について」）、近代とその主体にかかわる重大な意味をもっている。そしてそうしたことが、ここでは問題なのだ。

というのもそこでは、デリダのいわゆる〈自己聴解 s'entendre parler〉が作動しているからである。自己‐同一あるいは固有であること（という虚妄）の境界画（確）定。その他者とそうした他者の余白の支配‐統御。さらにその再‐領有。瞬時に完了するそうした一連のことどもをもっぱらとする一つの掟、すなわち〈自己聴解〉が、そこではみずからを貫いているからである。そしてこの掟が、朔太郎の詩における〈余白である主体〉の最終的な譲渡《あけわたし》＝外化を逼《せま》っている。このことが口語自由詩への途を抉《こ》じ開けたこの詩人における避けられない近代という不幸を、ぼくに感じさせる。というのも、「統一された人格でないこと」が絶え間なく与える不安と愉悦という「希望」の断念が、そこでは確

＊1　萩原朔太郎の作品からの引用については、すべて『萩原朔太郎全集』（全一五巻）筑摩書房により、本文中に作品名のみを示した。

かに強いられているからだ（「統一された人格でないことの希望」）。

その意味で『氷島』の朔太郎は、まさに他者に開かれてあるがままに主体である余白の充塡において近代である自己‐同一を完成し、そうすることでありうべき交換である他者を余白から排除し、その見返りとして〈私〉という閉域の安堵を得ただろう。それは、「多くの見知らぬ敵と味方」とされた「幻影」にむけて「私が此所に居ると叫び続けねばならない」という、〈私で有ること〉の意味に衝（憑）かれている朔太郎においてすでに滲出していた（「私が此所に居る」）。それはまさしく自覚された「退却《レトリート》」でもあったのだ（「『氷島』の詩語について」）。

こうしてこの充塡された余白では詩的主体とその不可避の他者は是認されない。「私が此所に居る」という自己‐同一の「絶叫」だけが、朔太郎という「円球の中心」から等速度で放散し、その内部に等速度で谺している。こうして朔太郎という身体である「円球」は、ついに閉じられ、再領土化される。『氷島』がある意味で定型詩的な文体《スタイル》を採った理由は、この再領土化にこそある。

またそこでは、〈汝〉という二人称に仮託された「漂泊者」の「一人称的な主観性」が露出している。[*2] この一人称と二人称の共軛は、しかし、詩的主体である余白における他者との邂逅を許容しない。それはつねにすでに到来しているであろう、中性の三人称の再認‐承認であるほかない。そしておそらくこの三人称は非人称でもあろう。この非人称が朔太郎をして絶叫・慷慨させる。この三人称が朔太郎という主情を承認‐認可する。そしてこの承認‐認可された朔太郎の主情が、余白であるべき詩的主体を充塡し、そして窒息させる。そこでは他者への開かれを喪失（あるいは断念）した朔太郎という詩的な主情が明滅をやめているのだ。しかしそれは、非人称という三人称が近代国民国家という具体的意匠をまとって到来することによる、余白の充塡だからではなかったか。

こうした詩人という主体と詩における余白、そしてその充塡と開けの（歴史的な）態様が設問となるほかない。そしてそうした設問にたいする回答と言えば、前近代ましてや反近代などではなく、まさに近代こそが、朔太郎という詩的余白の充塡を完了したこと、そうしたことが、詩の内容というよりは詩の機能において無慚な戦争詩よりも強力に、この国の戦前と戦後を繋留しつづけていることが重要なのだ、というものである。『氷島』は、そうした意味での近代という戦後を準備した。そしてその近代こそ問われねばならない。その意味でぼくは、吉本隆明や北川透——そして谷川雁や黒田喜夫——が呈示した問題のいわゆる「識域」に拘束されたままに、伊東静雄「曠野の歌」の「非時《ときじく》の木」を踏み拉《しだ》く、時代錯誤《アナークロニズム》という実践の試みに取り憑かれている。

「転換」——あるいは時（代）の脱臼

事後の一撃：起源的なことは、繰り返し翻訳‐変換され、そうして読解され再読解されるにみずからを任せるであろう。（ベニントン＋デリダ）

だからこそぼくたちは、いわゆる過去を振り返るとき、デリダのいわゆる「時の流れの組み替え‐組み合わせ——時代錯誤 Ana-chronique」に身を任せるだろう。というのもアガンベンが言うように「時間は、充足されない

＊2　北川透『萩原朔太郎〈詩の原理〉論』筑摩書房、一九八七年。

精神の必然性そして宿命として登場するにすぎない」からである。そして朔太郎理解についてもそれは妥当する。

北川透は、戦前から戦後への「転換」の中心的問題を抒情詩の「概念」に求めた。しかしこの「転換」は、「充足されない」余白を充塡するためだけに到来する時間に階調であることを事後的に命ずる時の前進的な流れにおいてではなく、その乱流的な組み合わせにおいてのみ起きねばならない。

北川は、この「転換」を抒情詩の極みにおける「内的な死」に見定め、そこに戦争詩に先立つ〈日本への回帰〉を確認した。ある「概念」の「成熟」とその「頽落」という「陥穽」、転向論にも示唆を与えるだろうこの立論構制《ディアレクティーク》は依然として有効であり、また魅力的でもあるだろう。けれどもぼくには、些細な或ることが宙吊りになったままである。それは北川も慥かに確認した戦争詩に叢生する「近代的合理的な発想」に関わっている。

抒情詩の極相と随伴するその内的な死は、とすれば、精粗さまざまな戦争詩に通有し国策的にも推奨された、いわゆる近代的合理性と断絶するのか。とすればそこに、時（代）の錯認でなければならない「反近代」――近代の超克――がはらむ〈時（代）の脱臼 ana-chronisme〉を能動的意味において考えるというぼくにとっても重要な論点に託けた、朔太郎の救済がないか。そうした（ある意味で形式的な）問題が宙吊りになったままだ。というのも抒情詩の内的な死を、戦争詩を状況的に準備しながらも、しかし戦争詩とは非連続であるとし、抒情詩の極相を戦争詩に奔出した近代合理性から分離することで、その特質を萩原朔太郎や伊藤靜雄における「反近代の抒情」に定めた北川が正しいとすれば、抒情詩の極相は近代合理性への到達ではないことになるほかないからだ。[*3]

後に北川は、『氷島』において「〈近代〉の敗北を〈近代〉の力においてこそうたうイロニーが成立する」とも述べた。[*4] とすれば朔太郎の「反近代の抒情」は「〈近代〉の力」を獲得した抒情する朔太郎という詩的主体が「〈近代〉の敗北」という〈日本への回帰〉を詠ったことになるだろう。またその解釈には「イロニー」という詩法における正統性が与えられてもいる。そしてこのイロニーに北川は、この国の「近代抒情詩」が「近代そのものの内実をうたうことができ」ないという「近代に対するイロニーとしての〈死〉の美学」という規定を与えたのだ。[*5]

この見解は、おそらくはぼくに漠然とした正解を依然として与えながらも、しかし同時に確たる混乱をも与え続けている。そしてぼくは考える。隷属以外には近代という主体が困難であり、「近代そのものの内実」なるものが、そうした形式の〈外〉にはないと正しく理解すれば、事態は意想外に単純ではないのか、と。

あまりにも有名な「漂泊者の歌」の第二連と第四連は、次のように詠んでいる。

ああ汝　漂泊者！

＊3　以上、北川透「抒情詩の終焉」『情況の詩』思潮社、一九七一年。
＊4　前掲『萩原朔太郎〈詩の原理〉論』。
＊5　前掲「抒情詩の終焉」。

過去より來りて未來へ過ぎ
久遠の鄕愁を追ひ行くもの。
いかなれば蹌爾として
時計の如くに憂ひ歩むぞ。
石もて蛇を殺すごとく
一つの輪廻を斷絕して
意志なき寂寥を蹈み切れかし。
〔…〕
ああ汝　寂寥の人
悲しき落日の坂を登りて
意志なき斷崖を漂泊《さまよ》ひ行けど
いづこに家鄕はあらざるべし。
汝の家鄕は有らざるべし！

詩語の選択をもふくめたこの詩についての詩論的評注はぼくの任であってはならないだろう。しかしこの『氷島』の序詩についてのぼくの理解は、素気ないほどに、単純だ。
というのも、ぼくはここに、有限であるほかない人間あるいはその定義において有限である人間において不可避に想起される無限性への稀求が、一つのあるいは一つである（べき）「想像の共同体」に譲渡＝外化されることで、つねにすでに喪われている不可能な「家郷」という欠落――「郷愁」――を代替的に充塡しようとする逆倒、そうした逆倒《イロニー》を本然とする近代（の主体）への絶え間ない完成－陥穽を典型的にみるほかないからだ（またその意味でこそ北川の立論は正鵠を射ている）。それは、〈永遠のいま〉の絶対的是認、伊東静雄の「非時《ときじく》」の歴史的三人称による全体化への稀求なのである。そしてそれは、依然としてしかし、近代の通有性というほかないだろう。そうした欠落を充塡するために絶え間なく到来し続けるもの、それが宗教に代替する国民国家というあまりにも近代的で、救済というにはあまりに悲惨でありながらも執拗で具体的な、そしておそらくは個別－領土的な閉域であるほかない、脆弱な〈私－たち〉という共同の幻想であろう。

しかし近代的なあるいは近代である主体を自立した自由な行為態と錯認（近代主義《モダニズム》）しないかぎり、この詩に、たとえそこに「イロニー」という詩法的正統性を添えたにせよ、反近代を読みとることは困難なのだ。そしてこの困難は、朔太郎自身が抱え込んだと同様の、中心の唯一性に拠るほかない「円球の中心」あるいは「地球の地軸」の近傍にあると夢想された近代的主体という錯認に深刻に関わっているはずなのだ（「地球の地軸の近くに居るもの」）。

別様に繰り返そう。なぜならそれがぼくが言いたいことのほぼすべてだからだ。

萩原朔太郎におけるいわゆる〈日本への回帰〉は、反近代とされた〈日本〉への回帰ではない。危険を顧みず言えば、「〈近代〉の力」を獲得した詩人は、固有の意味での天皇制国家ではなく、一般的な意味での国民国家を詠う宿命にあるほかないのだ。まさにアガンベンのいわゆる「歴史の真の主体が国家」であるほかなく、詩的主体はそうした歴史に具体的に放置されたままにあるからだ。朔太郎における抒情詩あるいは朔太郎という抒情する〈余白である主体〉は、そのようにみずからにおいて／みずからとして、近代（国民国家）を完成させ、またそうすることでのみいわゆる〈日本〉に帰順しえた。（朔太郎における）余白の充塡とはそういう謂いである。しかしその充塡は、総力戦を担う〈日本〉というまさに近代の極相にある国民国家への帰順‐併呑、あるいは語の真の意味での臣下‐主体の完成による漂泊の停止とそれによる安堵‐帰港 re(in)stitution の確保ではなかったか。それは、朔太郎をもふくめて、近代と近代的主体の自立性なる虚妄の追究に通有する欲望の極相ではないのか。だからこそ朔太郎は「〈近代〉の力」によって〈日本への回帰〉という衣装‐意匠のもとで天皇制という国民国家を直截に詠むことができたのだ。そしてそこにこそ朔太郎という表現者の歴史的存在としての「イロニー」がある、と言わねばならない。

こうしてさきの「陥穽」には、反‐近代が〈反〉する近代についての誤認が存在している。こうした誤認は、余白における非決定の主体に踏み留まりながら、スピヴァクのいわゆる「絶対的未来としての過去」への「ファウスト」的な下降を準備し[*6]、国家による充塡に抗う主体の〈翻訳‐召喚 traduire〉がなければ、戦前と戦後に単純な断絶を設けることで実質的には両者を安易に連続させることになるのではないか。そしてそれが、朔太郎の「詩的に感ずる態度」（「詩と非詩との識域」『詩の原理』）と谷川雁が埴谷雄高のアフォリズムに与えた言葉「詩の態度」とが邂逅するときに浮上する、抗いの可能性溢れる識閾である。[*7]

この問題は、しかしまたしたがって、詩人たちが狡猾に商議せねばならない、詩における余白とその充塡の態様の問題として現れるだろう。それはまた、余白である詩的主体の凝固の拒絶による、つねにすでにこの主体にある、あるいはこの主体に取り憑いている他者の凝固への抗いという商議でもあろう。しかしそのために詩人たちは、そうしたものとしての他者との疎隔に、刹那ではあれ、身を預けねばならない。それが詩の瞬間である。詩的主体の煌めきである。

詩の宛先

君へ便りを書くために僕自身を引き離さねばなりません。（デリダ）

そこにこそ余白が、刹那の主体が、他者が、開《ひ》‐拓《ら》かれる。しかしそれは〈郷愁〉――家《ノストス》と痛み《アイゴス》――の別名でもあるだろう。

もちろん詩とその宛先を説‐解くことにはつねに凝固の危険がともなっている。おそらくそれはソクラテス的な問いを不可避とするからだろう。しかしここでは、少なくとも、そしてたじろぎながらも、詩とは、余白が形式という記憶に取り憑かれることであり、この記憶が個別の詩人の所有にはない与件である、というクリシェが強調されねばならない。ぼくが拭い去れない詩人の一人、あるいは朔太郎が「彼は該博な智識を持つてゐる。彼は『物知り』である。しかしながら、ああ、げに彼は唯一の『思想』すら持ち合せて居ない」と呼びかけたであろう詩人（「この點を差別せよ」）、西脇順三郎の

＊6　谷川雁「原点が存在する」『谷川雁の仕事』I、河出書房新社、一九九六年。
＊7　谷川雁「作者への手紙」、同前。

「相反するものの結合」による「新しい関係」の「面白さ」さえも、この余白（という巨大な引用符！）に包まれるときに（のみ）輝くと言ってもよい。

なぜならこの記憶が、形式の侵犯による不安と愉悦を詩人に与えるからだ。しかしこの不安と愉悦とは、余白に、沈黙として現れ、ただちに抹消されねばならない、そうした不安と愉悦でもある。「沈黙、それは韻のあとに残された唯一の贅沢」と『黙劇《ミミク》』のマラルメが書くのは、朔太郎が嫌悪してやまなかった「日本語」による詩においてであれ、そうした意味においてでなければならない。〈韻 rime/rhyme〉が〈リズム rhythm〉であるほかない以上、朔太郎の「リズム本位」はこの余白（韻）に拘束されている。だからこそ詩人はこの拘束と商議せねばならない。おそらくは朔太郎より高村光太郎を好んだであろう花田清輝は、例の皮肉を利かして、「政治家も詩人も、いずれも自らに障害を設け、困難を課すべく、それぞれ謀略や韻律を必要とする」と言ったが[*8]、それはこうした余白における商議を指しているのだ。

〈自己〉聴解を回避するために「黙《もだ》す」または音声化 aeidein し（され）ない、そうした沈黙あるいは余白をこそ詩人は〈翻訳 - 召喚〉せねばならない。この不安と愉悦が、余白である詩的主体（したがってそれに内属する他者）を凝固させることなく、明滅させることを許すだろう。それが抒情をあやつる主情と呼ばれてよい。たとえ一人称の主辞がそのうちに混入していようとも、既存の措辞の束からの〈引用 - 召喚 citer〉であるほかない詩、そうした詩の主体あるいは引用の主体に与えられた唯一の空間、それが余白なのだ。しかしこの主体は、みずからの選択と組み合わせの許《もと／ゆるし》にあるべき賓辞の束に従属することでのみ主体であることができる近代（という主体）の不幸な逆倒そしてその憂鬱、この逆倒を凌ぎ、この逆倒と商議できなくてはならない、そうしたイロニーの主体でもある。しかもこの詩とその余白は協働して形式を再‐領有するだろう。形式はこの詩の主体を捕縛してやまないだろう。それは不可避だ。だからあるいはしかし、余白によって包囲されるべきこれら賓辞の束である詩は、余白で余白として明滅する――「間歇的」な――主体へと絶え間なく逆流するだろう。そしてそれが賓辞たちの復讐――「賓辞の魔力」――なのだ。

　引用符に包まれた語は、ただに復讐の瞬間だけを待っている。（アガンベン）

それは言葉をあやつる文体‐尖筆の人びとである詩人への言説の文法的秩序からの、おそらくはふたたび欄外（のニーチェの傘）をつくりだすであろう、復讐である。

　こうして詩の宛先は、つねに不安と愉悦が場をもち‐生起する、主体の非決定である／でなければならない、余白である。しかしそうしたものとして詩的主体は余白としてあるほかないのである。だからこそ大正末から昭和初年の萩原朔太郎に現れるいくつかの郵便局‐位置 poste がぼくにとって問題とならねばならない。

　象のやうなものが群がつてゐて

＊8　花田清輝「政談――マキャヴェリ」『復興期の精神』眞善美社、一九四六年（前掲『花田清輝全集』第二巻）。

郵便局の前をあちこちと彷徨してゐる。
「ああどこに　私の音づれの手紙を書かう！」

（「荒寥地方」より）

郵便局の窓口で
僕は故郷への手紙をかいた。

（「郵便局の窓口で」より）

郵便局！　私はその郷愁を見るのが好きだ。〔…〕魂の永遠ののすたるぢやだ。

（「郵便局」より）

この郵便局をうたう朔太郎の宛先は、つねにすでに喪われた（ことが朔太郎によってもすでに諒解されていながらも）「醜體の過去」として実体視された故郷への郷愁ではもとよりない（「どんな天気の日に追憶すべきか」）。いやそうであっていっこうに構わない。問題は、その宛先が余白である／にある朔太郎以外にはない、ということだ。彼の反復である故郷あるいは家郷は、そうした朔太郎という詩的余白である主体の覆いなのだ。おそらくはしかし、『詩の原理』に集約される彼の「論理」に帰着する「理論的」営為への執着は、朔太郎にも一貫した「論理と詩との婚姻」をかいした、[*9]その開け-除幕-破瓜、あるいは婚姻という相互嵌入の(未完の)試みだったはずだ。彼はそうすることで〈余白である主体〉を、余白という非決定に縛りつけたままに、不可能に完結させようと試みていたはずだ——『氷島』への旅程を準備しながらも。

とはいえ朔太郎は、その受取人を知ろうとはしない。朔太郎はこの受取人でもある手紙の差出人を否認している。こうして朔太郎の手紙は、その手紙が宛先につねにすでに届いているにもかかわらず、彼にとってそれは盗まれたまま、と理解されている。だからこそ彼は、余白の充塡を待ち続けている。しかしそのためには手紙-「故郷」は取り還されねばならない。したがって彼は、さまざまに——散文詩、アフォリズム、そして『氷島』にみられる文語詩への回帰-葬送というように——この余白という非決定な詩的主体と商議してきたのだ。それは、あらゆる意味で、余白の充塡という不幸な相貌をおびる自己なるものとの商議であった。朔太郎に取り憑いていた純粋な近代(という虚妄)、そうした近代を汚染する不純の余白からの除去(という虚妄)。それが彼に、「田舎を恐る」を詠わせ、「内部に居る人が畸形な病人に見える理由」を発見するという強迫——あるいはひとつの「詩の態度」——を与えてきた(『月に吠える』)。それは、定型の破壊へと跳躍した朔太郎自身がつくりだした余白が可視的に存在し、(しかし)そこにいわゆる前近代を引き摺る朔太郎本人がいると感じとられているからだ。そこでは、朔太郎という近代が強迫的に発案し続ける前近代が、したがって近代を前提する以

＊9　埴谷雄高『甕と蜉蝣』未來社、一九六四年。

外には想起すらしえない前－近代が、しかし、まさに彼の近代を逆なでに規定しながら、作用している。こうして彼の手紙は、みずからの近代とその近代が発案するみずからの前近代とを往還し、その往還で／によって喪われている。この往還が、しかし、朔太郎を国民国家という近代へと、〈反近代の抒情詩〉という意匠のもとに、譲り渡し、彼に安堵を与えたのだ。『氷島』とはそうした作品である。またそうであるがゆえに、ある意味では好きな作品と言ってよいくらいに、ぼくにとっては蔑ろにできない作品なのだ。

しかし詩と余白には、あるいは賓辞と主辞には、一方で形式において全体化する協働が機能しながらも、他方で相互に支配を競い合う構成的な闘争が存在してもいるだろう。さらにこの余白は、他の余白へと喰み出し、嵌入－汚染しあってもいるだろう。というのも、主体なるものはつねにすでに他者によって棲まわれているからである。そうしたことの受諾なしでは純粋で汚染されない〈近代的〉主体についての錯認すら成立しえない。この余白は、詩人という主体において、詩人の他者とその歴史へ開かれたままだ。この余白の縁取りの喰み出しから、詩人は逃れることができない。とはいえこの詩とその余白との協働と闘争は、詩人の不安と愉悦に構成的なのだ。それはあらかじめ詩的主体の記載－抹消のための余白を要求している。したがって、文語定型詩における「構成された余白」であれ、俳句・短歌における「幻肢としての余白」そして「〈発生〉の余白」であれ、散文詩における「余白の縮小〔…〕ことばの余白化」でさえも、事後－遡及的に確認されるほかないほど致命的に、口語自由詩の「恣意的な余白」は近代における主体という不安と愉悦を与えてしまっている。[*10] この「恣意」性は、しかし、けっして詩的主体の「口語・自由・詩」における自立を恣《ほしいまま》にすることを許容されてはいない。[11] この「恣意」性は、他者へとつねにすでに開‐拓かれるという非決定の謂いなのである。

この非決定の可能性を朔太郎に問うために、こうした詩とその余白をめぐる詩人の「詩の態度」に、危険を顧みず、三つの補助線を試みに引くことが許されるかもしれない。それは朔太郎における近代的自我の像《イメージ》へ躙り寄ることでもある。

第一の補助線は、口語自由詩にみられる、余白の不安と愉悦に身をゆだね、主体の稀求と懐疑に彷徨うままにまかせるという途である。第二のそれは、アフォリズムや散文詩によって余白を充塡しつくし、主体を言の細部に散逸させる途である。そして第三に、定型という形式の細部に詩人の主体を回収させる途である。いわゆる口語自由詩の世界を抉じ開けた朔太郎は、しかし（あるいはだからこそ）、この三つのすべてを、この国の近代とともに引き受けねばならなかったはずだ。そうしたことの意味を考えるためにぼくは、「credo quia absurdum ―― この論理を日本文学で最初に意識的に用いたのは、たぶん《新しき欲情》における萩原朔太郎」であろうと指摘した菅谷規矩雄に凭れて、朔太郎の『新しき欲情』などに近づく準備をしよう。しかしそれは依然として、アフォリズムという形式による余白の別なる充塡（の可能性）の問題であり、さらには埴谷雄高の〈不快〉、「詩と論理の婚姻」の問題であり、朔太郎の「円球の中心」の問題であるはずだ。

＊10　北川透『詩的レトリック入門』思潮社、一九九三年。
＊11　菅谷規矩雄『無言の現在』イザラ書房、一九七〇年。

論理と詩の婚姻

芸術家にとって〔…〕遊星が遊星であり、磁気が磁気であり、精神が精神であり、われわれがわれわれであるということは、なんと有難いことであろう。

（花田清輝）

〔…〕沈黙では哲学が、完全に同一性を喪って、晒されたまま立っている。

（アガンベン）

花田清輝におけるヘーゲルの皮肉な是認とアガンベンにおける論理－哲学から同一性を奪う詩的な沈黙は、朔太郎という余白において鬩《せめ》ぎあう〈近代〉の二側面である。詩的余白としての沈黙は、論理に／を〈懇願－誘い－揺らsollicitare〉さねばならない。

菅谷によってぼくに喚起された萩原朔太郎と埴谷雄高との連続性。それはぼくにとっては、一九三九年に創刊された雑誌『構想』に七回にわたって連載され、あの敗北の一九六一年に出版された埴谷雄高『不合理ゆえに吾信ず――Credo quia absurdum』を〈昭和一〇年代〉にどのように位置づけるか、そうした問題として顕れる。[*12] すなわち、埴谷の『不合理ゆえに吾信ず』を〈昭和一〇年代〉の抒情－詩――おそらくは反－主情としての――の極相とすれば、何が起こるだろうか。そして『不合理ゆえに吾信ず』に『新しき欲情』に代表される朔太郎のアフォリズムを取り憑かせるという時代錯誤を敢行すれば、〈四季〉派から戦争詩への連続そして戦争詩と〈荒地〉そして戦後詩とのいわゆる「断続」、すなわちいわゆる戦前と戦後における連続と断続に、何が起きるだろう。こうしたある種の厄介な立論《もうそう》がそれだ。

埴谷自身は、〈私〉の問題に収斂する『不合理ゆえに吾信ず』をアフォリズムあるいは断章と呼んだ。それを谷川は「初期詩篇」と呼び、吉本は「初期作品」と呼ぶ。谷川はそこに詩を感じとり、吉本はそれを作品と命名した。だが両者は、このアフォリズムが埴谷の「初期」を打刻し、その意味で、戦後の彼の制作活動、すなわち敗戦後に『近代文学』創刊号からいち早く連載された『死霊』へと、あらかじめ前向きに繋がれるべきものと見なしている。出来事を歴史的に位置づけるにあたって避けることのできない一つの一般的効果が、埴谷雄高という出来事に関わっても、生起している。それは当為的起源を求める遡及的所作である。この事後性は、しかし、たんなる物語‐叙唱 récit(atif) ではなく、「詩の態度」による〈翻訳‐召喚〉——詩と余白との闘争——の問題と考えねばならない。『不合理ゆえに吾信ず』は「論理と詩の婚姻」の試みだった、と埴谷は二度にわたって強調した。彼は、そこで「詩と論理を融合せしめることがアフォリズムを書きつづけたぼくの目的であったが、論理のやみくもな徹底性をこころざした」とも述べた。[*13] それは、近代（詩）における戦前と戦後との非連続な連続性を捉えるうえで、そしてその場を、萩原朔太郎あるいは定型を破壊しようとした口語自由詩が、あの〈一九一七年〉以来、脆くも執拗に——すなわち埴谷ほど強靱ではないにせよ、しかし

*12 前掲『不合理ゆえに吾信ず』。
*13 埴谷雄高『影絵の世界』平凡社ライブラリー版、一九九七年および前掲『甕と蜉蝣』。

それがゆえに執拗に――占拠し続けてきたことを考えるうえでも、決定的に重要だと思われる。そしてこの脆弱と執拗は、この国の近代〔詩〕にとどまらず、いわゆる近代とほとんど同義とされるいわゆる主体－主辞の問題であり、塡谷の「繫辞《コプラ》の暴力的な使用法」に支配される主情の問題であろう。[*14]

この塡谷が『不合理ゆえに吾信ず』にまつわる回顧を書き記している。それはゲラを印刷所の校正部屋で待つ自分についての回顧である。

ページの隅に白い空白があったりすると、ちょうどそれだけの余白にぴったり合う行数のアフォリズムを、その二階の畳敷きの校正部屋で私は書いた。[*15]

この〈自叙伝〉を読んだときから、ぼくはこのシーンに取り憑かれてきた〔なぜならぼくもそうした衝動につねに駆られるからだ〕。それは、塡谷はなぜ「余白」を充塡する衝動に駆られるのか、という疑問である。その疑問に答えてくれたのが谷川雁が『不合理ゆえに吾信ず』に与えた「作者への手紙」での決定的な指摘であり、フーコーのレーモン・ルーセル論への豊崎光一による然り気ない訳註にあった〈置字 cheville〉という語であった。[*16] 谷川は言う。

一つの命題が他の命題へ転調し、展開する箇所には〔…〕「さて」とか「ぷふい」とか、道楽者の常用する無論理な鋲がことさらに使ってあります。[*17]

谷川は、「余白にぴったり合う行数のアフォリズム」による余白の充塡を「道楽者の常用する無論理な鋲」と理解する。それは自同律の不快がなせる業だ。余白の充塡はこの「無論理の鋲」によって遂行されている。この谷川は、余白として明滅する主体の置字による置き換え‐充塡としてのアフォリズムについて語ることによって、詩的主体の無化を試みる埴谷を理解しようとしているにちがいない。〈置字〉。言うまでもなくそれは、踝、楔、鋲、中心人物という、接合と離接の〈Joint〉そして中心である。と同時にそれは、韻律を合わせるために挿入される埋草、空疎で余分な語あるいは言い回しをも意味している。詩の主体である余白は、ここでは正しく、空疎で無意味な語である中心によって充塡されることで、その凝固が回避されている。しかもこの充塡する置字は、余白で、あるいは余白を、繋ぎそして外す〈Joint〉あるいは婚姻でもある。この〈繋ぐ‐外す〉何ものかが余白の喰み出しであるがゆえに、埴谷は「このアフォリズム集のなかには、社会という言葉は一語も」ないと言うことができたのだ。[*18] なぜならこの置字が、この「無論理な鋲」が、この空虚な中心として繋ぎそして外すことが、すなわち余白である詩的主体が、社会的であることの唯一の可能性それ自体だからである。

＊14　埴谷雄高『濠渠と風車』未來社、一九五七年。
＊15　前掲『影絵の世界』。
＊16　豊崎光一「訳註13」、M・フーコー『レーモン・ルーセル』法政大学出版局、一九七五年。
＊17　前掲「作者への手紙」。
＊18　埴谷雄高「遠くからの返事」、前掲『不合理ゆえに吾信ず』。

谷川は、埴谷にむけて「詩でもなければ、詩学でもない、認識の非計量性の承認」であると言い、[*19] 三好達治は朔太郎へ「理詰めに割出す論理の外、数量のはかりの外」という形容を与えた。[*20] それは、賓辞の束を余白で／として引用‐翻訳する詩的主体と詩との疎隔、詩学あるいは詩のロゴスという〈自己聴解〉――あるいは自同律――からの疎隔である。すなわちここでの埴谷の置字による余白の充塡というアフォリズムの制作が、「論理と詩との婚姻」の試みと理解されたのだ。中心の設定が中心の剝奪であること。それがまさに「婚姻」であって、その意味で埴谷は「融合」と簡単に言うべきではなかっただろう。それは、例えば、「欲望と成就、反抗とその想起、そうしたもののあいだでの、邪《よこし》まではあるが神聖な婚姻（そこから〈夢〉が出来する）」にある「婚姻」なのだ。欲望‐反抗あるいは詩と成就‐想起あるいは論理との狭間で生起する「純粋でありながら虚構の場」にこそ、「読解の条件かつ愉悦たる沈黙」が、あるいは余白が、あるいは〈夢〉が、依然として作動している（『黙劇』）。そうした「論理と詩の婚姻」の試みが、可視的な余白をこうした置字によって充塡しながらも、しかし依然として沈黙あるいは余白である主体を非決定のままに他者にむかって開‐拓いている。「感情」と「理屈」あるいは「詩と論文」についての朔太郎を借用して、埴谷のアフォリズムの制作を言い換えれば、次のように言えるだろう（「詩と論文」）。それは、平坦であるにせよ、朔太郎における「論理と詩の婚姻」の手順でもあったと思われる。

先づ君自身の「詩」をつくれ、次に君自身の「論文」を書け。前者をして、先づ充分に感情の気焔を吐かさしめよ。次に後者をして、彼の欲するごとく自由に勝手にそれを嘲笑せしめよ。即ち汝自身の「詩」を、汝自身の「論文」によつて罵倒せよ。

こうした朔太郎による余白の充塡が、「叙情詩のいくぶんひき延ばされたやうなもの」であり、「自ら散文詩と名づけたい」と「一つの内気な遠慮」とともに述べた、『新しき欲情』における朔太郎の可能性へと架橋されねばならない。朔太郎の余白のアフォリズムとしての充塡は、余白である詩的主体をどのように理解したのかを知るために。そのためには、彼の『詩の原理』における「主観と客観」ではなく「詩と非詩の識域」が、そして『新しき欲情』からの幾つかの〈箴言〉——朔太郎自身に言わせれば「珠玉エッセイ」(「アフォリズムに就いて」)——が、論理と詩が相互に噴出しあう朔太郎という詩的主体の可能性溢れる分裂が、すなわち中心としての主体に執着しながらも、そうした中心を放棄することを夢みる分裂の主体が、ぼくには決定的だ。しかしここではいずれにせよ、とりあえずの「仮縫い faufilure」だけが余白的にも必要とされている。

「円球の中心」と「切りさかれた球体の中点」と

おれは切りさかれた空
切りさかれた球体の中点に立ち

＊19 前掲「作者への手紙」。
＊20 三好達治『萩原朔太郎』筑摩書房、一九六三年。

メスと投光器に囲まれる
おれが下りてゆくのだ
きょうの沈黙のなかへみずから駁して

だが沈黙に抗う男と
沈黙に生きる男と
言葉を信じない男と
言葉でそれを告げる男
おれの双つの顔のあいだで声は悶える[*21]

黒田喜夫のこの「男」は、沈黙と言葉とのあいだ－穴へとひたすらに引き裂かれ悶えながら「下りて」ゆかなければならない。この穴は、論理と詩の婚姻が依然として言語によって支配されざるをえないことの苦痛をも述べている。しかしこの「みずから駁」す苦痛は、「詩と非詩の識域」における朔太郎が共有するものであった。菅谷規矩雄はこの「識域」について次のように述べていた。[*22]

〔…〕詩ならざる言語として朔太郎が考え、それに対して詩を自律させようとする切迫した要求をつきつけた、その非詩の領域とは、むしろ詩ならざる言語というよりは、詩（という言語表現）に対置される無言であり、この非詩（無言）の領域のもつ意味のつよさこそ、逆に表現の自律性を規定する要因である。非詩としての意味を、詩はいかに拒みうるか、そのたたかいの相を、モティーフとよんでおこう。

この「無言」は、ぼくたちという余白である。菅谷はこの「無言」を、形式を再-領有する詩と余白との協働と闘争における後者、すなわち「たたかいの相」に強調をおいて、捉えようとしている。余白である詩的主体の「意味」を賓辞の束である「詩はいかに拒みうる」のか。この闘争を菅谷は「モティーフ」と呼んだ。とすればこの「モティーフ」とは、谷川の「詩の態度」あるいは朔太郎の「詩的に感ずる態度」でなければならない。それは、詩的主体を余白において非決定にすることによって「詩を自律させよう」とする、あるいは詩的主体と他者を凝固させないままに賓辞の束を集積する作業である。

『詩の原理』以前の二〇年代初頭の朔太郎のアフォリズムには、朔太郎の（西欧近代的）な自我への稀求というよりは、むしろこうした朔太郎という詩的主体の非決定への稀求がすでに現れていたことに注意する必要があるのではないか。そしてそこにこそ朔太郎の口語自由詩の自由闊達さが――おそらくは『氷島』から遡及的に――ぼくには感じとられるのである。例えば朔太郎はぼくたちに次のよ

＊21　黒田喜夫「沈黙への断章」より（同『詩と反詩』勁草書房、一九六八年）。
＊22　前掲『無言の現在』。

うに教えている（「どんな天気の日に追憶すべきか」）。

〔…〕我等は「自我の日和」を見るより仕方がないであらう。

「自我の日和」を見ることによってのみ、ぼくたちは、この自我あるいは主体（という隷属）と商議することができると教える朔太郎は、一方において近代的自我を稀求しながらも、しかし他方では近代的自我が抱え込んだ構成的な顚倒をすでに感じとっている。それはフーコーにも通ずる「理性は非理性をすら論駁することができない」（「驚異」）という、近代的主体とは異なる彼のまさに「主情」の所在を照らし出している。このように考えることで『詩の原理』における朔太郎の異様に単純な二項対立の陥穽が解除できるのである。『氷島』ではなく『新しい欲情』における、こうしたある意味での近代への否定的な到達――反近代の可能性――には、「物言ふことのできない、永遠に永遠にうら悲しげな〔…〕『舌のない真理』」（「舌のない真理」）という表現も与えられている。そこではまさに言語《ラング》－舌によって詩を創りだす失語の詩的主体にあらかじめ赦されている沈黙・無言そして余白の所在が語られている。それは〈自己聴解〉への恐れあるいはむしろ警戒なのだ。だからこそ朔太郎は、次のように言うのである（「極光地方から」）。

海豹のやうに、極光の見える氷の上で、ぼんやりと「自分を忘れて」坐つてゐたい。〔…〕永遠に、永遠に、自分を忘れて、思惟のほの暗い海に浮ぶ、一つの侘しい幻象を眺めて居たいのです。

ぼくが好きなしかし気恥ずかしいこの一節には、しかし「切りさかれた球体」が、あるいは自我の稀求とその凝固への恐れが、すでに存在しているように思われる。もちろん朔太郎は、矛盾を拒否する「平面の思想家」を乗りこえる「新しき欲情」をめぐって、あまりに有名な一文を残しているだろう（「円球の中心から」）。

けれども新しい時代の哲学者は、その眞理を円球の中心に置いて、旋回する遠心力の作用にまで、同時にばらばらに——へーゲルの弁証法の如く順次に連鎖的にではなく——前後左右相互矛盾の八方へ彼の個個の命題を打ち出さうといふ「立体内の思想家」にあつてはむしろ全くその反対を主張されるであらう。されば新時代の信仰は、正に次の如く訂正さるべきである。「矛盾なるが故に、我れ信ず。」

朔太郎のへーゲル理解の深浅はここではどうでもよい。問題は、この「立体内の思想家」が、朔太郎自身が「立体的な実有」としたような等速度の均質空間あるいはテロスではなく（「新しき欲情」）、例えば、まさに〈昭和一〇年代〉の思索家として正当な座を与えねばならない花田清輝の「変形譚」における運動的対立、エラン・ヴィタール（遠心力‐詩）とフラン・ヴィタール（求心力‐論理）との「婚姻」が招来する、楕円球における他者と自己との二中心から放散される、しかし唸りや共振を創りだす「切りさかれた球体」が、おそらくは「沈黙のなかへみずから駁して」下りてゆく非決定の主体とその協働者である他者をぼくたちに脆く与えるのである。

IV

反復《うけとりなおし》と跳躍

第7章

睥睨する〈ラプラスの魔〉と跳躍
――小林秀雄が切線する

命はまん丸で入口がないから、死線は切点といふ出口で触れてゐる。[*1]

底を洗へば穏健なヒュウマニストばかり〔…〕

取り憑く亡霊

ベルクソンを盾に「質問の面白さに比べれば、解答なぞは何物でもない」と啖呵を切った小林秀雄に凭れ、[*3] 小林の〈マルクス - 歴史〉理解という視軸から小林を再読する。これが本章の目論見である。その目論見から採られた題辞の文章は、小林が戸坂潤をダシに当時のマルクス派を批評した文章に刻まれていた。そこには「大正的なヒューマニズムのいかがわしさ」に固有に汚染されていた当該期マルクス派への深く冷徹な嫌悪がある。そしてこの嫌悪が〈六八年〉の思想の核心をなしていたかに見えた反人間主義的なマルクス理解を強く肯定する。柄谷行人は、「人間的なマルクス主義」といった「甘ったれたもの」を三〇年代ですでに拒絶していた小林を銘記することで、[*4]六〇年代中期以降のマルクス理解における疎外論と物象化論との対抗に小林を正しく措き直した。[*5]だがその反面、マルクス理解における小林の「正確且つ新鮮」を三五年までに限定し、昭和一〇年前後の変容を強調する柄谷は、例えば「歴史について（マ マ）」を「新たな形をとった」へーゲル主義批判と正しく捉えながらも、その論拠を柄谷のいわゆる「主意主義」としての「ベルクソン＝デカルト主義」なるものに求め、「現実的な強制力、因果的な必然性」への「無力と受動性を、決断と自由に逆転」し、「既成事実を運命」として受諾したと見なして、小林から遠ざかった。その結果、六〇年代中期以降さまざまに論議されてきた物象化論と九〇年代に改めて問題となった歴史叙述論が形成する問題系《プロブレマティーク》が見えなくなってしまった。[*6]

＊1　小林秀雄「『白痴』について　Ⅱ」『新訂　小林秀雄全集』第六巻、新潮社、一九七八年、二八三頁。
＊2　小林秀雄「戸坂潤氏へ」『新訂　小林秀雄全集』第四巻、新潮社、一九七八年、一八四頁。
＊3　前掲「序（歴史について）」一九頁。
＊4　柄谷行人編『近代日本の批評』昭和篇［上］福武書店、一九九〇年、一四〇頁、一二九頁。
＊5　柄谷行人編『近代日本の批評』昭和篇［下］福武書店、一九九一年、六四〜六六頁、九九〜一〇一頁。
＊6　前掲『近代日本の批評』昭和篇［上］、一五二頁。

柄谷や吉本隆明が小林とマルクスとの「接触」によって構制されたいわゆる小林的「パラダイム」に拘束されているという指摘は、柄谷にあっても自覚されている。[*7] この隘路は、いかなる歴史叙述がマルクスの物象化論的理解から展開可能なのかといった、小林と同様の困難に関わっている。というのも、物象化論では恢復すべき起源も到達すべき目的もあらかじめ非在であり、また閉じるために掃き出される外部という観測点――「ラプラスの鬼」[*8]――も許されてはいないからである。であればこそ柄谷は、小林への「敵対」によって、むしろ小林を「逆説的」に継受した吉本の小林との「類似性」を敏感に嗅ぎとったのである。だが吉本自身も是認した柄谷のこの指摘は、[*9] 吉本との相異の顕揚ではない。小林との疎隔は、小林の単純否定が「小林」への再回収に結果することを回避するために「場所をずら」すという、柄谷の「戦略」に関わっている。[*10]

本章の戦略は、マルクスを物象化論において共有するとされた小林と柄谷との関係へ歴史叙述に関わるズレを挿し込むことである。これは反疎外論という意味でのみ物象化論的なマルクス理解にもとづいた歴史叙述論とは無縁である。この戦略は、いまだ仮綴じとはいえ、最終的には、柄谷において反疎外論的視座から転釈された小林のマルクス理解にもとづく歴史叙述とそこでの再現不能な出来事の潜勢力に関わっている。それは物象化論的なマルクス理解がみずからの円環《げんじつ》から跳躍《せっせん》する変革的な歴史主体をどのように仮構できるかといった問題、したがってマルクス理解において小林を肯定する柄谷に、〈小林は昭和一〇年前後を期に正しいマルクス理解から誤った歴史諒解へと変容した〉といった実証主義的諒解を封じたうえで、歴史叙述と歴史主体という関係的立論を問う作業である。それは、物象化論的マルクス理解が大方の承認を得られたポスト〈六八年〉における歴史叙述論が、九〇年代に登場した歴史修正主義といかなる離接を有するかという問題を、小林の〈マルクス‐歴史〉理解を通して考えること、と言い換えられてもよい。

この立論にぼくは、柄谷がその表層的流通論にのみ惟《おも》いを寄せて重用する価値形態論の宇野だけでなく、この価値形態論を歴史‐論理的に準備する内部化された外部としての労働力商品化の無理という出来事の歴史性を生産深部が流通表層へ間歇的に顕現する事態（恐慌《クライシス》‐批評《クリティーク》）として放置しておいた宇野も、取り憑かせておこう。

元来、資本の生産過程は、一般にいかなる社会にも絶対的に欠くことのできない労働＝生産過程を、資本という特殊の流通形態をもって実現するものであって、最初からいわば無理がある〔…〕。本来、単なる生産物でもなく、商品として生産されたものでもない労働力を商品とすることによって、その無理が通っている。[*11]

＊7 山崎行太郎『増補版　小林秀雄とベルグソン』彩流社、一九七七年、一二三～一二五頁。
＊8 小林秀雄「マルクスの悟達」『新訂　小林秀雄全集』第一巻、新潮社、一九七八年、一〇七頁。小林は〈ラプラスの魔 Laplace's demon〉を「ラプラスの鬼」と表記している
＊9 吉本隆明「絶対に違うことを言いたかった」『新潮』二〇〇一年四月臨時増刊号。
＊10 柄谷行人＋蓮實重彦「マルクスと漱石」『現代思想』一九七九年三月号、一七五頁。
＊11 宇野弘蔵『経済原論』『宇野弘蔵著作集』第一巻、岩波書店、一九七三年、一三四～一三五頁。

こうした宇野における資本の基本的矛盾についての命題を曖昧だが構成的に形容し、また小林の「奇怪さの核心」である「純粋化」と「極端化」に酷似する物神性論と恐慌論における外部の形式化による内部化といった反復的な処理《さい》によってのみ諒解可能な、[12]「元来」「最初から」「本来」「無理」「無理が通っている」の修辞的効果を問うことが、ここでの裏仕事となる。その視軸は、一方における「元来」「最初から」「本来」といった事後を臭わせる修辞に露呈する抜き難い疎外論的立論と、他方における「無理が通っている」という現実《えんかん》の事前‐前梯的な承認《くりこみ》といった物象化論的立論との分裂を縫合する、「無理」という修辞それ自体にある。この問題は、小林におけるマルクスの物象化論的理解とベルクソン的円錐にもとづいた歴史叙述論に横断線を描くことで、マルクスの歴史叙述論——資本の本源的蓄積という、理論的円環にとってはつねすでに終了している一回性とされる出来事が、〈内部に取り憑く外部〉として反復し、この反復において差異が産出される歴史過程として景気循環を読むという視軸から、資本を歴史叙述する方法——を再構築する作業に通底している。[13] 翻ってそれはまた、小林《しほん》における「自意識」の完結的自閉への不可能だが不可欠な欲望を、そのマルクス理解と歴史叙述の方法との「逆説」的関連において、照射することにもなる。[14]

資本に凭れる記述——円環《はんぷく》と差異《ちょうやく》

私は客観的な尺度などちつとも欲しかない。客観が欲しいのだ。[15]

ここに一切の疑いを捨てねばならぬ。一切の怯懦はここで死ぬがよい。(ダンテ)

この題辞の小林は、客体の自存を前提としてその尺度を欲望する主体の自存といった、主‐客二元論を根底的に拒否している。小林は自意識もその不可欠な一部である存在としての「客観」それ自体(の記述)を欲望し、またその意味で、マルクスが『経済学批判』の序言の末尾に引いたダンテ『神曲』の一節の意味を心得ていた。とすれば、もはやそうした小林のマルクス理解の同時代的優位性を柄谷や吉本また亀井秀雄や清水正徳などに拠って傍証する必要はないだろう。[*16] 実際、小林のマルクス理解の深度を際立たせる一文は、従来真っ当に読解されることがなかった「マルクスが、小林自身である。」[*17] そしてこのマルクスは社会の自己理解から始めて、己れの自己理解を貫いた」に尽きている。

したがってこの一文は「いやおうなく小林秀雄的な色彩」で読まれたマルクスなどといった変則ではなく、[*18]『ドイツ・イデオロギー』以降の後期マルクスの核心を射抜いている。社会を商品語――そして遂にはいわば資本語[*19]――によって覆い尽くしみずからをその外部なき主体と僭称する資本が、商

---

*12 吉本隆明「小林秀雄」『悲劇の解読』筑摩書房、一九七九年、三一頁。
*13 前掲『われら瑕疵ある者たち』。
*14 小林秀雄「逆説といふものについて」、前掲『新訂　小林秀雄全集』第一巻、二一三〜二一四頁。
*15 小林秀雄「批評家失格　I」、同前、一七二頁。
*16 亀井秀雄『小林秀雄論』塙書房、一九七二年および清水正徳「小林秀雄論」『自己疎外論から「資本論」へ』戦後思想叢書編集委員会、一九六六年。
*17 前掲「マルクスの悟達」一〇九頁。
*18 吉本隆明「小林秀雄の方法」『吉本隆明全著作集』第七巻、勁草書房、一九六八年、二四九頁。

品による商品の生産にもとづいた自己増殖する価値の運動として社会を形式的に包摂する原理をマルクスがそうした自己完結を夢想する資本という主体に凭れて記述することによって曝露したことを、小林という同様に外部なき自意識を不可能に欲望した主体が正しく把握したことを、それは証している。したがって「社会の自己理解」とは資本の自己理解の形式（覆い尽くす外部なき自意識）であり、「清潔な抽象」における外部《たしゃ》なき自己意識である。だがそれは、清潔を自称する論理にとっては「不潔な抽象」によって維持されている限りにおいて、こうした資本の自己理解＝自意識の形式が、みずからの「不潔」な歴史的編制過程を遡及的に想起－憶想（－発案）することによってかの出来事を浄化し、端初＝結論の円環を確保するといった、連続する同一としてみずからを正統化《ぞうしょく》する自己言及あるいは想起－憶想＝「思ひ出」をも意味している。[*20]

しかしそれには「無理」を固有に「通」す「文体」あるいは「修辞学」が必要とされる。[*21] それが小林の自意識－宿命を語る文体であり、後に見る内部化された歴史叙述を支える「思ひ出」の方法とそこでの出来事の位置づけに関わるのである（つまり、資本にとっての本源的蓄積と小林にとっての中原中也は同一の位相で語られうるということである）。とすれば、マルクスの「己れの自己理解」にみずからを投射《プロジェクト》－企投する小林の「自己自身をしか語ろう」としないと断罪される文体には、なんらの手続き的瑕疵も存在しない。[*22] むしろ方法において一貫しているという意味で資本の自己記述と同一である。この文体は、小林自身にほかならない「Xへの手紙」などにおける一人称の発話者が纏う文体－修辞、「自意識の壁」の内部に外部としての「情念や悪夢や欠如感を密封し〔…〕完璧に目張りを施して外部に漏らすまい」とする資本の自己（史）の叙述－想起－「思ひ出」Erinnerung の文体－修辞にほかならない。[23] またそれは、資本に纏い憑く歴史的外部を内部として論理的に形式化‐翻訳し、恐慌論という中間において自己を曝露する「無理」を内部に強いて「通」す（外部における噴出を防遏《ぼうあつ》する）仕組みを記述する、宇野の文体‐修辞とも相同している。言い換えれば、「私」《じこ》を社会として理解することの自意識――「社会化した」外部なき「私」という「宿命」的顚倒[24]――は、労働力商品化の無理という出口‐切点（出来事）を仮初めに塞ぎ、間歇的に開く、恐慌論的〈外〉を配備したうえで『資本論』冒頭に措かれた、端緒《けつろん》としてのみずからを結論《たんしょ》から〈予定‐前提〉的に循環させる、資本主義的冒頭商品（出来事の隠蔽）と相同の論理的効果を有している。[25] とすれば、次の小林の含意は過たれえない。

脳細胞から意識を引き出す唯物論も、精神から存在を引き出す観念論も等しく否定したマルクスの唯物史観に於ける「物」とは、飄々たる精神ではない事は勿論だが、又固定した物質でもない。

＊19　前掲『ヤサグレたちの街頭』。
＊20　前掲「序（歴史について）」一五頁。
＊21　小林秀雄「Xへの手紙」『新訂　小林秀雄全集』第二巻、新潮社、一九七八年、九六頁。
＊22　前掲「小林秀雄の方法」二四九頁。
＊23　吉本隆明「小林秀雄」『悲劇の解読』筑摩書房、一九七九年、三六頁。
＊24　前掲「私小説論」一二二頁。
＊25　長原前掲書。

〔…〕現代を支配するものはマルクス唯物史観に於ける「物」ではない、彼が明瞭に指定した商品といふ物である。[*26]

こうして、小林の「社会化した私」という正しい顛倒（あるいは現実）に「商品として社会化した『物』」を発見した樺山紘一は、凡庸なまでに正しい。[*27]そこには、資本における自己言及の文体と相同のそれによって自己なるものを語る、小林の文体が端的に露出している。後にも触れるように、バルザックとマルクスが「この世があるが儘だと観ずる時、あるが儘」とは「人間存在の根本的理解の形式」であるとされるとき、存在を理解‐叙述するためのこの形式もまた小林の文体にほかならない。小林はこの形式を「意匠」あるいは「イデオロギイ」と見なし、そこに「人に商品は世を支配するといふ平凡な事実を忘れさせる力」を宿命《しゅくめい》として発見した。[*28]こうしてイデオロギーは、小林にあっても、振り返ることを強いる、呼び掛ける支配的思想としての宿命であり、その意味でこの宿命は物質性に裏打ちされているのである。

だが「あるが儘」の、あるいは有るが儘の、理解‐叙述形式を語るこの小林は、樺山が小林の「社会化した私」の根拠として発見した「物から商品へ商品から資本へという論理的展開へのアナロジー」を最後までグルッと反復的に循環《けいかん》したわけではない。[*29]小林が、マルクスの商品分析はその「社会的機能」の解明であり、またこの函数的関係それ自体の物象的顕現が「存在」であると述べ、さらに「社会の生産関係の実体化である事が明らかにされた時、はじめて実体」へ生成変化すると述べるとき、この社会的函数を事前的に構制すると事後的に錯視される結節項の有り様に着目した廣松渉のいわゆる〈関係の一次性〉に、それは一致する。廣松はそれを「仮現相——quid pro quo＝錯認」と命名したが、[30] 小林の歴史叙述論の改釈にむけて、この〈quid pro quo〉が単なる〈取り違え〉だけでなく〈竹篦《しっぺ》返し〉という語義も同時にもっていることを、景気循環における恐慌の準位（破壊‐跳躍）に比定しながら、仄めかしておこう。そうした〈関係の一次性〉について小林は、マルクスの商品は「遙かに精神化されてゐる」とさえ言いなし、[31] 物質としての商品の精神《ぶっしん》性といったこの顚倒を「真の逆説」としての「弁証法」と捉えた。[32] またそうすることで、「逆説そのものの現実性」[33] としてのみ顕現する「全自然」が、[34] 資本主義的な冒頭商品から始まり「商品の物神的性格とその秘密」に終わる『資本論』第一巻第一章に解明されている、と断言する。[35] だがとすれば、「商品といふ物の実体概念を機

＊26 小林秀雄「様々なる意匠」、前掲『新訂　小林秀雄全集』第一巻、二四〜二五頁。
＊27 樺山紘一「小林秀雄」『現代思想』一九七九年三月号、七四頁。
＊28 前掲「様々なる意匠」二六頁。
＊29 前掲「小林秀雄」七四頁。
＊30 廣松渉編『資本論を——物象化論を視軸にして——読む』岩波書店、一九八六年、四五頁以下。
＊31 小林秀雄「文芸批評の科学性に関する論争」、前掲『新訂　小林秀雄全集』第一巻、一三〇頁。
＊32 小林秀雄「逆説といふものについて」、同前、二一三〜二一四頁。
＊33 小林秀雄「芥川龍之介の美神と宿命」、前掲『新訂　小林秀雄全集』第二巻、三六頁。
＊34 小林秀雄「アシルと亀の子　Ⅱ」、前掲『新訂　小林秀雄全集』第一巻、四八頁および同「アシルと亀の子　Ⅳ」、同前、五八頁。
＊35 前掲「文芸批評の科学性に関する論争」一三〇頁。

能概念に還元する事に依つて、社会の運動の上に浮遊する商品の裸形」を探るこの小林にとっては、あまりに凡庸とはいえ、「商品の裸形」とはマルクスのいわゆる社会的諸関係にほかならず、[*36] ルカーチ的である否かは別としても、[*37] それはしたがって階級関係において捉えられるほかない。だがこの小林は、依然としてさきの「アナロジー」の途上に留まり、「逆説そのものの現実性」の完成態に関わって、いまだ完結しているわけではない。

というのも小林は、後に見るように、この「商品の裸形」をさらに「言葉の裸形」へ転位させ、社会的諸関係そして「歴史」として顕現する「全自然」について記述しようとするからである。[*38] しかし、マルクスのみならずパスカルにも親しんでいた小林にすれば、この「全自然」は共軛可能性を歴史制度的に担保‐制約するマルクスの〈第二の自然〉あるいは〈人間化された自然〉やパスカルの〈第二の本性〉としての習慣《ヘクシス》といった「人間社会の暗黙の合意」と相同であり、それゆえ小林は覆い尽くす「全自然」を叙述するための「言葉といふ技術」すなわち記述論の「伝習」に執着したのである。[*39] けれども同時に、物象化論的円環に措かれるこの叙述する欲望は、観測行為と観測対象との相互流動といったいわば量子論的世界を与件とする欲望であり、したがって観測対象の叙述「技術」は観測行為と観測対象が形成する「不安定な場所」（あるいは僥倖 *alea*）に拘束される宿命‐内部観測にある。[*40] そしてこの問題をマルクスは、結論《たんしょ》としての『資本論』第三巻第四八章「三位一体の範式」から遡及的に端緒《けつろん》とされた『資本論』第一巻第一章における資本主義的な冒頭商品から、みずからなるものをそれ自体として商品化する資本へ、という物神性の円環的完成において、すなわちさきの「アナロジー」の後半（あるいは諸階級）の叙述経験において、展開したのである。

とはいえ「どこまでも完成したかたち〔…〕から溯及」することに執着する小林は[*41]、幸いにも、この円環の完結的自閉の意味を『資本論』ではなく『哲学の貧困』から正しく読み採ることに成功している。当該期の唯物史観《ダイアマット》だけでなく六〇年代中期に到来するであろう『経哲草稿』的疎外論の陥穽を回避しえた小林の同時代的優越性がここに輝いている。商品（＝言語）の裸形が物象化の相貌において「働いてゐる現実」を語る小林の自意識もまた、こうした資本の円環《じゅんかん》構造と相同する[*42]。だからこそ小林は、次のように断言したのである。

マルクスは〔…〕イデオロギイについて深く思索してゐた。この痛烈な現実主義者は、凡そ思想といふ思想を否定し去る処まで行つてゐた〔…〕。思想の表現とは、彼にとつては、社会の経済関係の分析そのものであり、政治的実践そのものに他ならなかつた[*43]。

＊36 前掲「アシルと亀の子 Ⅳ」六〇頁。
＊37 前掲『近代日本の批評』昭和篇［上］、三三頁。
＊38 前掲「アシルと亀の子 Ⅳ」六〇頁。
＊39 前掲「アシルと亀の子 Ⅱ」四五頁および「アシルと亀の子 Ⅳ」五九〜六〇頁。
＊40 前掲「序（歴史について）」一五頁。前掲『増補版 小林秀雄とベルグソン』四八〜四九頁参照。
＊41 清水前掲「小林秀雄論」二四六頁。
＊42 前掲「逆説といふものについて」二一三頁。
＊43 小林秀雄「イデオロギイの問題」、前掲『新訂 小林秀雄全集』第七巻、九五頁。

ここで論拠とされた『哲学の貧困』は、プルードン批判に事寄せた、古典派政治経済学における〈価値構成説〉――資本家＝利潤－利子、土地所有者＝地代、労働者＝賃銀といった、一切を〈所有－収入〉観念すなわち（収入－還り来るもの－亡霊《せいしん》revenu/revenant）に還元する、経済諸範疇の現実様式がもたらす顚倒的諒解――批判だが、それは、いわゆる『経済学批判要綱』をかいして現行版『資本論』の「三位一体の範式」と「諸階級」を準備するだろう。そして、労働力商品化の無理を通したこの三位一体の範式の地平を欠いては、マルクスが「痛烈な現実主義者」と見なされた含意、さらにはマルクスが「凡そ思想といふ思想を否定し去る処」に到達したと理解する小林へ到達しえないだけでなく、宿命－円環からの跳躍－恐慌の潜勢力の所在も理解できない。すなわち、ここでのマルクスにおける思想の否定とは、マルクスが、物象化の相貌にある現実に実質的に包摂されるがままの「己れ」に凭れ（凭れている意識を意識することで存在化し）、商品世界における唯一の主体を僭称する資本という「己れ」と一体となって、分析的な記述の展開を試みるという限りで、思想の拒否あるい〈外〉の思想でありながらも、それがゆえにこそ、資本であれマルクスであれ、この「己れ」が即自－対自的に政治的実践へと物質的に生成変化（跳躍）する思想であり続けているという意味で、いわば思想なのである。

エンゲルスは、フォイエルバッハに関する第一一テーゼ「哲学者たちは世界をただ様々に解釈してきただけだ――肝腎なのはそれを変えることだ」というマルクスの原文を二文に分かつセミ・コロンを忠実に諒解し、〈しかし *aber*〉を事後的に挿入したが、この改訂はエンゲルスが解釈と変革を対立的に把握したことを示している。そして小林はこのエンゲルスをマルクス的に超え出ている。それは分析と実践との弁証法的統一といった代物などではおよそない。ここでは後期マルクスの政治経済学批判を踏まえたマルクス的解釈の物質性《プラクシス》が、分析にとっては曖昧な叙述の形式＝技術を用いて、捉えられている。だからこそ小林は、マルクスという身体が理論と実践との「統一を生きた」と断言できるのである。[*44] そしてこの断言は「時代意識は自意識より大き過ぎもしなければ小さすぎもしない」という外部なき覆い尽くす円環の「悟達」――ラディカルな内在的唯物論――以外には何らの根拠も必要としてはいない。[*45] またこの身体だけが、「普遍的な理論の空論たるを避け」るために「清潔な論理的記号の運動の正しさを、たゞ現実の経済機構の生ま生ましさを辿ることによつてのみ実証」する、と小林は「確信」したのである。とすれば、この「確信」あるいは「実証」は、真の意味での物質的反証（逆説）と言うほかない。[*46]

小林はこの存在の理解（＝叙述）形式を「宿命」と理解し、自己なるものを覆い尽くした社会の内在的批評を社会と同体化した自己の内在的批評として実践《かいしゃく》した。そしてこれが小林の「宿命の人間学」、宿命のアントロポロギーなのである。[*47] この人間学は、三木清のそれとはまったく異なり、物質《しゅくめい》についての学《じっせん》である。だが、さきに触れ後にも詳述するように、ここには小林の宿命論を支える「言

＊44　前掲「マルクスの悟達」一〇六頁。
＊45　前掲「様々なる意匠」一七頁。
＊46　前掲「マルクスの悟達」一〇八頁。
＊47　前掲「様々なる意匠」一八頁。

葉の裸形」と記述を支える「技術」が必要とされている。しかしこの宿命は、物自体《カント》を商品《マルクス》に翻訳し、言語《せいしん》もまた商品《ぶっしつ》と考える小林にとっては、すでに説かれてしまっているはずだ。以下でぼくは、小林の宿命論において宿命《きょうせい》的に想起‐憶想‐発案される〈quid pro quo〉あるいは交換の危機と循環的な自己破壊による創造（差異）の反復（恐慌）を小林に見出し、そこに円環からの跳躍の機制《ぶんたい》、「母親の掛替へのない悲しみに釣合」うとは言わないまでも、[48]還り来る出来事の想起‐憶想の意味をその歴史叙述論に検索するだろう。そこには間歇的に〈quid pro quo——取り違えられ／竹篦返し〉する仮初めに内部化された外部（出来事）が、物に憑かれた亡霊《せいしん》の無理《ちょうやく》として、間歇的に召喚（外部化）されるだろう。永遠に循環するかのごとく経済過程——「制作過程」[49]——を語った宇野の悟達と同様、[50]「人の情熱が微分方程式で言ひ現せる様な日が来ても、今度はその方程式の方がその日の生きた曖昧な言葉に化ける」といった仮現相の反復的持続《きおく》あるいは同一の永遠回帰であるかのような現実の内部に、微細な差異それ自体の創造である「螺旋的〔…〕上昇」を開始する円環の切点を欲望《そうき》するこの小林を、[51]歴史叙述論における小林として痕づけねばならない。

円環と宿命

マルクスはイデオロギイといふものを、虚偽的なものなどと絶対に考へはしなかつた。彼はたゞブルジョア・イデオロギイといふものが虚偽的であると言つただけだ。[52]

社会のあるがまゝの錯乱と矛盾とをそのまゝ受納する事に堪へる個性〔…〕彼

の眼と現実との間には、何等理論的媒介物はない。彼の個人的実践の場は社会より広くもなければ狭くもない。[*53]

宿命——直接性

この小林は、アルチュセールと同様、いわゆるイデオロギーの永続する遍在性を現実《しゅくめい》として確認するだけでなく、そうしたイデオロギーが階級によって分節《じっせん》されることを知っている。またこの「理論的媒介物」の非在は、この階級性が批評（解釈＝変革）の物質性－直接性（存在論）、あるいは思想によってのみ表現《そうき》されうることを意味している。戸坂や寺田透が小林に感じとった退屈や倦怠は、この直達する思想に起因している。[*54] だがそれは「働いてゐる現実」への冷徹な内部観測を実践する小林が、つまり小林が、物質的だからにすぎない。これは、引用の要がないほど人口に膾炙した、「人は様々

＊48 前掲「序（歴史について）」一五頁。
＊49 前掲「アシルと亀の子　Ⅱ」四八頁。
＊50 宇野弘蔵『経済政策論』（経済学全集Ⅸ）弘文堂、一九五四年、二七頁。
＊51 前掲「芥川龍之介の美神と宿命」三七頁。
＊52 前掲「イデオロギイの問題」九三～九四頁。
＊53 前掲「Xへの手紙」九六頁。
＊54 戸坂潤「文芸評論家の意識」『戸坂潤全集』第四巻、勁草書房、一九六六年、一〇六頁および寺田透「『小林秀雄の功罪』」『小林秀雄を〈読む〉』現代企画室、一九八一年、六七頁。

な可能性を抱いてこの世に生れて来る。〔…〕然し彼は彼以外のものにはなれなかつた。これは驚く可き事実である」以下に示された宿命論の根幹にある、[*55]皮肉にも外部がつねに外部であり続けることによってのみ成立する反疎外論がもたらす安堵《ぼうりょく》を宿命的に「強ひ」られながらも、[*56]そうした外部を拒む、内部観測にほかならない。

慥かにこの宿命という修辞それ自体がもつ「意味合いの変化」に小林の「両義性」を見出すことも可能だろう。とはいえ、三五年前後の切断を強調するあまり、二九年の小林を遡及的に「浪花節」と茶化すことには嫉妬に塗れた悪意しか感じられない。[*57]むしろそこに宿命の悟達からの跳躍を欲望する小林における思考の両義性が発見されるべきなのだ。例えば小林は、こうした分析と現実との一致がもたらす「解析の眩暈」――ドゥルーズのいわゆる内的差異[*58]――に宿命の「主調低音」を〈自己〉聴解《ごたっ》するまさに「この時」に「批評の可能性」を発見したが、とすれば、もはや小林が「世の所謂宿命」の悟達に滞留しているとはおよそ言えない。[*59]すでに小林は「社会化した私」の自意識の純粋‐徹底化においてドゥルーズのいわゆる「ひび割れた《私》le Je fêlé」を感じているのである。[*60]そしてこの背後には、小林が発見したマルクスとレーニンの「確信」、あるいは後に見る、内部化された歴史叙述において円環からの跳躍を物質的に強いられる宿命が潜勢している。こうして、小林にとっての宿命とは、沈黙と跳躍の双方を同時にはらんだ、〈強いられていること〉あるいは〈呼び掛けられること〉それ自体にほかならない。

小林はレーニン『唯物論と経験批判論』を参照したうえで、そこに語られた冷徹なこの現実を「限りなく平凡」であるがゆえに「限りなく難解」であり、そうした現実となる「虚偽」なるものへの

「堂々たる」凭れかかりの悟達において、解釈‐実践の「確信」すなわち思想を救いだそうとするが、[*61] この「確信」は、社会的関係としての言語（交換可能性）への信任の循環的危機《クリティーク》——主体に自己の創造的破壊を強いる恐慌《クライシス》——を現働する円環の「切点」あるいは想起‐憶想された出来事にほかならない。ここでは、円環《しゅくめい》的現実からの物質《しんたい》的跳躍が、あるいは「入口」なき無意識（生）という円《まんまる》の「切点といふ出口で触れてゐる」「死線」が、[*62] また少なくとも「地球の外に追はれる事」はないと「根性」を定めた「或る情熱」による「或る情熱」の「追放」が、批評《クライシス》が画すべき地平（思想）として、語られている。[*63] こうして小林における批評とは、宿命の悟達から新たな生への物質《しゅくめい》的に「強ひ」られた、だが生から遡及的に「或る一点」へ向けられてもいる、[*64] 跳躍である。[*65]

＊55　前掲「様々なる意匠」一四頁。
＊56　前掲「序（歴史について）」一二頁。
＊57　前掲『近代日本の批評』昭和篇［上］、九一頁。
＊58　例えば Gilles Deleuze, « La conception de la différence chez Bergson », *Les Etudes Bergsoniennes*, Vol. IV, 1956 参照。
＊59　前掲「様々なる意匠」一四頁。
＊60　ジル・ドゥルーズ『差異と反復』上、財津理訳、河出文庫、二四八～二四九頁。
＊61　前掲「マルクスの悟達」一〇四頁。
＊62　前掲「『白痴』について　Ⅱ」二八三頁。
＊63　前掲「様々なる意匠」一五頁。
＊64　前掲「『白痴』について　Ⅱ」二八二～二八三頁。

だがそうした跳躍も、依然として、宿命としての言語（物質）によって考えられ、同じことだが、記述されるほかない。だからこそ、そこに単なる言語ではなくその形式が技術とともに語られる（歴史叙述論の）必要性が出現することになる。

言語――創造技術の形式

言語を宿命と理解する小林にとっては、言語の「起源を云々する」のは「愚劣」であった。というのも、起源《かこ》とは抜き差しならなく「働いてゐる現実」としての現在――「この時」にほかならなかったからであり、またこの抜き差しならなさの悟達は、「人間を語る」とは「言葉を生産する工場」で日々働く「文化人を語る事」とあえて確認されたように、循環的に回帰する冒頭言語として、つねにすでに受納されているからである。だからこそこの受納は「精神が永遠に言葉の桎梏《しょうひん》の下にある」といった「不死の死となつた不幸」とともにあるほかないとされたのである。[*66] したがって、この安堵をもたらす不幸の精神（宿命）は、次のようにも描かれる。

〔…〕人々は、その各自の内面論理を捨てて、言葉本来のすばらしい社会的実践性の海に投身して了つた。人々はこの報酬として生き生きした社会関係を獲得したが、又、罰として、言葉はさまざまなる意匠として、彼等の法則をもつて、彼等の魔術をもつて人々を支配するに至つた[*67]〔…〕。

こうして小林の宿命論としての言語論はイデオロギー論でもあったが、とすれば、これは、言語《イデオロギー》について語られた「世の所謂」宿命という意味合いでしばしば批難される、小林の断念なのだろうか？　小林は「この時」を喪失したのだろうか？　この問いにたいして小林は、「単なる商品が意味をもたぬ様に単なる言葉は意味をもたぬ。人がこれらに交渉する処に意味を生ずる」と、ただちに応えている。[*68] そしてこの「交渉」という関係性とその「技術」――この「交渉」という実践が小林にとっての到来すべき歴史~~主体~~であり、吉本はそれを生活者と読み替えるだろう――が、円環からの跳躍を準備するのである。

　こうした点について小林は、ドゥルーズのヒューム理解を想起させる筆致で、「言葉」と「概念」の「中間を彷徨する事」が人間《わたし》が社会化することの「必須の条件」であるとし、「言葉の実践的公共性」に「論理の公共性」を「附加する事によつて子供は大人」に、すなわち私《こども》は社会化した私《おとな》に生成変化するとラカン的に述べ、さらにこの言語の「二重の公共性を拒絶する事が詩人の実践の前提」であると断言する。[*69] この事物が生き始めるドゥルーズの中間を想起させる小林の「中間」が、真の意味での〈外〉の思想（跳躍の「出口」あるいは切点）を創造‐差異化する。例えば小林は、「言葉の嘘」

＊65　前掲「序（歴史について）」一二頁。
＊66　前掲「アシルと亀の子　Ⅳ」五九～六〇頁。
＊67　前掲「様々なる意匠」二〇頁。
＊68　前掲「アシルと亀の子　Ⅱ」四八頁。
＊69　前掲「様々なる意匠」二〇～二一頁。

にたいして同様の「厭嫌と忿満」に衝かれたポーとセルヴァンテスの対比をダシに、

〔…〕ポオは、言葉からその社会性、通貨性を洗ひ落し、言葉の実体化、純粋化に近附き得るといふ信念の下に、言葉の嘘から逃れようとした処を、セルヴァンテスは、詩的言語の自律性を信用せず、社会とともにある言葉の嘘をあるがまゝの嘘として高所より受け容れ、この嘘を逆用する道を選んだ

と述べている。[*70] この小林は、純粋な実体でもなければ高所（ラプラスの魔）からの外部観測《しはい》でもない「中間」において、言語の二重の公共性《しゃかい》を同時《いっきょ》に拒絶すること、あるいは言語交換の社会性の解体を言語と概念の「中間」に／と捉え、円環へ再回収される宿命をあらかじめ受納したうえでそこに思想の〈外〉を見出し、「あるがまゝ」の詩的言語の創造による跳躍の切点（出来事）を待望する小林でもある。

こうして小林は、円環の内部に亡霊のように憑き纏い、円環を支える外部（無理）が間歇的に曝露する交換の危機を、詩人（の経験－中間）に仮託された危機創出（批評）の「この時」として、恐慌論的に語った。だからこそ小林は、芸術家の「目的意識」を「創造の理論」と考える。それは「中間」における〈概念の創造〉にほかならない。だがこの「創造」は、例えばシュンペーターの「新結合」や「刷新」とは異なり、決して外部から到来しない。そうした出来事の機制は内部に想起－憶想されるほかない。それは、いわば特別剰余価値として（いずれにせよ）固定されない剰余価値であり、したがってこの創造の理論は、微細な差異を産出するにせよ、ただちに反復的循環に回収を予定される

「宿命の理論以外の何物でもない」とされるのである。そこでは「ラプラスの鬼」が拒絶されている。この睥睨する「ラプラスの鬼」あるいは（廣松的）学知もまた、つねにすでに、そして恐らくは永遠に、宿命＝言語の許にあるあるいは再回収されるほかないからである。

こうして、小林が借用した『哲学の貧困』で引かれたルクレティウス『万象の本質について』にある「不死の死 mors immortalis」とは、不断に運動に「あるがまゝ」の「全自然」の「不断」の「抽象《かへい》」による均衡的循環‐安堵をもともなう不幸とそれを「人間社会の暗黙の合意」として支える言語を、「認識する主観も、認識される客観も対立して存在するものとして現れはしない」といった内部観測の存在論的世界を宿命として受納したうえで、しかしにもかかわらず、あるいはであるがゆえに、創造（革新）者は「かなぐり捨て」ることが「言葉の裸形」に到達する道だとされた。[*71] だがこの小林は、この「中間」が「力の場」における「制作過程」にあって形式の問題を構成するという視点をただちに付け加えるだろう。それは〈意味の非論理〉学を語るために〈意味の論理学〉を語るほかない言語の宿命《ちょうやく》にほかならない。

この点について小林は、例えば〈素材＋形式→内容〉の無限発展という中河與一の「形式の動的発展性図式」をダシに、この図式が図式として成立するには、「厳然と存在する一運動」にほかならない「素材に形式を与へるといふ作家の活動」を図式から排除しえないと述べ、そこでの死活が単なる

＊70　小林秀雄「文学は絵空ごとか」、前掲『新訂　小林秀雄全集』第一巻、七七頁。
＊71　前掲「アシルと亀の子　Ⅳ」五八〜六〇頁。

主体の外部注入ではなく「連結する＋或は↓」という実践それ自体でなければならないとしたが、とすれば、そうした〈＋〉や〈↓〉すなわち「附加」や跳躍といった「中間」における「運動」あるいは~~主体~~を「無意識〔…〕飛躍」とする小林の含意は、もはや明らかであろう。[72] すなわち、「万象」あるいは「全自然」の「本質」は「運動」にあり、またそうした運動に内部観測的に関与するほかない「制作過程」が、覆い尽くす現実としての暗黙の合意（言語）――物質としてのイデオロギーから、まさに当の言語だけを用いて（あるいは組み合わせて）、言い換えれば宿命から宿命を通じて、離脱－跳躍することによって形成される「力の場」が、言葉《かへい》の裸形への「洞見」を可能にするのである。またこの徹底的な受納によって（のみ）受納それ自体を綻ばせるいわば脱構築する実践が、宿命的現実と「交渉」するための新たな形式を規定する技術とされる。後に見るように、それは歴史叙述の技術あるいは出来事を直覚する技術――「速度の速い知性」[73]による「上手に思ひ出す」方法[74]――に関わってゆくだろう。だがそうした問題へ移行する前に、どうしても小林における跳躍のイマージュへ寄り道しておきたい。それは美しい芥川龍之介論における小林に関わっている。

円環と跳躍――切点－出来事

だが現実は必ず逃げる。[75]

芥川論で小林は、芸術家は「逆説的測鉛〔…〕を曳いて流続する現実」を「解析」し「固形化」し「凝結」させるといった「不断の引き算」を試みるが、それが「豊富」「精妙」になればなるほど「必ず余剰」が残り、この「最後の算術的差を如何にして始末」するかが、芸術家の「窮極の問題」となるとした。また続けて「何物も減ずる事が不可能となつた時、彼等は何物かを附加する」ことで「算術的差をそのまゝ一つの逆説と変ずる」とも述べた。[*76] こうした分割の反復とその過程で不断に滞留する（凭れる！）「算術的差」——整序を支える抵抗‐残余（残遺《レスターンス》）——、「逆説そのものの現実性」に、最後に一挙に、「附加」すなわち差異化することができる「直覚する鋭敏な知性[*77]」あるいは「速度の速い知性」といった実践の新たな主体はドゥルーズを想起させないわけにはゆかない。

このドゥルーズ的小林は、したがって、一方で宿命的現実におけるこの「算術的差」としての逆説的測鉛が「常に循環論を描く」としながらも、他方でただちに一挙に、「いや、若し作家の理智が現実を縫ふ逆説的曲線以外のものでないとすればそこに完全な循環論はない筈だ。彼は螺旋的に上昇する筈だ」という期待へと美しく反転する。この螺旋的上昇は、しかし、「人間は同じ円周をどの位廻らねばならないか」という「さゝやか」で「非生産的な、或は愚劣以外の何物とも見えない忍耐」を

＊72　小林秀雄「アシルと亀の子　I」、前掲『新訂　小林秀雄全集』第一巻、三二一〜三二二頁および前掲「アシルと亀の子　II」四八頁。
＊73　小林秀雄「アシルと亀の子　III」、同前、五五頁。
＊74　小林秀雄「無情といふ事」『新訂　小林秀雄全集』第八巻、新潮社、一九七八年、一九頁。
＊75　前掲「芥川龍之介の美神と宿命」三六頁。
＊76　同前。
＊77　前掲「逆説といふものについて」二一三頁。

強いる宿命的円環に「食ひ違ひ」あるいは微細な差異を発見し、そこに跳躍の切点《せっせん》としての出来事を想起‐憶想（‐発案）することをふたたび強いられている、宿命にある人びとについての記述である。[*78]さきにぼくはドゥルーズ的な内的差異を生み出す分析と現実との一致とそれがもたらす「解析の眩暈」に触れ、ぼくもフーコーの微粒子（微細な差異）あるいは「汚名に塗れた人びと」について論じたことがあるが、[*79]それを小林は「理論の一種の眩暈」とも言い換えて、さらに次のような決定的に美しい一文を残している。

〔…〕人は、最も精密な理論を辿りあぐんで、緊張した理論の裡にゐる時、理論そのものが欲情をもつて、君の知らない歌を歌つてくれる様に思つた事はなかつたか。対象が限りなく解析されて行く時、理論の糸も遂に切れねばならぬ〔…〕そんな時、この力が君の知らない理論の影像を、突然見せてくれる様に思つた事がなかつたか。[*80]

この「眩暈」は、あえて「母親の掛替へのない悲しみ」と言い換えられてよい、出来事の想起‐憶想が強いられる瞬間である。それは、円環的理論の反復がそれ自体として微細な差異を一挙に生み出すあるいは「附加」する、円環からの「無意識〔…〕飛躍」の機制――差異と反復――である。ただひたすらに「速度の速い知性」によってのみ生み出され思考＝叙述しうるこの差異＝跳躍に小林は、理論としてのアシルが現実という「亀の子との位置に関して」知ることができるのは、その「微分係数」だけであるという表現を与えた。[*81]この微分係数は宿命的円環からの跳躍角度（dx/dy）を暗示している。

この跳躍を小林は、エンゲルス『自然弁証法』におけるネーゲリ批判、「〔…〕無限なものは認識可能であり、また同様に認識不可能である、そしてそれが必要なすべてである」にある「無限なものの認識」を「文芸の科学」に「置き代へ」たうえで、「可能であると同時に不可能である」とは「理論上の表現」だが、そうした理論の「眩暈」に一挙に現れる「それが必要なすべてである」とは「実践的表現」であると割り振ってみせ[*82]、ぼくを励ましてくれる。ここでも小林は「中間」を語っている。この「中間」で差異あるいは跳躍を実現する機制をレーニンあるいはマルクス、そしてここではエンゲルスに見出し、それを「確信」としての「実践的表現」と呼んでいる。また小林はそれを、ウィリアム・モリスのジョン・ボールを彷彿とさせる表現[*83]、現実を「受け入れる謙譲」にもとづいた昼見る「夢」とさえ呼ぶだろう[*84]。なぜなら小林は「人間は現実を創る事は出来ない、唯見るだけだ、夜夢を

＊78　前掲「芥川龍之介の美神と宿命」三七頁。
＊79　長原豊「微粒子、あるいは〈*Qualunque-Quelconque*〉」『現代思想』一九九八年一〇月号。また前掲『ヤサグレたちの街頭』も参照。
＊80　前掲「アシルと亀の子　Ⅲ」五三頁。
＊81　同前五五頁および前掲「文学は絵空ごとか」七一頁。
＊82　前掲「様々なる意匠」一四頁、同「アシルと亀の子　Ⅲ」五三頁、「文芸批評の科学性に関する論争」一二五～一二七頁。
＊83　E. P. Thompson, *William Morris: Romantic to Revolutionary*, New York: Pantheon Books, 1956 参照。
＊84　前掲「様々なる意匠」一二頁。

見る様に。人間は生命を創る事は出来ない、唯見るだけだ、錯覚をもつて」と言い切るからである。[*85]

こうして、すでに規定された円環（過去）といまだ規定されざる円環（未来）とをそれらの「中間」において結節する宿命的現実（現在－「この時」）で知ることができるのは微分係数（傾向性）だけであると得心する小林、ベルクソンの円錐表面を微細な差異を産出しながら切りかつ接する切（接）線の微分係数とでも言うべき斜行《クリナーメン》――出来事との邂逅！――を仮構する小林が、「歴史」を語ることになる。

歴史叙述――残遺そして想起－憶想と出来事と

過去への虎の跳躍。（ベンヤミン）

時間の発明者たる僕等の時間に関する智恵がある。[*86]

三〇年前後の小林は「批評とは竟に己れの夢を懐疑的に語る事ではないのか！」と傾いてみせ、[*87]「批評するとは自己を語る事である、他人の作品をダシに使つて自己を語る事」であるとも嘯《うそぶ》いたが、[*88]「序（歴史について）」では「素材によつて自分を語らうとは思はない」と対照的な立場を表明している。[*89]これは批評のスタンスの変更だろうか？

そうは思われない。むしろこれは、小林のマルクス理解の延長線上において必然となった歴史叙述の方法とそこでの歴史主体を出来事との邂逅《つりあい》＝想起において仮構しようとする、彼の戦略あるいは

「交渉」に関わっている。この戦略的交渉は「歴史を観察する条件は、又これを創り出す条件に他ならぬといふ様な不安定な場所で、僕等は歴史といふ言葉を発明」したといった内部観測とそれにもとづく宿命からの跳躍を仮構する立場の徹底を表示している。そして歴史を語る小林は、この「歴史といふ言葉」の「発明」に尽きている。[*90]

小林は、〈歴史は繰り返さない〉という彼の命題への「歴史は繰返さぬ、併し発展はする」という「思ひ付き」的批判にたいして、それは「将来の予想の為に〔…〕あらゆる歴史事実を、合理的な歴史の発展図式の諸項目」とする目的論的なヘーゲル的歴史諒解であり「迷妄」であると切り返し、[*91]こうした「過去から未来に向つて飴の様に延びた時間といふ蒼ざめた思想」から逃れる唯一有効な方法が「上手に思ひ出す事」であると、マルク・ブロックと相同的なその「歴史」論――精確には、固有な時間論にもとづく出来事の理解《そうき》――を対置した。こうした「歴史」論がベルクソンから得られていることはよく知られて、またこれには吉本の批判をはじめ、多くの批判がなされてきた。だがこれまで

*85 前掲「芥川龍之介の美神と宿命」三七頁。
*86 前掲「序（歴史について）」一八頁。
*87 前掲「様々なる意匠」一三頁。
*88 前掲「アシルと亀の子 Ⅱ」四六頁。
*89 前掲「序（歴史について）」二一頁。
*90 同前、一二～一四頁。
*91 小林秀雄「歴史と文学」、前掲『新訂 小林秀雄全集』第七巻、二〇九頁。

の議論に関わるぼくの限定的関心は、ベルクソンを深刻に学んだ小林が「記憶するだけではいけない〔…〕思ひ出さなくてはいけない」と述べ、[*92] 相互に密接に連関する記憶 mémoir と想起-内面化-憶想 souvenir の関係において、ある意味での混乱を示しながらも、ベンヤミンにおける過去への跳躍あるいはカントにおける強いられた自由に通底する想起の能動性をことさらに重視したことの意味を、小林にとっての「歴史」の所在として、訊ねることにある。そして、この問題は依然として円環の接（切）点の仮構とその歴史的意味（の記述）に滞留している。

この問いへの応答で端的なものは、さきに示した「歴史といふ言葉」の「発明」に共鳴する、「歴史が僕等の外部に在るといふ事が言へるだらうか」という小林の〈問い〉にほかならない。小林は飽くまでベルクソン的である。この問いはあらかじめ解答である。すなわち小林の「歴史」とは、「人間が作り出さなければ」存在しないという意味で内面化 Erinnerung され憶想された「歴史」にほかならない。もちろんこの内部は「謎のなかにゐる者にとつて謎はない〔…〕人間の世界」と表現された円環する宿命的現実でもある。したがってこの小林は、依然として、思い通りには歴史を作れないと述べた『ルイ・ボナパルトのブリュメール一八日』冒頭のマルクスとともにある。だがそれは、「本質的に現在である」ベルクソン的円錐の尖端で想起-憶想する能力によって「二度と返らぬ過去を、現在のうちに呼び覚ま」しながらも、しかしこの想起-憶想されたものが「現在ではない事も亦よく知つてゐる」といった「矛盾に充ちた仕事」を一挙に経験する社会化した私に内部化された「歴史」なのである。だがふたたび同時に小林は、円環する宿命的現実といった「内的には飽くまで確実な世界」から「さまよひ出る」あるいは過去《みらい》への跳躍を強いる「制作過程」をも、この内部に立ち会わせ

るのである。[＊93]

とすればこの「歴史」も、これまで見てきた〈宿命 - 跳躍〉と同様の緊張に措かれている。その意味で、小林にとって「わたしたちがいま不可避に生きているときだけ歴史は必然として体験」されるといった吉本の批判は無用である。[＊94] むしろそうした宿命としての必然を受納したうえで、みずから創り出してしまった「歴史」が、翻って、「僕等に何を強ひるのか」と訊ねる小林の意図こそが、論じられねばならない当のものなのである。だがこの問題は、ふたたび、小林にとっての「歴史」の内部化が何を意味しているのかに関わっている。内部において「何か」を「強ひる」機制を「歴史」に見出しているこの小林は、「歴史は神話」であるという命題にただちに続けて、しかしこの神話は「史料の物質性によつて多かれ少なかれ限定を受けざるを得ない神話」であると付け加え、またさらに強く、「史料のない処に歴史を認め得ない」と断言した。小林は、史料が「その在るが儘の姿では、悉く物質」であり、記述にたいして「抵抗」するにもかかわらず、またそうであるがゆえに、そうした「歴史」の読解＝記述が働く「力の場」は、抵抗する史料との「交渉」において成立する読解＝記述の「能力」以外には存在しえない点を強調するのである。すなわち、小林における内面化《そうき》された「歴史」とは、まさに歴史叙述という能動的実践あるいは「ラディカルな受動性」にほかならない。[＊95] 物象

＊92　以上、前掲「無情といふ事」一九頁。
＊93　以下、特記しないかぎり、前掲「序（歴史について）」一一一〜一一九頁より。
＊94　吉本前掲「小林秀雄」六五頁。

化論的マルクス理解において一貫する小林がこの「歴史」を語っているとすれば、小林にとって「歴史」なる実体は先験的に存在しえず、したがって「歴史事実」とは「客観的なものでもなければ、主観的なものでもない」のであり、小林の「歴史」とは「歴史といふ言葉に支へられた世界であつて、歴史といふ存在が、それを支へてゐるのではない」のである。それは記述されることによって「はじめて実体」へと生成変化する歴史叙述であり、それはまた記述をめぐる「力の場」にほかならない。*96

こうして「歴史」は記述においてのみ関係《こうしょう》的に「実体」化する。この記述が「上手に思ひ出す事」と呼ばれる。「強ひ」られる「何か」とは、この想起‐憶想である。またしたがって「歴史事実に関する根本の認識といふよりも寧ろ根本の技術」が重視されたのである。こうしたアルシヴィスト小林にとって歴史叙述とは、したがって、「与へられた歴史事実を見てゐる」といった外部観測ではない。それは「与へられた史料をきつかけとして、歴史事実を創」るといった状態《ヘクシス》を強いられ、円環からの内部観測といった「不安定な場所」を経験するほかない人びとが強いられた跳躍を想起‐憶想する記述にほかならない。またこうした「自然を人間化しようとする能力」とその「技術」に支えられた記述は、抵抗する史料さえも言葉として発明されていることをすでに得心している小林にとっては、もはや外部なきテクストなのである。それはマルクスの物象化論的把握にその円環構造を摑みとり、そうした円環において自意識を漏れなく描き出そうとした小林における物質性の有り様の再認である。またそうした自己そして「歴史」について小林は、「『永遠の現在』とさへ思はれて、この奇妙な場所に、僕等は未来への希望に準じて過去を蘇らす」と述べた。

だが、とすれば、そうした外部なき歴史的現実《テクスト》からの跳躍はどのように仮構されるだろう？　しかしこの〈問い〉には、まさに〈問い〉においてすでに、想起‐憶想を「強ひ」られる「何か」とは出来事であるという解答が与えられているだろう。ここに小林の卓抜な「能力」あるいは「技術」によって記述＝読解された「掛替へのない一事件が、母親の掛替へのない悲しみに釣合つてゐる」という出来事の想起‐憶想が、いや正しくは、想起‐憶想において出来する出来事《いま》が、釣り合っている。あるいは出来する想起‐憶想が出来事であるという意味で、この想起‐憶想は事（物質）化している。こうして、この「微妙な釣合ひ」は宿命（円環）と跳躍（差異）の中間において反復される、宇野のいわゆる不均衡の不断の均衡化の過程《タトヌモン》と相同である。この反復過程で出来事と邂逅することを小林は内面化された「歴史」と考えるのである。

　こうして小林は、「一回限りの全く特殊なもの」としての出来事が「既に土に化した人々を蘇生させたい」という想起‐憶想において宿命にある人びとと邂逅するとき、「自然の裡に遺した足跡」である過去が未来への「希望」を託して想起‐憶想する人びとの現在との「間に微妙な釣合ひ」を達成すると述べ、出来事を想起‐憶想という能動的な歴史叙述にとっての「この時」と捉えた。こうして「この時」は出来事との邂逅の時である。したがってこの想起‐憶想は、つねにすでに、恣意的な物語ではない。この想起‐憶想は、宿命という物質性によって、つねにすでに呼び掛けられ強いられているということそれ自体によって、つねにすでに必然的である。だからこそ小林は、後に次のように

＊95　T. C. Wall, *Radical Passivity: Levinas, Blanchot, and Agamben*, SUNY Press, 1999.

＊96　前掲「アシルと亀の子　Ⅰ」三三一頁。

書くことになる。

僕等の望む自由や偶然が、打ち砕かれる処に、そこの処だけに、僕等は歴史の必然を経験するのである。僕等が抵抗するから、歴史の必然は現れる、僕等は抵抗を決して止めない、だから歴史は必然たる事を止めない[*97]〔…〕。

これは決して「生活者の異様なひとつの思想」などではない。むしろ小林は、人びとが「現実から背かれ、あるいは背いていることを自覚するとき、偶然の連鎖のようにしかみえない歴史は、一つの必然の過程へとびうつる」ことを宿命あるいは円環から物質的に主張しているすぎない。だが小林は、人びとが「社会や国家や権力」という円環から「自立」することはできないという宿命の悟達から出発しているからこそ抵抗する、とぼくたちに教えているのである。

吉本は小林を戦争に関わる「思想的な負債」が少ない文学者とした[*98]。だがむしろ、マルクスを正しく諒解した小林は、それゆえにこそ、この〈ポスト六八年〉において、歴史叙述においてより深刻に「不安定な場所」を生み出す可能性をも危うく提示している。だがこの問題はもはや小林論ではない。ぼくの歴史叙述論が書かれねばならない。

＊97　前掲「歴史と文学」二一一頁。
＊98　前掲「小林秀雄の方法」二四四〜二四六頁。

第8章

契がもたらす疚しさに拮抗する

——吉本隆明の「切断」

思想などは、決して人間の生の意味づけを保証しやしない。[*1]

食べさせろ、善行を求めるのはそのあとだ！〔…〕食べさせろ、なぜなら、天の火を約束したものはそれを与えてくれないからです。[*2]

軌道の継ぎ目が軋む音

「一九四九年冬」という初期の詩篇が、吉本隆明にはある。[*3]
この詩篇で二五歳の吉本は、一九四八年に勃発した「여순 14연대 반란사건（麗順一四連隊反乱事件）」や「제주4・3항쟁（済州島四・三事件）」という当時の日本人にはほとんど知らされることの

なかった朝鮮半島における一連の出来事を経てあらゆる意味での「朝鮮戦争」へ結着するアジアにおける冷戦体制の始まりを綴った。吉本はそれを「とりかへしのつかない道」と呼び、さらに「荒涼と過誤」の二語をそれに差し向けた。[*4]

吉本は、だが、この「荒涼と過誤」そのものをうたわない。彼はただ、「諦めて／ぼくの解き得るちいさな謎にかへらう／一九四九年冬。」という三行を措き、その四行後に、

あいつもこいつも
賑やかな奴はみんな信じられない
どうして
思想は期望や憧憬や牧歌をもつて
また
絶望はみみつちい救済に繋がれて提出されねばならないか

という問いを立てた。

吉本が一九歳の軍国青年だったあの「一九四三年ころでさへ／誰もこたへてはくれなかつた」それぞれの時代の熱狂《ファナティシズム》が例によって晒す浅薄へのこの苛立つ問い。「戦後」という名称を与えられた敗戦「後」にそれがゆえに外与されるさまざまな「思想」なるものと「絶望」の抱きしめ難さ。またであればこそ繰り出される「期望や憧憬や牧歌」と「みみつちい救済」というひとつがいの笑劇の、だ

が、嗤えなさ。人集《ひとだか》りを求めてどこにでも蝟集する「賑やかな奴」らの口舌と山師的厚顔といういまなお倦むことなく繰り返されている茶番。また言うまでもなく、ある一つの契《ちぎり》をひとたび約した己れを契そのものの「転位」のなかで意識する己れ（自身の「転位」）を含めたすべてにたいする吉本の抑えがたい苛立ち。そして、容易に動くことがないかにみえる社会という集塊――「関係の絶対性」――に成り代わって表象するどころか、それを代位するとさえ称する奴儕《やつばら》――「観念の絶対性」――へのこの苛立ち。これらが吉本を貫いている。

だが、この吉本はまた……

遠くで。

＊1　以下、吉本隆明「マチウ書試論」からの引用は前掲『吉本隆明全著作集』第四巻に依拠し、引用頁数は省略。

＊2　ドストエフスキー『カラマーゾフの兄弟』2、亀山郁夫訳、光文社古典翻訳文庫版、二〇〇六年。以下、同書からの引用は亀山訳により、引用頁数は省略。

＊3　『詩文化』（第一七号通巻三八号、一九五〇年）に掲載された詩篇「一九四九年冬」は、他の初期作品とともに前掲『初期ノート』に収められ、『吉本隆明全著作集』第一巻、勁草書房、一九六八年に収録された。本稿では『全著作集』版を用いる。

＊4　吉本は、詩行に違和をもたらす「我々の弱い視力で見得る限りでは、次の世紀の中頃には二つの巨大国しか存在しないだらう」というフリードリッヒ・リスト晩年の一節を引いている。

常磐列車の響きがする
ぼくはぼくの時間のなかで
なんべんそれを聴いたらう
なんべんもそれを聴いてきた
軌道の継ぎ目が軋む音なのだと思ふ

と、時代という「軌道の継ぎ目が軋む音」を、その「暗さ」を愛でながら、聴解する自己を節約された言葉に刻む吉本でもあった。この吉本が、その一七年後、「なぜ書くか」という問いをみずからに強い、それに応答して彼は次のように叫んだ。

わたしは、追いたてられ、わたしの戦後の小さな希望を根こそぎにするまでその暴威をやめなかった。わたしは小さな希望の世界をすてた。わたしはこの世界と激突するよりほかに幻想の世界が住みつく場所を見つけることはできなかった。[*5]

このように叫ぶ吉本は、「もはや『戦後』ではない」という「戦後」体制からの「戦後」宣告（一九五六年）――いわゆる象徴天皇制は、戦後革命の敗北を得て、ついにここから実働し始めたのだ――と彼を時代の寵児に祭り上げた六〇年安保闘争という二つの画期の結果における交錯から一〇年を歴《へ》た一九六六年、[*6]政治的には一衣帯水とされた日韓をめぐる闘争と経済的な「転換点」を潜って、[*7]第二次高度経済成長に突入した「戦後」日本にあって、花田清輝的なもう一つの時代了解をまさに時代の威力を藉りて蹴散らすことで、すでに一廉の「表現者」へ生成している吉本だった。そのとき四二歳の彼が、「なぜ書くか」と、なおも「書く」ことをもって、訊ねている。

では、「なぜ書くか」と訊ねるこの吉本から遡ることほぼ一二年、吉本は、「なぜ」そしていかなる吉本をもって「マチウ書試論」を書いたのか？[*8]　吉本には、『復興期の精神』の初版に「転形期をいかに生きるか」という課題を跋した花田や文字通りの近代に収斂する「近代文学」的な否認[*9]とも異なる「軌道の継ぎ目」の固有の「聴き」方あるいは跨ぎ方が必要とされたからだろう。こうして、問い

＊5　吉本隆明「なぜ書くか」『われらの文学22　江藤淳・吉本隆明』講談社、一九六六年。以下、引用は、前掲『吉本隆明全著作集』第四巻より。引用頁は省略。

＊6　安保闘争への直接的参加が吉本に与えた「転向」については、吉本隆明「擬制の終焉」および「頽廃への誘い」（『擬制の終焉』現代思潮社、一九六〇年〔『吉本隆明全著作集』第一三巻、勁草書房、一九六九年〕）をみよ。

＊7　六〇年代論における日韓闘争はもっとも重大なテーマだが、経済的な「六五年」については、南亮進『日本経済の転換点——労働の過剰から不足へ』創文社、一九七〇年参照。両者を外した「六八年」論はありえない。とくに前掲書の副題に注意せよ。

＊8　すでに一九四一年に『自明の理』を文化再出発の会から出版していた花田は、前著と列ぶ傑作『復興期の精神』を我観社から一九四六年に出版し、すでにして耳目を惹く書き手だった。なお、『復興期の精神』については、池内紀「大クラヴェリナ」（『復興期の精神』講談社文芸文庫版、二〇〇八年の解題）を参照。

を設えねばならない。

設問

〈思想ごときに人間の生の意味づけを保証させてたまるか！〉とぼくには読め、またそのように読むほかない、本章の冒頭を飾った題辞の吉本は、『固有時との対話』（五二年）と『転位のための十篇』（五三年）という二つの自家版詩集を措けば、吉本にとっては実質的な処女作である「マチウ書試論」に、[*10]しかも、もともとはその主題であった「反逆の倫理」に副題として服していた「マチウ書試論」に、読むことができる。[*11]

この吉本は、米国における日本研究《ジャパノロジー》の主流を占拠する手練れの論客が時代の求めにその都度応じて販促する、例えば〈敗北を抱きしめる〉ことによって「戦後」日本人に成るといった、[*12]米国にとって理想の戦後「日本人」像と、その理想像を「日本論」あるいは「日本人論」として嬉々として購入し続けてきた「五五年」以降の「日本人」がみずからの記憶に事後編集という篩《ふるい》を掛けて捏《つく》り出す否認の自画像が鏡像的に希う「戦後」像とはおよそ懸け離れた、この国の民衆にとっての真の意味での敗戦後を象《かたど》る激動の時代の「継ぎ目」に、なぜ契の書であるマチウ書を論の対象として選び、[*13]それをもって何を訴えようとしたのだろうか？　読む者をしてときに鼻白ませるほどに客気溢れるこの論攷は、そしてじつはその内実が学知的にどれほど意味あるものだったのかとはまったく別に、書き手としての吉本自身にとって単なる処女作である以上のいかなる意味をはらみ、それは行論の裡にいかなる「痕跡」を遺していると遡及的に考えられねばならないのか？

この設問とそれへの回答の一端を考えること、それがここでの課題だが、「なぜ書くか」という一文にそくしてまず見るように、それはまた、「マチウ書試論」を時間的前後から挟撃・担保する書き手としての吉本におけるいわゆる「自己資質」と「習慣」への引き裂かれと前者から後者への「転位」

＊9　吉本は、後年、「『マチウ書試論』は雑誌『近代文学』に投稿し、それを回収してわたしも同人のひとりとして参加していた『現代評論』に掲載したものだ」と述懐しているが（吉本隆明「習熟と持続」『マチウ書試論・転向論』講談社文芸文庫、一九九〇年）、雑誌『近代文学』のその後の行く末を考えるとき、深読みの衝動を禁じ得ない。

＊10　吉本が一九五四年に「荒地」新人賞を受賞していることから言えば、彼はすでにして一、廉の「表現者」たらんとしていたみずからを自覚してはいただろう。

＊11　一九五四年から五五年にかけて執筆された「マチウ書試論――反逆の倫理」は、「反逆の倫理――マチウ書試論」として、『現代評論』第一号（一九五四年六月）と同二号（同一二月）に分載され、奥野健男が保管していた最後の部分も含めた全篇が、『藝術的抵抗と挫折』（未來社、一九五九年）や前掲『われらの文学　22』に収録された。

＊12　ジョン・ダワー『増補版　敗北を抱きしめて』上・下、三浦陽一・高杉忠明・田代泰子訳、岩波書店、二〇〇四年。

＊13　議論はあろうが、本稿では「マタイによる福音書」を「マチウ書」で一貫させる。また同書からの引用は、吉本が「聖書のテキストは La Sainte Bible par Louis Segond (nouvelle édition revue avec parallèles: Paris 58 rue de Clihy 1949: imprimé en Angleterre) を用いた」と記しているので（前掲『吉本隆明全著作集』第四巻、一〇六頁）、本稿でも同書の吉本自身による訳に拠るが、その都度、Louis Segond 版仏語訳と『聖書』新共同訳に当たった。

――吉本の転向！――を「生活者」の「重量」に拮抗する「表現者」の名において負い目なく凌ぎかつ肯定する吉本が、それがゆえに良かれ悪しかれ真摯に肯とするほかない「生活者」あるいはそのいわゆる「大衆の原型」が[*14]、「軌道の継ぎ目」を然り気を押し殺して跨ぎ行く「契機」とその有り様を解《ほど》くことでもあるだろう。[*15] それをまた、米国に象徴される何事かに敗北を喫した戦前期天皇制国家に捧げられた契――「観念の絶対性」――であれ、こうした戦前期天皇制にかつて「人民」なるものの名の許で拮抗を試みながら敗北し、占領軍に民主主義の名の許で「解放」された、共産主義への契――もう一つの「観念の絶対性」――であれ、みずからのそれをも含めた、契が契への至らなさに乗じてひとたび契に遵じた者の内面に貼り付けるであろう疚しさに、「大衆の原型」あるいは「生活者」の「重量」をもって「拮抗」することを試みた吉本（が抱く想念の「大衆」）の時代の跨ぎ方へ躙り寄る道である、と言い換えてもよい。そしてそれが、〈思想ごときに人間の生の意味づけを保証させてたまるか！〉を彼のいわゆる「大衆の原像」という担保において探り当てた吉本を衝迫している。とすれば、だが、吉本がマチウ書を読み解くに当たって採った方法を吉本自身にも当て嵌め、「なぜ書くか」という論攷に提示された一つの不可能な隘路を経由した後に初めて、「マチウ書試論」の素読へ遡行するという手順が採られねばならないのではないか。

隘路

書き手という立ち位置に引き絞った簡潔な戦後（責任）論と言ってよい、「なぜ書くか」を真正面から問う一文で、六六年の吉本は、戦時中の書き手たちに「沈黙のうち」とはいえ「なぜ書くか」と

「執拗」に問いかけ、書き手たちに「等級」「分類」すら与えた若き、嫌味な、己れを振り返り、そのうえで同様の「素朴な問い」をみずからにも「発するようになった」ことを告げた。そしてその問いに吉本は、当然にも、戦時中の「わたし自身に〔…〕あるいはわたし自身の思想のプリンチープに復讐されている」自分を確認するが、この確認は、復讐する「プリンチープ」の「第一原理」を、〈書く〉という営為が書き手にとって「如何なる必然的な契機があるか」を問う原理として、また「どんな表現者にとっても遙かな以前の痕跡」である「自己資質という言葉が、ぴったりとあてはまったあの無償の〈書いた〉時期」を嚮導する編集‐原理として、敷衍されるべきものであった。

だが、とすれば、この原理は、際《きわ》で雑文を書くことを辛うじて赦されているぼくのような木っ端も含めたすべての物書きにとっては素より、問う以前に書き続ける意志を、担保を準備したうえで、決しているであろう当時の自信過剰の吉本にとってはなおさらのこと、「〈書く〉ことよりも〈書かない〉ことの世界が重要さをもって迫ってくるように出来上って」いると言うほかない原理、したがっ

---

*14　一九六六年に出版された『自立の思想的拠点』（徳間書店）などでは「大衆が存在しているあるがままの原像」という意味での「大衆の原像」という表現も用いられている（前掲『吉本隆明全著作集』第一三巻）。

*15　一九五八年に公表された「転向論」（『現代批評』第一巻第一号、一九五八年）に代表される論攷で、吉本は「二段階転向論」を彼のいわゆる「大衆の原像」を理論的垂錨として主張するが、ぼくにとって問題は、吉本が「戦後」を生き延びるためにみずからの「転向」をどのように配備したかである。その意味で本稿は、主義者の転向ではなく大衆の「転向」を見据えている。言い換えれば、知識人の転向など、大衆の転向に較べれば、在り来たりの出来事にすぎない（同前『吉本隆明全著作集』第一三巻）。

てまた、「かれの〈書く〉ものは、かれにとって如何にして〈書かない〉ものの世界に拮抗する重量と契機を獲取しているか？　そして、わたしの〈書く〉ものは、わたしにとって如何にして〈書かない〉ものの世界に拮抗する重量と契機を獲取しているか？」という痛切な、しかもしっかり読めばフーコーにおける言説と非言説との言説分析的越境にまで到達可能な、問いをもたらすほかない原理である。というのも、「自己資質」が純粋に駆動するこの「無償の」書くという営為は、吉本にあっては、「手易く喪われ」ることを必至とする脆弱な原理であり、その果てに俟《ま》ち受ける第二の原理とも言うべき、また主に「賑やかな奴」らの「思想」と「絶望」なるものが同時に棲まう、「習慣の世界」の到来を不可避とする、原理だからである。

　このように継起する一連の二原理を措いた吉本は、そのうえで、「人はだれでも自己資質の世界が喪失する過程よりも、〈書く〉という習慣の世界がかろうじて早くやってきたとき表現者」に成り、論理的には剰りに単純すぎることを暫く措けば、したがって「ややおくれてやってきたとき表現者でないのではないか」という設問をもって「なぜ書くか」へある種の回答（得心）を与え、この回答をさらに「自己資質の世界が崩壊するよりもほんの少し前に、〈書く〉ということの習慣の世界がわたしに訪れたのは、どんな契機によるのだろうか」と「このとき喪失してしまった自己資質の世界は、いったいどんな変容をうけて習慣の世界にはいりこむのだろうか」という、すでにして「表現者」である己れを自覚する己れにおいて密接に関連する二つの設問へ、素早くかつ巧みに――狡猾とは言わないまでも――転位させた。そして、この「自己資質」と「習慣」との間《あわい》を跨ぐあるいは凌ぐ「転位」――連続と非連続の離接綜合――を負い目なく肯定する――これが大切なのだが――ために不動たるべき担保を求める必要あるいは必然性を感じた己れを吉本は、次のように描いてみせたのである。ぼくに言わせれば、これをもって外連《けれん》というのだが。

わたしは、おもわずはっとして醒める。わたしは覚悟をつくり変え《（ママ）》、そして生活者の世界に何気なく這入りこむ。するとこんどは〈書く〉という世界は、はるかに遠くわたしがその世界に従事する必然はなんにもないようにおもわれてくる。

前段に措かれた突如《「はっ」》を装う覚醒に衝迫される転轍の意志決定と、後段におそらくはその「自然」過程を仄めかすために措かれたであろう「何気なく」に込められた疚しさの肯定（的遮蔽）がともに相俟って拓く、おそらくは通過しきれない隘路から到来すべきものとされた「生活者」が旧き契（戦前）から新たな契（戦後）へと円滑に——敗北を抱きしめながら？——遷移するその姿に、言い換えれば、「自己資質」と「習慣」との間《あわい》を「表現者」として跨ぐみずからを肯定することを可能にしてくれる、だが不可能な機制に、またさらには「耐えるという意識すらとうの以前に無意味になったところで生活をくりかえしている存在」を無為の反復の有意において捉える安堵の立場に、吉本は、実在としての大衆ではなく、「大衆の原型」あるいは「大衆の原像」という名称を与えた。そしてそれは、「生活者の世界」あるいは「大衆の原型」という観念——あるいはむしろ、想念——に、己れの定義においてすでにして「表現者」である己れが、〈書く〉ことに「従事する必然はなんにもない」世界が其処にただ有るが儘に有ることを認めながらなおも、〈書く〉ことを可能にする「習慣」の正当性とかかる正当性に凭れる正統性を求めるためだったのだろう。そして、吉本が「表現者」としての己れを遡及的に「転位」させるこの内的根拠が、翻って、一方における二つの契がその契への至らなさに事寄せてもたらす疚しさ――転向した天皇主義と転向した共産主義が共有する一箇同一の疚しさの対項――と、他方におけるこれら二つの契を跨ぎ越す「継ぎ目」の「軋」みがもたらす疚しさ――天皇主義から民主主義への転向（の如何《いかが》わしさ）がもたらす疚しさ――という、共鳴し合う二重の疚しさに淡々と拮抗しうる不動の担保を探し求める吉本を、またそのためにマチウ書を読み変える必然性を時代を描くためにも感じ取った吉本を、支えている。すなわち、この遡及的支柱には、旧き契から新たな契への通過に必要とされる契の「仮構」への「表現者」としての内訌《ないこう》が、必要だったのである。

とすれば、「自己資質」と「習慣」との間《あわい》に墜落し、両者に引き裂かれ、「習慣」において「自己資質」の「痕跡」を刻むことができる書き手たらんとする「五五年」前後の吉本は、「マチウ書試論」を物することで、何をどのように描こうとしたのか？

契を惑わす現実―誘惑

「マチウ書試論」の冒頭で、旧き契が撒種した夥しい「予約」をモザイク状に輯《あつ》めて新たな契を捏《つく》りあげることを試みたマチウ書が、それがゆえに数多の「改ざんと附加」がもたらす矛盾をその裡にはらみながらもなお、これら明け透けに露出する多様な「矛盾」が「ほかの矛盾によって、強く保護」されているというその「仮構」の構造にむしろマチウ書の強度を看た吉本は、この新たな契が、それがゆえに、『イエス伝』のルナンが取り上げたような単なる「文学的な技術」問題を超え出た「仮構」あるいは「詐術」を支える「造型力」によって担保されていることを確認し、またこの確認を踏まえて吉本は、この「仮構」を支える「発想を逆むきにたどることによって、容易にそのメカニズムをさらけ出してしまう」という読解戦術を選択し、その戦略的核心として、その出自である旧い契への近親的な「敵意と憎悪感」とそれを「思想の型にまで普遍化」あるいは「倫理化」する作為を剔抉した。

こうした読解〈戦略 - 戦術〉の背景には、また、「戦後」という新たな契が、「戦後」によってのみ遡及的に支えられる戦前という旧き契から、いかなる「仮構」をもって出来し、そこに「表現者」はいかなる担保をもって立ち遇うのかを「軌道の継ぎ目が軋る音」を聴く自己への問いとして問う、吉本の「戦後」論を衝迫する了解がある。またこの了解を差配する機制が、「観念の絶対性」に固化する契——いかなる類いのそれであれ——とそれに拮抗する「重量」に授けられた「関係の絶対性」との対項、契とそれがもたらす疚しさに拮抗する「現実」としての「大衆の原型」という対項である。

とすれば、吉本が「マチウ書試論」で採用した読解装置は、これら二つの「絶対性」の単なる直接的拮抗からのみなっているわけではない。ここには、これら二つの「絶対性」に引き裂かれる、より精確には絶対性の〈一〉を絶対性における「観念」と「関係性」の〈二〉において割ることで、この拮抗に吉本固有の意味での「情況」を与える、人間という「絶対と相対との絶えまない葛藤」すなわち疚しさ（と、その払拭というよりも、むしろ大らかな否認）という歴史的機制が、埋め込まれている。これらの相互に弁証しあう三項を「マチウ書試論」は、ドフトエフスキーが『カラマーゾフの兄弟』で立てた「人間の自律性」あるいは「自由」とは何かという問題を「かれ自身の思想の裏をもちいて

展開」するために措いた劇詩「大審問官」の読み込みを補助線として措くことで、「時代にたいする

〔…〕彼の思想を描き出そう」と試みるが、とすれば、この場合の「彼の思想」における「彼」とは吉本自身にほかならない。

ときに冗長と跳躍の誇りを免れない行論を辿る「マチウ書試論」の記述の核心は、マルコやルカの「福音書」の記述にも顕れる、悪魔の誘惑をめぐる問答（「マチウ書」第四章）と「山上の垂訓」（同第五章）を一連のものとして論じた読解として展開されているが、とりわけ前者について吉本は、「マチウ書の悪魔の三つの問いのなかには、人間の未来の全歴史が完全なる一箇のものとなって凝結している上に、地上に於ける人間性の歴史的矛盾を悉く包含した三つの形態が現われている」とまるで『カラマーゾフの兄弟』第五編（プロとコントラ）を模写するかのように書き、重視している。したがって、まず吉本が喚び戻した悪魔の誘惑（とくに第一のそれ）を聴き、次いで「山上の垂訓」におけるその反復へ移行しよう。

「**不可能**」**性**

引用することが躊躇われるほどに人口に膾炙している、悪魔の第一の試問とそれへのイエスの応答は、「神の子なら、これらの石がパンになるように命じたらどうだ」と語る悪魔に「『人はパンだけで生きるものではない。神の口から出る一つ一つの言葉で生きる』と書いてある」と応ずるイエスという対項において、与えられている。吉本は、この問答をドストエフスキーが「神との直結性の倫理」と人間の生が「踏まえねばならぬ現実」との比較考量とそのきっぱりとした「撰択」という「悪魔の

問いの本質」を顕示するものとして読んだと理解するが、こうしたドストエフスキーにたいして吉本は、「ぼくは別の解釈の方向をたどり、原始キリスト教の思想的特徴へゆきつこうと思う。それがぼくの目的だから」とあらかじめ結論を定めて宣言し（強調長原）、「神と人間との関係」性の有り様を旧き契を素材として改作する新たな契の意図の読解に、その眼目を据えた。

ここでの吉本は、旧き契から旧き契の「仮構」的改作によって編み出された新たな契の制度化にもとづいて信《しん》を睥睨するに至る二世紀中葉以降の初期カトリシズムへの移行をその内的な論理において媒介する新たな契それ自体を読解対象としている。当該期の思索者たちの大方がそうであったように、まさに契の移行という「転形期」を支える契そのものの内的原理――説得と納得の一致を司る原理――の運行が対象となっているのである。

この設題への回答をマチウ書において探索するために吉本は、この悪魔の第一の誘惑へのイエスの応答を不完全な悖理《はいり》法的階梯を践《ふ》んで腑分けするが、それは以下の行論を辿っている。

すなわち、第一にイエスの断食は神との直結性の信《しん》に拠っている。第二にこの断食は人間の生にとっての必要条件の断念という「意志を象徴」する。第三にこの意志あるいは撰択は、イエスが神との直結性という「意識の代償」として「人間の現実的な条理」を断念することと同義である。だが、とすれば、第四にイエスには、悪魔の問いに応える「義務」が発生する。言い換えれば、イエスは悪魔の誘惑に応えねばならない。なぜなら、イエスは己れに湧き上がる飢えの「意識を否定〔…〕できない」からである。これは、しかし、第五に、悪魔から言えば、「人間の現実的な条理が捨てきれなかった〔こと〕と同然」である。とすれば、第六に、第三に論定された意志あるいは選択は、あらかじめ「不条理」である。したがって、第七にこのあらかじめの不条理が「是認される」には、石をパンに変えるという、人間にとっては「不条理」だが、神にとっては「条理」である「奇蹟」が、不可欠である。こうして第八に、悪魔はイエスに「己れの撰択の代償」として奇蹟を要求する。だが、第九に、イエスにとってこの奇蹟は、奇蹟を「倫理的タブー」として禁ずるという断食の根拠に、反する。

こうして吉本は、神との直結性という意識の断念とその否定を同時に証すというイエスが直面するこの窮状《アポリア》に、応答「不可能」性を探り当てた。そして「マチウ書」のイエスがこの応答「不可能」性になおも与えようとした応答が「人はパンだけで生きるものではない。神の口から出る一つ一つの言葉で生きる」だったとすれば、吉本にとってそれは当然にも、悪魔の問いにいまだ「何も答えていないこと」に等しい「架空の幻」でなければならなかった。その根拠を吉本は、悪魔の問いが、「神の口」を「理神論的にうけとる」限り、したがって「人間が生を現実につないでいる限り、決して消えてしまわない」という、後のいわゆる「関係の絶対性」の「観念の絶対性」――「言葉」あるいは契――にたいする優位に求めた。であればこそ吉本は、ドストエフスキーを倒立させて、第一の問答に以下の――回答でも解答でもなく――改釈を与えた。曰く、神の「言葉」は

> 人間が生きてゆくために欠くことのできない現実的な条件のほかに、より高次な生の意味が存在していることをほのめかしたのではない（強調長原）。実は、逆に、人間が生きるためにぜひとも必要な現実的な条件が、奪うことのできないものであることを認めたのである。つまり、悪魔の

問いがよって立っている根拠をくつがえしたのではなく、かえって、それがくつがえし得ない強固な条理であることを認めたのである。

あえて宇野弘蔵的に言えば、ここでは、現実に徴して否定し得ざるものとして措かれた契の「無理」を契においてなおも「通す」ために、契‐観念の絶対性と関係性‐現実の絶対性との連関に措かれた顚倒を再顚倒するという、視点転換が遂行されている。この顚倒――『資本論』第一巻のエンゲルス抜きのマルクス――を携えて吉本は、旧き契に敵対と憎悪をもって対峙し、その対峙を「倫理の純化」の徹底によって完成させようとする、新たな契（における無理の現世的な通し方）に、対峙することを試みるのである。

対峙する。というのも、「内面的」であると同時に「社会倫理的な規定」でもある「神からさずけられた律法」に人間の生の「倫理的な意味」を求め、それをもって契と人間の生の意味に「調和」を持ち込み、この「調和」に「現実的な社会倫理」を打ち樹てることで、「現実と信仰を一元化」した旧き契の自然性に深く苛立ちながら、なおも、こうした旧き契を素材に新たな契を「仮構」することが新たな契にとって可能であるためには、新たな契は旧き契から「社会倫理的な意味をまったく奪い、概念化」し、それを「現実的な人間の生きる条件」と鋭く対項させるだけでなく、その契への下属（に定められたその失敗がもたらす、疚しさ）を制度化することを強いる契に成らねばならないが、それはまた「人間の現実的な条件とは別なところで、神の倫理を自立」させ、人間の生の意味を「現実的なもの一切から隔離」することで、「現実的な秩序から圧迫され、疎外されたものが、心情のなかに逃亡」するに当たって「人間の実存の意味づけ」を「現実から心情のなかに移」すことを赦す――あるいはむしろ、強いる――「思想の型」を具備する契に成ることを意味するからである。またこの純化 - 粛正 épuration が、[*16] 吉本にとっては、悪魔の誘惑よりも「危険な誘惑」をもって応えるという意味で、むしろ悪魔の誘惑に「近づく」ことをも意味したのである。

　吉本は、この「自然性と倫理性」との対立（ニーチェ）、あるいは「地上のパンと人間の自律性」との非和解性（ドフトエフスキー）にたいして、「その観念性〔の〕露出」を顕わにする「神の言葉」によってのみ応じた「マチウ書」のイエスが、第三の「誘惑」――悪魔はイエスを非常に高い山に連れて行き、世のすべての国々とその繁栄ぶりを見せて、「もしひれ伏してわたしを拝むなら、これをみんな与えよう」と言った。すると、イエスは言われた。「退け、サタン。『あなたの神である主を拝み、ただ主に仕えよ』と書いてある」――への応答では、この対項をさらに「功利的実証主義」と「キリスト教的倫理主義」との「対立」に置き換えることによって、「キリスト教的秩序」が示す「偏執的過酷さ」が「現世的秩序」と「見事に結合」したと、初期カトリシズムという新たな契の帰結から遡及的に畳み掛けたが、新たな契に起因するキリスト教のこうした遷り行きを「倫理の純化」あるいは疚しさの制度化において断罪するこの吉本には、その行論の始めから、イエスを「人間の実存の条件」を「はじめて自覚的にとりあげた〔…〕原始キリスト教の象徴」に、悪魔を「相対性に左右されて動く人間性の諸問題〔の〕象徴」に、それぞれ配する「マチウ書」の作者の意図を、一方における「思想が投影する現実」と他方における――吉本らしい表現《ジャーゴン》だが――「生理が投影する現実」との「アンビヴァランス」あるいは「断層」に翻訳することを試みる、ある種素朴な上部構造論が潜んでいる。だが、それは、旧い契の核心の一つであった「人間の絶対的な内面の倫理」を「神との直結性の意識」によって担保する信《しん》が「現実の秩序」との衝突によって揺らぎ、「悪魔の問いの原則」に立って人間を支配する「教権というバベルの塔」が「人間と神との間に関門のように立ちふさがった」とき、「マチウ書」の「悪魔の問いは真理として実現」されるがゆえに、「言葉」としての契が疚しさを「倫理の純化」として制度化することの意味を顕揚する、吉本なりの権力制度論があった。その論旨を吉本は、「山上の垂訓」の読解によって、ふたたび次のように画定する。

言葉《ロゴス》―契と疚しさ

悪魔へのイエスの応答のゆえにむしろ却って「真理として実現」されることになった悪魔《げんじつ》の「誘惑」という以上の読解をより限定的に反復して、吉本は、それがゆえに念押しされる「山上の垂訓」を論ずる作業に転ずるが、それは、旧き契とは異なり、「人間と神との自然な結びつき」への不信を抜き難い媒介として旧き契が試みた「倫理の純化」をさらに推し進める新たな契が、それがゆえに、疚しさという「露骨な心情のマゾヒズム」あるいは「挫折と屈折とを通して神をみ」るという「危ない教義」に依拠していることを再確認するためだった。吉本は、「罪という概念」を作動軸として「倫理の純化」を導入した旧き契の「ロギヤを倫理的に受感すること」においてさらなる「純化」を「求め」る新たな契に、吉本が「人間性の弱さを、現実をおいて克服することのかわりに、陰にこ

＊16　アラン・バディウ『世紀』長原豊・馬場智一・松本潤一郎訳、藤原書店、二〇〇八年参照。

もった罪の概念と、忍従をもちこ」むという、失敗を定められた契への下属がもたらす疚しさを契において操作するという権力的機制を看て取ったのである。

だが、個の「撰択」にもとづく契約というよりも、むしろ疚しさへのいわば全員参加――これが、象徴天皇制の機制を含めた、この国の「戦後」である――とも言うべき制度的作為は、吉本が指摘することはなかったが、すでにして悪魔の第一の「誘惑」へのイエスの応答に、その論理において、埋め込まれてあったと言うべきだろう。というのも、悪魔の現実《パン》に神の信《ことば》をもって応答したイエスにおける「言葉Parole」とは、「ヨハネによる福音書」の冒頭で「初めに言があった。言は神と共にあった。言は神であった」と記されるであろう、端緒にして結末である「言葉Parole/ Wort/ Verbum」であり、それがルターによる論理《ロゴス》‐真理の翻訳を起源とすることからも明らかなように、闢《アルケー》にして目的《テロス》である論理《ロゴス》‐真理の円環が、それを初発において担保する定義的に証明無用の公理の一撃とも言うべき「倫理の純化」を媒介として科される「罪という概念」の全面化を駆動因とする、(「一億総」)懺悔と一番《ひとつがい》となった、「被虐」の論理として機能するからである。すなわち、神の「言葉」あるいは「ロギヤ」は契に遵うことに失敗することをつねにすでに公理化されている人間にもたらされる疚しさ(と、その贖いあるいは再開‐判断の反復 re-deem)を、論理《ロゴス》‐真理として、科している。この疚しさは、であればこそ、二世紀中葉以降における「現世的秩序」と「見事に結合」することになる「言葉」が、「観念の絶対性」あるいは契として、「現実の秩序のなかで〔…〕相対性のまえにさらされ」る人びとを脅迫するものとして契となるが、とすれば、人びとはこの契にいかに拮抗することが可能なのか?

この「反逆の倫理」への問いが吉本を貫いているからこそ、彼は、「架空の十二弟子」を派遣する

「マチウ書」第一〇章の改釈、とりわけみずからへの「性急」かつ絶対的な帰依を迫ったうえで、「わたしが地上に平和をもたらすために来たと考えてはいけない。平和ではなく、剣をもたらすために来たのだ」と「反逆の倫理」を説くイエスに、「現実の秩序を構成している人間の連帯感にたいする鋭い性急な対立」あるいは「性急な倫理」性を探り当て、またそこに「秩序へ反逆するものの一般的な思考方式」である「疎外するものを忘れるな。こころにたたみこんでおいていつか復讐せよ」を読み込む。吉本は、しかし、こうした「現実」を否認することでのみ成り立つ「架空の幻」にすぎない契への「性急」な帰一要求にもとづく「反逆の倫理」ならぬ「反逆の倫理」的強制を「秩序と〔の〕和解」によって「思想と実践との」一致の契機を喪った「マチウ書」における「天につば」する契であり、それは定められた疚しさによってのみ支えられる「信心深い侏儒」の「大騒ぎ」に墜落するほかないと断ずるのである。

だが、とすれば、マチウ書における疚しさに衝迫される「反逆の倫理」的強制とは異なる、吉本の「反逆の倫理」とは何か？　秩序であれ、反秩序であれ、いずれにせよ秩序をめぐる「関係の絶対性」への「加担」を、契あるいは「観念の絶対性」との距たりをもって、「社会倫理」的に受諾するという「だらしない」反逆である。

疚しさに拮抗する重量

天皇制国家へのそれであれ、それに対抗した共産主義へのそれであれ、また両者のもろともの敗北を自由と民主主義という一点に引き絞った「戦後」（という言葉）への屈服であれ、いかなる契も、吉本にとっては、契に遵うことの「不可能」性とそれがもたらす疚しさだけを駆動因とした、侏儒どもが操る「観念の絶対性」という「大騒ぎ」にすぎなかった。この「観念の絶対性」にたいして吉本は、最後に触れる、「マチウ書」の内部に然り気なく措かれた或る一つの機制――「だらしない〔…〕教訓」――をマチウ書の特例として措いたうえで、「現実」としての「関係の絶対性」を対置した。それは、失敗の定めにある契の遵守に起因する疚しさを「罪の意識」として人間の心理に導入しただけでなく、それを倫理として純化し、さらにはこの純化の（儀礼的）制度化さえ達成する端緒となった「マチウ書」の「性急な鋭い倫理性」に拮抗する「重量」、「それが現実的なもののすべて」であるような「人間と人間とのあいだ」の「ひとつの関係」であり、それはまた、毀誉褒貶に晒され続けてきた以下の掉尾を飾る有名な一文に集約されている。

> 人間は、狡猾に秩序をぬってあるきながら、革命思想を信ずることもできるし、貧困と不合理な立法をまもることを強いられながら、革命思想を嫌悪することも出来る。自由な意志は撰択するからだ。しかし、人間の情況を決定するのは関係の絶対性だけである。ぼくたちは、この矛盾を断ちきろうとするときだけは、じぶんの発想の底をえぐり出してみる。そのとき、ぼくたちの孤独がある。孤独が自問する。革命とは何か。もし人間の生存における矛盾を断ちきれないならばだ。

ここには、いかなる契もそれ自体としてもたらす疚しさとその「転位」がもたらす疚しさという二重の疚しさに唯一拮抗し得る不動たるべき担保を「総体のメカニスム」としての「関係の絶対性」に、いわば委ねることで、「生活者の世界」あるいは「大衆の原型」とともに書き手としての己れの「転位」――旧き契から新たな契へ淡々と移行する大衆を担保とする「自己資質」から「慣習」への書くことの必然性の転位――を大らかに肯定（ひとによってはこれを丸投げと呼ぶ場合もあるだろう）しようとする吉本が、「なぜ書くか」を問うた六六年の吉本に先立って、いる。この吉本が、さらに、「秩序にたいする反逆」への「加担」であれ、秩序そのものへの「加担」であれ、「加担というものを、倫理に結びつけ得るのは、ただ関係の絶対性という視点を導入することによってのみ可能」であると、「関係の絶対性」を「加担」において展開するとき、ぼくは、しかし、実在する大衆ではなく「大衆の原型」にその担保を求めた吉本の想念とは異なる、新たな（不）可能性を発見する。

それは、吉本が「マチウ書」第六章「思い悩むな」に発見した、「だらしない」こと（という対抗倫理）の大らかな肯定であるが、それを吉本は、旧き契から与えられた「山上の垂訓」に唯一の「安息感」をもたらす、「マチウ書」の「主旋律とちがったうつくしい変調」と呼び[*17]、「開放感」あるいは「神への乖離」によって「刺戟」される「人間の精神の動き」という表現をも与えた。新たな契が「観念の秩序」と「現実の秩序」という二元論へ改作するに当たって出立点とした旧き契の一元論における「自然の秩序」とは決定的に異なる、「マモンとか栄華とかいう表現」に集約される「認識的な現実」を逆手にとって、新たな契が「神は何でもしてくれるのだから、まかせておけ。びくびくするな。というだらしないいいと言えば言えるかいかい教訓」を「現実の秩序から疎外されたものに投げあたえることだけは、決して忘れなかった」と何らの衒いもなく記すこの吉本、「反逆の倫理」的強制に拠らない唯一の「反逆の倫理」を「関係の絶対性」への「加担」において発見するこの吉本が、ぼくに「小さな希望」を断念して「世界と激突」する「暴威」を「大衆の原像」以上に与えてくれる。そしてこの「激突」の「暴威」を吉本は、より具体的に、「天の王国だとか、神の国だとか、まったく何ひとつ現実的な根底のないものと引かえに、現実を売払うものはない」と平然と嘯く、実在する唯物論的「大衆」に担わせるだろう。

＊17　この「変調」を「マチウ書」におけるある種の救いとして確認する吉本が、「私は『新約聖書』を好まない」と宣言し、「『旧約聖書』――そうだ、それは全く別物だ。『旧約聖書』に対してあらゆる敬意を払え！」と語り、「わざとらしい、こせこせした、変挺な模様ばかり」の「ロココ風の魂」に占拠された「小さな宗派世帯」の「秘密礼拝会の空気」を澱ませた『新約聖書』に「時折はあの時代（および、ローマ領）に属するユダヤ的というよりはむしろギリシャ的な牧人趣味の甘さが匂うことをもわすれてはならない」と留保したニーチェを受けていることは、疑いを容れない。そしてこのニーチェは、吉本が引用した「小さな不徳についてこれら信心深い侏儒どものように大騒ぎをやらかす者」あるいは契の者に対峙する吉本でもある（ニーチェ『道徳の系譜』木場深定訳、岩波文庫版、一八四～一八五頁）。

補論

肉月の詞

——詩人　吉本隆明

腐敗した都会の五月の風とおほきなフイナンツの生きた手足が
いつものはれあがつた空のしたできみたちを死におくつたのである

吉本隆明「死者へ瀕死者から」

つめたい風の吹くこの地上からわかれて
きみたちは去ってゆく、カサブタに蔽われて。
ほとんどみながそのとき、世界をいとしがる。
ひとすくい、ふたすくい、かれに土がかぶさる。

ベルトルト・ブレヒト「世界の優しさについて」

「腐敗した都会の五月の風」と列んで対照をつくる「フイナンツの生きた手足」。パウロ「テトスへの手紙」をその裡に響かせる「疥癬《カサブタ》Schorf und Grind」。いずれも、「たしかにほんとのことを口に」することなくこの世界を去った人びとに送られた、愛と救済の詞《ことば》だ。ぼくは、いま、どんな詞を彼に送ることができるだろう。

多くの人びとが彼の死を悼む文章をさまざまに送るだろう。だがそれは、彼が理論家として偉大だったからだろうか。少なくともぼくは、違う。その言語論だって、共同体論だって、マルクス論だって、丸山眞男論だって、その論理性において彼よりも優れた論攷を残した人びとがたくさんいることを、ぼくたちは識っている。だからぼくは、理論家としての吉本を、とくにその晩年における吉本を「いま」においてことさらに顕揚する者の後づけ的下心の在り処を、むしろ深く猜疑する。

多くの人びとがこの世界からの彼の退出を悼むために言葉をさまざまに編み出すのは、彼が、時代的存在、否！　精確には、繰り返しその終わりが告げられてきた特種に「戦後」と呼ばれる時代が必要に迫られて舞台に譲渡した、存在《ひつぜん》だったからだ。またそれを、ぼくらが自分のこととして感じとっていたからだ。彼が、戦中と戦後を跨ぐ物心ついた自分のいわゆる「妄想」の「明滅」において捉える「うつくしくもなくなつた」戦「後」の顚覆をその一身において嚮導したかに見えたという意味で。戦前や戦中を知らない、辛うじて敗戦後の臭いは知っている、一九五二年生まれのぼくを含めて、彼を愛した人びとは、彼と彼のものの言い葉に、彼の文体《スタイル》に、多様であるほかないその「屈辱」をそれぞれに託し、それを彼は、そのつど論敵をお白洲に引き摺り出しては、引き受けてくれた。それ以上に何があったというのだ？　だからこそ、追悼のほぼすべてが、大なり小なり、彼とともに有った在りし日の自分を、まるで自分を野辺送りするかのように、送っている。

　お題目としての戦後民主主義とその嘘くささのもとで育ったほかならぬぼくもまた、それがゆえに、ある時期までは慥かに、彼に背中を熱く圧されてきた。ぼくが生まれ育った田舎町の駅から数駅隔たった国鉄北陸線魚津駅に隣接する「日本カーバイド」の工場とその引き込み線が見える情景（そのすぐさきには、冷たく黒ずんだ日本海があるだろう）。遮蔽幕のように立つ白い立山連峰を背にしてそれを眺めるぼくがゐた情景。これら二つの情景の入籠《いれこ》で。そこに彼はすでにいなかったにもかかわらず、なぜか裏日本の雪国のここに立つ自分を誇らしく思ったナイーヴなぼく。だがそれをもまた、彼の死とその死を囲繞する「いま」、「フイナンツ」の「疥癬」に蔽われる「いま」という第三の情景の入籠に、まるごと組みこまれているにちがいない。

　ぼくは、しかし、あるいはだからこそ、その死に際して、ただ悼むのか、それとも論ずるのかをなおも迷っている。あるときを界《さかい》に彼から遠ざかったぼくは、その意味ですでに、追悼を終えている。それを措いてなおも、ある固有の時代を画した人物――好悪は別に、彼がそうした位置にゐつづけ（ようとし）たことを、またその結果、よくあることだけれども、ゐつづけさせられたことを否定する者は少ないだろう――の死がそうした迷いを惹き起こす。ぼくにこの迷いが強く抜き身になるのは、なぜだろう。例えばぼくがその論を櫃《ひつ》に鍵刺《さ》し蔵《をさ》めたままの花田清輝でもなければ、谷川雁でもなく、またたとえば小林秀雄でもなく、彼の場合にかぎってなぜ、そうなのだろう。ぼくが充分に年取るまで――そしていまやぼくは充分に年取ったのだが――彼が、ぼくたち大衆が引き受けなければならない月並みの事情と同様の事情をみずからのまわりにつくりだし、生きて死ぬことの意味を露出させながら、生きていたからだろうか。とまれ、ぼくにどんないわれがあっての、この迷いなのだろう。いわれ。「円環」という資本の自己愛《ナルシシズム》的な「自己」表象、あるいは円環的に自閉する「自己」という虚妄においてその起源－切断を隠蔽する運動に典型的な、論理を初発－暴力とその平和に循環する反復－危機において支える米－論理（出来事）の働き――フッサールならそれを、反復する初回性 Erstmaligkeit と呼んだだろうし、ネグリなら、スケスケの抹消に置かれた「非」の機制を包摂と呼ぶだろう――を、両者がたがいにいかなる部分集合もかたちづくることなく排他的に完全なる補集合たるものとして一箇の全体集合を形成するという枠組みに凭れかかることを拒絶し、とはいえ論理的に、しかも敵対と呼ばれる関係性として、書くことは可能だろうか。あるいは、こうした二元論そのものを支える暴力－公理（無原罪の御宿り Immaculée Conception）が穢れを拭われた概念創造（Conception immaculée）に、たとえそこに〈吃音〉という準－擬似原因 quasi-cause が導入されたとしても、最終的には転位・併呑され、円環をつくりあげる仕組みを依然として論理的に描くことは、この円環を螺旋へと翻訳するといった歴史と論理の分離と結合さえできない弥縫策を粉砕してなお、可能だろうか。ぼくに憑いたこうした不可避に未決でほぼ愚かな方法論的なテーマに、それは関わっている。そしてこの不可避に未決は、論理と歴史の、また理論（分析）と実践（変革）の二元論との闘いを含意する、政治循環ではなく、突沸する出来事に遵う政治《はいぼく》の歴史を意味していなければならないと、ぼくには思われたのだ。どのようなものであれ、勝利がない以上、敗北だけが真理だったこれまでの歴史が。

この二元論を存在的に突破しさえすれば、そこに瑕疵とされた存在がアセファルな集団性という大らかな主体（街頭という悦び）として抜き身になるはずだ。あとは知ったことか！「妄想」と呼ばれてよいであろうこうした想いの「明滅」、明滅するぼくのこの憑かれの始まりに、吉本が、正しくは、なによりもまずその詩が、淡く立ち遭い、遡行‐編集的に強く立ち遇っている（た）。その意味でこそぼくは、さきの二つの二元論を媒介する吉本の詩（作）の「態度」を、まさに以下の詞列において、端的に横領した。だから、彼の詩は、それ自体において、ぼくにはなによりもまず、政治の突沸（出来事）だったのだ。

ぼくらはきみによつて
きみはぼくらによつて　ただ
屈辱を組織できるだけだ
それをしなければならぬ

ただ屈辱（あるいは、われらが存在的瑕疵）を組織できるだけ。「ぼくら」というあらかじめ複数の「ぼく」、そしてこのぼく「ら」と切り結ぶ「きみ」が、「きみたち」へ生成する。

　詩を構成するというよりも、むしろ詩にぬっと出現するこうした彼の詞は、ことごとく、ぼくにとっては存在的な、〈肉月《にくづき》〉の詞の列だった。この〈肉月〉の詞は、ぼくにとっては、吉本自身が自己のものと自覚していた論理‐理論と〈それ以外〉という、二元論に傅《かしず》く準《クァズィー》‐二元論における〈それ〉によって掃き出され捕縛される〈以外《はいじょ》〉の詞といった、補集合にとどまるものではない。それは、全体‐普遍集合 *universal* set――もしこうしたものが可能だとすれば――に、歴史的に特種な時間と空間を強く貫いて滲潤し、その提喩的機能を発揮する、部分ならざる部分――真理――だった。ぼくにこのように想い込ませてしまった彼の詩を、ぼくは、しかし、彼みずからが論理的作品と位置づけた作品や批評文にも、おそらくはその詩においてよりも強く、見出してもいた。だから、あるいはだからこそ、ぼくは、彼を愛したのだと言ってもよいほどに。

この吉本は、高校に入ってから読みはじめた。その意味でぼくは典型的な時代の仔だった。ぼくにとって吉本は、なによりもまず詩人だったし、あらゆる作品において詩人でありつづけてきた。二呼《ふた》吸あって大学に這入り、駒場を急いで抜け出した頃、ぼくは、六〇年安保のかつての活動家であり、金助官僚でもあったはずの指導教官に、彼の話をしたことがあった。酒席でのことである。件《くだん》の教員は、ぼくの話を即座に遮って応じ、「あ、詩人ね！」と答えた（「あ、あの詩人ね」だったかもしれない。とにかく、そんな語感だった）。とてもそっけなく。それがいま、彼の戸惑いの表情とともに、鮮明に想い出される。そのように、ぼくにとってても正しい答えを与えた彼の応えを、ぼくは、〈六八年〉（後）における吉本の立ち位置に関わらせて、精神分析の素材にすることも可能だろう。また、自己なるものを分析することの不可能性あるいは禁制を措いて、ぼくにとってても正しいかの教員の応答に説明のつかない不満を感じたぼくの心根すらも。想うにそこに、「敗北」の構造ではなく、敗北の「構造」が垣間見えたのだろう。そしてこの「構造」が、吉本にとっては、彼固有の政治の歴史における有り様を表現する詩作の意味だったに違いない。

この場合の「構造」とは、しかし、なんだろう。だがいまは、このエピソードが、小林風に言えば、なぜいま「思ひ出」されたのかが、ぼくには問題だ（否、このエピソードをいま、ぼくはなぜ「思ひ出」することにしたのだろう）。それは、その応えに当時のぼくが、六〇年安保をブントの闘士として闘ったことを密かに自負する件の教員に溜めこまれた、吉本にたいする紛うことなき「政治（家）」的な、敗北を凌ぐ術《せいじ》にまつわる、拒否感とは言わないまでも、ある種の違和感を読み取ったからだろう。そして、みずからを革命「政治（家）」とみなす、あるいは、みずからをかつてそうみなしていた人びとが、彼らの大衆をその否定的外部（対象）として所有する——引き回す——という観念に取り憑かれていたという点に、またそれへの吉本の深い忌避に、それは関わっているに違いない。それを単なる党派性と読み違《たが》えてはならない。それはむしろ、当時の——そして、いまもなお——左翼一般に通有する構えが罹患する、必要不可欠な病なのだ。論理や理論でもなければ、その対称項として言祝がれることがある情動や熱狂でもなく、つまり疎外論ではなく、これからも必ず到来する数多の出来事あるいは厄災に関わって、政治（家）を自称する者にその敗北を槓桿《てこ》に蓄えられたであろう次なる循環への飛翔が、吉本がそれ自体としては論じたことのない吉本にとっての政治を根拠に、彼を「詩人」と呼ばさしめたのだ。そしてそれは、以下の吉本に関わっている。

　上京時に持参した吉本の著作をゆえあって処分したぼくがその数年後にあらためて購入した勁草社版の『吉本隆明全著作集』第三巻にある編纂者（川上春雄）の「解題」に残された一文に、さきのエピソードとの漠とした対照をつくりだしながら浮上する、吉本「像」がそれだ。一九六九年に記された（実質的には六八年に執筆されたであろう）この「解題」に、当時のぼくは書き込みとアンダラインを残している。

いまから九年前、安保闘争をたたかっている只中でいっぽうひそかに『言語にとって美とはなにか』の構想がすでに形成されていたが、面接したとき、

「どんなに精密に展開しても表現しきれないで澱のようによどんでいるものがある。それを詩にかきたい。」

と著者は語った。このことは、昭和三十七年九月『慶應義塾大学新聞』に発表された論文「詩・情況に対する問い」でも著者がふれたことがある。時期も異なるので、この巻に収録した作品には該当しない成熟した創作態度ではあろうが、ここでは澱むもの、積もるものという一面を捨象して、よどんだもの、つもったものとしての心的体験の累積に限っていえば、凝縮された思想体に対するかかる「戦慄」的な思考をみちびき出す過程には、「残照篇」「日時計篇」時代のような強烈な文学体験が存在することを考察から逸してはならない。〔…〕

「表現しつくされないで残っている、澱のようなものを詩に書きたい。」

当時のぼくは、余白に、覚えたての記号NBと記し、〈ちがう!!〉と書き残している。この〈ちがう!!〉は、だが、吉本への異論ではない。川上へのそれだ。それは、川上の文章が日本語として意味をなさないことを指示するだけにはとどまらないアンダラインが表明する、川上の吉本に甘い読み違いを叱責する、若いぼくのものだ。だが、川上の読解が、ここでの問題ではない。川上にそのように読ませ（るが儘に任せ）た——ふたたび言えば、かの文章が厳密な意味を構成するとすればだが——吉本自身の自己了解におけるいくつかの連接しあう二元論が、ぼくにそうした書き込みを残させた当

のものなのだ。そう、問題は、一方における偶発‐墜落Zufall、あるいは論理を欠いたかのように突沸することだけをその必然としながらも、事後的には必ず論理あるいは理論という固化（必然性の世界）を受諾するほかない一箇の出来事に晒される、要素連続（辞列）と共‐辞列（帰結‐効果）との相互転換的複合態にほかならない政治を、複数にして一箇の主体を構成する一人として掻い潜ったであろう件の教員が、そうした政治体験に発する違和感を表明するために選んだ他者規定である「詩人」という呼称を献呈されたまさに「情況」的に政治的な存在、「吉本」と、他方における「どんなに精密に展開しても表現しきれないで澱のようによどんでいるものがある。それを詩にかきたい」あるいは「表現しつくされないで残っている、澱のようなものを書きたい」と、詩人としてではなく「理論」家の視線から、語った吉本が、政治（過程）から、大衆という名に寄り添いながら後退戦を構築するに当たって詩作に与えた意味は、しかし、なぜ、「政治（家）」あるいはプラトンにとっては悪罵に等しい「詩人」に象徴されるような対立をはらむものとして、理解されたのだろう。そして、悼むと論ずるの間でのぼくの引き裂かれは、この〈ちがう!!〉に表明される、この迷いでもある。両者は、論理では「表現しつくされないで残っている、澱のようなもの」の体験というかぎりにおいて、いずれにせよ論理あるいは理論においては対立するはずもないではないかという、ぼくの素朴な〈ちがう!!〉が。だとすれば、ここで創りだされた対立は、どのようなものだろうか?

一方における詩的なことと論理‐理論的なことの二元論（の設定）、他方における論理‐理論的なことと政治（過程）の二元論（の密かな設定）。そして（次いで、と読め）、吉本自身が建てたこれら二つの二元論が背中合わせに貼り合わされて整合するために必要とされた、詩的なことと政治（過程）

との、複数にして一箇の主体を構成する一人における受け容れの作風、またそれらすべてを詩的なことと政治を同時に締めつける歴史（批判）が、ここでは問題なのだ。そして、最後に出現する二元論が相互往還的に突合しなければ、立てられたいくつかの二元論は、微細な主体においてさえ、あえて言えば弁証法的に、作動しないというこの構制に、ぼくは、いくつかの切断としての出来事を詩作において凌いできた吉本の態度を看てとっている。それは、それぞれの二元論に取り憑いて離れない歴史の、吉本における、有り様に懸かっている。つまり、誤解を恐れず言えば、アドルノのそれというよりも、中原中也の「一夜分の歴史」を思い浮かべてしまう、詩作と歴史という、辛うじて構成される、二元論が。

　彼が出来事という切断――敗戦・六〇年安保・七〇年安保――とその必至の事後《はいぼく》という歴史をさまざまに書き換えては前進するときに用いてきた、しかもこの書き換えによってそのつど過去《れきし》における自分をも遡及的に整序して「やり直す‐贖う」（ジジェク）ときに彼がいつも藉口する、不動に見える存在（融通無碍な流動体）の彼にとっての担保‐必要性――必然性、とは言わない――を、ぼくはそこに感じ取る。不動に見えながらも時流に随って狡猾に――不快の向きがあれば、合理的にも逞しく、と言い換えてもよい――身替わる、彼のいわゆる大衆あるいは生活者（のみずからにとってのあるいはみずからにおいての肯定）が。その意味で、変奏の反復を常とする大衆の「原像」とは、一に懸かってひたすらに、彼自身のものだ。それは、吉本が敗北の突破を、論理あるいは理論ではなく、詩的なことをもって歴史的に画策するときにかならず回帰する、大衆あるいは生活者そのものではなく、大衆あるいは生活者がごく普通に採用する生き延びる術《ちえ》（のみずからにおける肯定的受諾）なのだ。またそれがなければ、吉本が戦中の自己に照らした敗戦と戦後革命の敗北という歴史の「ほんとのこと」を乗り越えられなかったはずの術、それがなければ、「戦争責任論争」も、「共同体論争」も、「戦後文学論争」も、「吉本・岡井論争」も、「花田・吉本論争」も、「『転向』論争」も、「文学者の『反核』をめぐる論争」も、「吉本・埴谷論争」も、あえて言えば時流という大衆に事寄せて凌ぐことができなかったはずの吉本の術、それが、（永遠に実体をもたない）大衆それ自体ではなく、吉本に想起－憶想された大衆の「原像」という整序装置ではないのか。それはまた、吉本における敗戦「処理」に次いで、六〇年安保「後」にも、繰り返された（だが、七〇年安保「後」にも繰り返された同様の、だが、もはや回帰することのない後退戦の作業、消費を顕揚する最終的な転轍については、ぼくは、辛くて、問わない）。

朝鮮戦争から冷戦下の五五年体制への移行の結節点であった「一九五二年」における己れと「一九六一年」という固有な時点における己れを、政治でもなければ、理論でもなく、詩作において遡及的に貼り合わせようとする「六一年」の吉本が、しかもその背後にそれとは明言されない「一九五二年」から「一九六一年」への約一〇年を敗北の歴史（「ほんとのこと」）として繰り込んで、そこにみずからを重ねる吉本が、後に『模写と鏡』に収録される、あまりにソクラティックな設問を表題に措いた文章、六〇年安保闘争の敗北を承けて詩を定義に措いて論じはじめる、あるいはむしろ論じなおす「詩とはなにか」が、それだ。

まず「詩的体験からひとつのさめきった理論をみちびきだすことは、とうていおぼつかない」と、彼は告白してみせるだろう。「さめきった」「経済学書や政治学書をメモにとりながら読んでいるうちに、一、二年するとまた、いつか詩がかけるようになった」と綴るこの吉本は、一方における詩作と理論－論理の二元論と他方における詩作と出来事の二元論を貼り合わせるために、その結節にすでに直近の過去（歴史）となった「敗北」を挿入し、その政治をその歴史に措いて「構造」化することで、この「構造」において詩の何たるかを定義しようとしている。彼は、出来事の（一時的）終焉とそれに随伴した政治の（一時的？）敗北を歴史という媒介しながら消え去る項として挿んで、詩作と理論－論理を往還する作法を語っているのだ。

> 一九五二年頃「廃人の歌」という詩のなかで「ぼくが真実を口にすると　ほとんど世界を凍らせるだらうといふ妄想によつて　ぼくは廃人であるさうだ」という一節をかいたことがある。この妄想は、十六、七歳ころ幼ない感傷の詩をかきはじめたときから、実生活のうえでは、いつも明滅していた。〔…〕
>
> 　すくなくとも、『転位のための十篇』以後の詩作を支配したのは、この妄想である。わたしがほんとのことを口にしたら、かれの貌も社会の道徳もどんな政治イデオロギイもその瞬間に凍った表情にかわり、とたんに社会は対立や差別のないある単色の壁に変身するにちがいない。詩は必要だ、詩にほんとうのことをかいたとて、世界は凍りはしないし、あるときは気づきさえしないが、しかしわたしはたしかにほんとのことを口にしたのだといえるから。〔…〕
>
> 　詩とはなにか。それは、現実の社会で口に出せば全世界を凍らせるかもしれないほんとのことを、かくという行為で口に出すことである。

アンダラインはすべて、当時のぼくのものだし、調べてみると、吉本みずからが参照に供した自分の詩「廃人の歌」の該当部分「さうだ」にも、ぼくはアンダラインを付し、疑問符を書き込んでいる。だがそれは、簡単な話だ。吉本は、世界から与えられた称号であることを含意するために「さうだ」を付したうえでみずからにみずから自身で「廃人」という称号を与え、そうすることで彼がこの称号を受け容れたわけではけっしてないことを搦め手から表明している。この彼は、この自称をもって他称された自称を拒むことで、むしろ世界にとっての瑕疵存在である「ぼくが真実を口にすると ほとんど世界を凍らせるだらうといふ妄想」をこそ肯定する、吉本だ。詩作は、吉本にとっては、出来事が強いた固有の政治における敗北を論理において諒とし、理論において再解釈し、それをもって敗北の反転を期すことを大衆の名の許で口にする「政治（家）」――彼のいわゆる「政治屋」――のいつもの登場の際に、敗北そのものを歴史において凌ぎ救済するために「世界を凍らせるかもしれない」出来事の真理を抉り出す、日常に照らした作業なのだ。論理的あるいは理論的な「さめきった」ものでは表現しえない澱のようなものを表現する詩の必要性とは、したがって、「詩にほんとうのことをかいたとて、世界は凍りはしないし、あるときは気づきさえしない」という、詩があらかじめ被っている敗北を歴史において冷徹に受諾したうえで、なおも「しかしわたしはたしかにほんとのことを口にしたのだといえる」という詩人の資格において捉えられた出来事の以後（政治とその敗北）を、論理的あるいは理論的なことの出現だけでなく、それに藉口して語られる政治の直前に、「かくという行為で口に出すこと」なのだ。そしてこれが、吉本にとっての、詩作を通じて歴史に照らされた、政治の作法だったのだ。

しかしそれを、政治は我慢できるだろうか。

だがそもそも、敗北そのものを歴史において凌ぐ救済とはなにか。それに応えるために、彼は「詩とはなにか」でさまざまに内外の先達を引いてみせるだろう。例えば、朔太郎『詩の原理』にある「夢とは『現在《ザイン》しないもの』のあこがれであり、理智の因果によつて方則されない、自由な世界への飛翔である。〔…〕現在《ザイン》しないものへの憧憬である」という一文を引いて吉本は、「『現在しないものへの憧憬』というものを、『現在しえない(ママ)ものへの憧憬』とでもいい直せば」、「私の詩の動機と接触する」と、単なる非在ではなく存在不可能なものへの「憧憬」を、詩作の衝動に据えている。彼はまた、ハイデガーの『ヘルダーリンと詩の本質』から「詩は歴史を担う根拠であ〔る〕」を引いて、「わたしたちが現実の社会で、口に出せば全世界が凍ってしまうだろうほんとのことを持つ根拠は、人間の歴史とともに根ぶかい理由をもつ」と主張する。こうして詩作は、吉本にとっては、敗北という「それにふさわしい現実」を「現在しえない(ママ)もの」を憧憬することで未来に措き、「詩も語らず政治も語らないかわりに虫のように生活することでは専門家である大衆の名を、四十年間喰い荒らしてきた政治屋」に、「自らの奴隷的な魂」「死せる組織」とは異なる政治を突き付ける作業だったのだ。

だがそれは、いま可能な所作だろうか？　詩が死んでしまい、すでに「単色の壁」が異なって実現してしまった「いま」。畢竟これが、ぼくの迷いに違いない。凡庸にもアドルノとともに。しかしまったく異なるコンテクストの許で。

V

確信－期待という「主体」

第9章

こうして世界は複数になる

——谷川雁と丸山眞男の絶対的疎隔

ぎ な の こ る が ふ の よ か と（残った奴が運のいい奴）[*1]

人々は遠くにいるのだ。そして私を動かしているのだ。彼等はそうする権利がある。なぜなら私も彼等を動かすのだから。[*2]

〔「東京」〕ではどんな暴論を吐いても村八分になる危険はなかった。[*3]

I

詮なき仕掛け

安保条約改定が本格的争点となりつつあった一九五八年一〇月に創刊され、安保闘争の分解が明確となった一九六〇年九月に廃刊された『民話』という月刊誌（未來社）があった。『民話』はヨーロッパ神話と日本民話の対質という木下順二の発案（起源‐原点論）に応じて発刊された（最終号・編集後記）。同誌の一九五九年一月号に掲載された埴谷雄高との対談で丸山眞男は、当時上映されたジュールズ・ダッシン監督のフランス＝イタリアの合作映画「宿命 *Celui qui doit mourir*」に映画的思考の複数性という観点から高い評価を与え、[*4]次のように述べた。

思想的なみちすじを論理的に書こうとすると〔…〕単旋律の流れになる。（しかし映画は）プルーラルな問題、しかも互いに嚙み合っている問題を対位法的に同時に進行させる。つまりポリフォニックなんだ。ちょっとねたましくなったね。現在の世界の事象っていうのは、「かかるが故に」という因果の一列縦隊じゃなくて、たしかにカノンやフーガみたいに声部と声部が互いに呼

＊1　谷川雁「革命」〔一九五四年〕、前掲『谷川雁の仕事』Ⅰ、一一五頁。
＊2　同「原点が存在する」〔一九五四年〕、同前、六三頁。
＊3　同「東京の進歩的文化人」〔一九五六年〕、同前、一二五八頁。
＊4　映画「宿命」は、一九五七年度『キネマ旬報』外国映画部門で第二位を占めた。第一位はフェリーニの「道」であった。

応しながら同時進行する。[*5]

後の「執拗低音－古層」論[*6]をすでに暗示している丸山のこうした発言は、論理的記述における〈言い得ないこと〉の記述に関わる方法論的な限界についての深刻な本音だった。しかしこの本音は、論理的に記述しうることにみずからを制限し、それ以外を論理的記述の外部として事後的に与件化する社会科学者の禁欲《アスケーゼ》を語りながら、記述されたことが世界の総てではないことを記述者自身が同時に諒解していることを提示しておくという、退路の確保によってしか癒やされない。そこには記述への懐疑の不在が条件づけられているとさえ思われる。こうした記述への懐疑の不在は、次のような発言にも顕れる。[*7]

あなた〔埴谷〕と花田氏を比べると、ぼくの論理はね、むしろ花田清輝に近いですね。しかし、ぼくの心情は埴谷雄高に近い。ぼくから見ると花田氏は政治の論理みたいなものをじつにしっかり掴まえてる。あなたにとっては政治の論理という奴はあなたの前にたちはだかっているもの、たえずこいつと格闘するものなんだな。ところが花田《（マヽ）》氏はそれがなかに入っちゃってるわけですよ。埴谷雄高のなかには政治の論理は感じない。真底からの革命的心情がくりひろげる形而上学のおもしろさだね。ぼくに言わせれば、革命の論理は、もともと政治の論理というより政治をこえたメタポリティックなものだ。

丸山は続けて、花田を「常識」に埴谷を「非常識」にそれぞれ分類し、さらに花田のコミュニズムが不鮮明で、「最後の動かぬ拠点」としての彼のコミュニズムの「実体性」がリアリティをもたず、あたかも花田は「フラ・フープのように枠だけ」のコミュニズムのなかで「豊富な学殖をまきちらしながら踊っている感じだ」と、論評した。

こうした社会科学者丸山の発言は、「座談会　現代芸術家の変貌」で顕わになった花田と埴谷とのいわゆる〈モラリスト論争〉を承けての発言と思われる。[*8] しかし同時に、この発言が、〈花田－吉本〉論争における悪罵の応酬を観察していたであろう丸山による戦争責任論への応答であることもまた容易に看てとることができる。花田が埴谷をモラリストと呼ぶとき、それはいわば〈手を汚さず、泥を被らない〉ことをモラルと言い為すことへの強烈な皮肉だったが（もちろん花田は三〇年代における埴谷の左派農民運動へのコミットメントと戦時中の埴谷的な内省を知っていただろう）、丸山はそうした皮肉にもまた応えている。

＊5　埴谷雄高・丸山眞男「対談　現代の政治的状況と芸術」『民話』一九五九年一月、六頁（『丸山眞男座談』3、岩波書店、一九九八年）。

＊6　丸山眞男「歴史意識の『古層』」『忠誠と反逆』ちくま学芸文庫、一九九八年および同「原型・古層・執拗低音」、丸山ほか『日本文化のかくれた形』岩波現代文庫、二〇〇四年などを見よ。彼の「執拗低音－古層」論のドゥルーズ＝ガタリ的読解も次作のテーマとなるだろう。

＊7　以下、花田清輝についての丸山の発言は、前掲「対談　現代の政治的状況と芸術」二一一〜二一二頁。

＊8　『近代文学』一九五八年九月号。

こうして丸山は、同時進行する論争を巧みに整理し、みずからを論争地図のなかに安置しようとしているかにみえる。在野の表現者たちそれぞれの格闘地図にみずからを案分することによってみずからの同時代性を邪気なく跨って確保するという、丸山のこの政治的な自己類型化では、しかし、次のことが理解されなくてはならない。すなわち、丸山がみずからの「論理」を埴谷をモラリストと批判した花田のそれに近似させる仕種は、吉本隆明的な戦争責任論に対立する花田に、そして戦時中における花田的意味での「正統」の自負にもとづいた彼の「政治の論理」の実践に、共感を表明することによって、吉本的批判を排除するものとして機能した、ということである。モラルの反対概念は、一見するに分かりやすいが、しかしそのじつ問題含みの、リアルであり、したがって丸山の花田への共感は、みずからの政治の論理に現実味《プロージビリティ》を与えることを目的としている。

　この花田への共感は、しかし、丸山にとっては、埴谷の形而上学的な「心情」が繰り広げる「おもしろさ」なるものによって即座に、また周到に、均衡《カウンター・バランス》がとられるべきものでなければならなかった。それは、埴谷と丸山が捉え損なった〈実体－関係〉論的な花田の〈大衆－党〉把握にたいしてではなく、コミュニスト花田が、ハンガリー動乱後に、〈党〉への「仲間意識」に依然として緊縛されていることへの違和感の表明にほかならない。そうした「最後の動かぬ拠点」としての「実体性《リアリティ》」をもたない花田のコミュニズムという批判は、逆説的に、埴谷＝丸山がコミュニズムを〈党〉において実体視していることを暴露している。しかも皮肉にも、こうした視線は、日本共産党における党概念と背中合わせに一致しているのである。したがって花田の「政治の論理」の是認を埴谷的「心情」によって均衡させることは、結果的に、『新日本文学』の編集権をめぐる党員中野重治の党員花田にたいする対応（一九五四年）と同一の常識的政治に帰結するという皮肉な作用をもっていた。

こうした丸山のバリケードを跨ぐことをものともしない均衡と調和の政治性は、記述を「政治の論理」＝フィジックスと「革命の論理」＝メタ‐フィジックスに分断し、そのうえで花田‐埴谷の対項に論理と心情という二項を擬制的に対置し、次いでみずからをその二項に割り振り、みずからを〈分裂〉させて併置するという、政治的なスマートさに集約されている。あたかもそうした〈分裂〉が、社会科学者であると同時に表現者でもあるが、しかし決してみずからの職業《ベルーフ》としての表現行為（学問）を「形而上学」とされる「革命の論理」に抵触させることなく禁欲する科学者丸山の苦悩であるとでもいうように、またあたかも記述という行為が「革命の論理」とは異なって科学的中立性をもつかのように、その分裂と案分は配置されている。それゆえに彼が職業とする「政治の論理」の古典力学的な記述あるいは「政治の論理」的記述は、メタポリティックとして「政治の論理」から丁重に排除された「革命の論理」、政治の論理における「論理」と質を異にするとされる革命の「論理」を描かない、あるいは描くことが許されない、という二元論に凭れかかることによってのみ成立する。

しかし、こうした自己限定あるいは二元論では、ある一つの権力作用が閑却されている。それは「政治の論理」の記述が不可避に帯びる政治性、またその政治性がもつ変革（出来事）‐秩序《ポスト・イベント》（均衡）という遷移の暴力的な関係性にほかならない。それは、記述の暴力性、記述行為が記述主体に不可避に負荷する位置性とそうした位置性に相即する記述対象の客体を凝固して忘却するという問題と言い換えてもよい。丸山は、対談の結語で次のようにも述べている。

文化というものは、今日の基準というものだけでテストさせない、持続的な価値がある〔…〕。政治というのはどこでも、今日の人々の今日の基準でテストされるべきもの[*9]〔…〕。

ふたたび詮なき問いを繰り返そう。この発言は彼の科学者としての禁欲《ルール》なのか。もちろんそのように映ることが望まれていただろう。実際、丸山が言うように、政治の論理がいわゆる「今日の人々」である同時代的な大衆の「基準でテスト」されるにせよ、丸山における政治の「論理」とは、記述における論理（性）によって整序されうる限りでの、画定・固化された「今日の人々」の論理であっただろう。彼の「論理」がその内部に収納可能な人びと（大衆）にのみ関わっていることを、言い換えれば、丸山の記述こそが彼の「論理」を身に纏いかつ彼に絶望あるいは落胆を与える大衆を制作していることを、それは意味している。したがって丸山に絶望を与えるものは丸山自身（の「論理」にある「人々」）なのである。彼は、この自身の絶望を彼の「今日の人々」に化体させて、語っている。そしてこの「今日の人々」こそ、彼のいわゆる「日本（人）」にほかならない。

しかし看過してはならないことがある。それは、こうした彼自身の大衆の論理的制作が、それ〈以外〉という彼が与り知らない大衆を同時に外化し、またそれは不可視とされたままに、彼の記述の絶対的外部を不可避に制作するという絡繰りである。そしてそれは、彼の「論理」的な記述の結果、対象化された「日本（人）」による彼の非-「日本（人）」という大衆の制作にほかならない。こうして彼の「論理」は、「日本（人）」を、したがって非-「日本（人）」を、同時に画定する権能をみずからに当然のものとして与えるという仕組みにもとづいている。

こうして丸山による大衆の観測的限定は、大衆を二重に仮構する。そのうえでそれらは密かに、また相互に不均等に、対立させられている。なぜなら丸山の論理では、「日本（人）」という「政治の論理」の対象が画定されることは、その補集合が必然的に画定されることだからである。つまり丸山にはあらかじめ「日本（人）」という全体《ふへん》集合が前提‐前梯されている。しかも彼の「政治の論理」から導き出されたこの「日本人」大衆が対立する不可視（したがってつまり、非在）の外部としての他なる大衆は、丸山のいわゆる「革命の論理」を担うことさえない無である。それは空集合でさえない無とされている。それは単純に消え去っているだけである。そうした消え去りは、彼の「政治の論理」による記述が、主観的であれ客観的であれ、世界を覆い尽くしているとされればされるほど、そして「日本（人）」と非‐「日本（人）」が互いに素であり、したがってこれら二つの部分集合の和集合が全体《ふへん》集合であるとされればされるほど、完璧となるだろう。そこでは「日本（人）」が非‐「日本（人）」を特殊として規定する権能をもつ。しかしこうしたことが成立するためには、世界という総体が、つねに画定されていることが前提とされねばならない。こうして全体《ふへん》集合としての世界が、後に触れるように目的論的に前‐措定されて先在し、また存在し続け、次いで「日本（人）」という部分集合が画定される。したがってその補集合は描かれる必要すらないとされるのである。

　こうして彼の論理内部にある大衆は、啓蒙的に嚮導（「政治の論理」化）さるべき対象としての内的に論理的な他者である。しかしその内的な他者は、その背後で制作＝抹殺された絶対的に外的な他者

＊9　前掲「対談　現代の政治的状況と芸術」二一四頁。

によって縁取られ、嵌入され、そのことによってのみ丸山の世界は構制される。丸山の「政治の論理」は、あたかも資本の本源的蓄積過程における労働と共同体（土地・自然）との暴力的分離のように、しかし国家というあからさまな暴力とは異なる——より精確には、国家という暴力をも編制する——暴力の言説的編制のための「助産婦」として（エンゲルス）、内的他者を「日本（人）」として商品（言説）化する。

当時藤田省三は、「『大衆』という言葉がふくんでいる『意味』〔…〕〔の〕変革」が「思想上の変革の道」であると、いまだ啓蒙主義的響きを残存させていたとはいえ、[*10]記述することを決意した者が避けることのできない「政治の論理」の意味論を模索していた。しかし、こうした党員藤田の規準に照らしても、丸山の「今日の人々」は、丸山の「論理」という「意味」を賦与されることで画定されることによって、つねにすでにあらかじめ「変革」あるいは編制‐排除される客体となっている。そしてその背後には、非‐意味とも言うべき「意味」を与えられた膨大なそれ〈以外〉の大衆が、消去という言説的編制を受けとっている。そしてそうしたことが、ここでは掩蔽されている。

記述とは、「意味」の賦与という意味で、記述対象の「変革」にほかならない。そこには戦術的な選択と排除がすでにシステミックに機能している。このことを丸山は忘却あるいは掩蔽することで、みずからの「論理」が、みずからの論理で編制＝変革した彼の「今日の人々」以外の人びとによってテストされることを回避している。そこには他者を造り上げて無視する無頓着な「テスト氏」あるいは他者をもたない純粋な「テスト氏」だけが存在している。「つねに思考という岬に立ち尽くして、事物の限界へ、視界の涯へ、眼を見開き続けている人間」へ躙り寄るテスト氏は消え去ってしまっている。こうして彼のテストの「基準」は、まず第一に「今日の人々」には存在しない。ここでの「今日の人々」は、彼の「政治の論理」のテスト・ケースであるにすぎない。丸山は、彼の「政治の論理」から出港し、彼の「政治の論理」へ帰港するという性格をもつ「テスト」を「政治の論理」の記述と呼ぶことで、じつはテストを回避しているのである。またさらに第二に、それ〈以外〉の人びとを記述から論理的に排除することによって、彼の「今日の人々」についての政治の論理的記述が、それ〈以外〉の人びとによってテストされることを回避しているのである。あるいはそれ〈以外〉の人びとを、単なる攪乱項あるいは整序のためのダミーとして、論理＝モデル式の最後に附加して排除されるのみである。

丸山は、後年、このダミーを示し出すための「執拗低音」論で、頻繁にみずからの循環的な方法と消去法について触れたが、そうした視点はこの段階から一貫している。丸山の「執拗低音」は、外在する西欧近代であれ、挫折した内発的近代であれ、いわゆる「古層」であれ、いずれにせよ一貫して彼自身の論理が画定する領野の内部で鳴り響く、論理それ自体が呼び出す何か《サムシング》という無にほかならない。それは彼の論理的な一貫性——美しき調和——への執着であり、世界が終焉＝目的を与えられて安固に先在し、彼の論理がその世界を余すことなく描くことへの稀求＝要求である。しかしこの論理

＊10　藤田省三「大衆崇拝主義批判の批判」［一九五九年］『藤田省三著作集』第七巻、みすず書房、一九九八年。谷川の藤田批判については、谷川雁「伝達の可能性と統一戦線」［一九五九年］、前掲『谷川雁の仕事』I、三三二頁以下。

で描かれた世界は、彼の論理世界以外のなにものでもない。彼の記述は予弁法《プロレプシス》によって防御されている。したがって彼の循環を開始し、またこの循環を閉じる結節点は丸山本人の「論理」以外には存在しえない。彼は、そうした循環する論理によって描きえないものを、つまり論理的記述からあらかじめ消去−排除することによって彼のいわゆるポリフォニーを構成するものを拒否する。彼自身が世界なのだ。したがって彼のポリフォニーとはせいぜい対位法という調和と均衡において把握されるのみである。

こうして丸山は、現実――花田はこの現実を唯一の「実体」としての大衆と呼ぶだろう――というポリフォニーを知悉していることを巧みに語りながら、彼の「政治の論理」を人びとに与えること〈記述〉によって、人びとを彼の論理にそくして鋳固める。そうした営為を、丸山は科学者が担うべき論理的記述とその禁欲と考えた。ここでのみ人びとは、祖型とされた西欧近代的な主体を欠如する惨めと絶望であるにせよ、記述された対象としては内的に論理的となる（ことが許される）と同時に、そうした記述から絶対的に喰み出る〈以外〉が非−論理として不可視のままに堆積し、外部を形成する。この不可視の外部の堆積は、「執拗低音」としての〈遺抗 Restance〉は響きつづけるにせよ、消去と呼ばれるほかない。そこには〈全称命題 universal〉による〈特殊命題 subaltern〉の権力（抑圧）的な措定が機能しているからである。[*11]

もちろんこう言ったからといって、六〇安保闘争が、丸山における「政治」と「革命」という二元論を社会状況的に突破するほどに切迫する革命性をもっていたとか、ましてやそうした切迫性にもかかわらず、丸山は……などと、ナイーヴに考えているわけでは素よりない。しかし当該期において

「今日の人々」の「今日の基準」が社会的に流動しつつあるときに（もちろん岸信介が嘯いたように、大衆行動の最中にプロ野球を観戦していた人びとは当然のこととして存在したであろう）、そして丸山がそうした「基準」を殊更に彼の「政治の論理」でテストするというときの彼の記述の文字どおり政治的な位置性、さらに一般的には、記述の暴力性（にたいする無頓着）を、ぼくは指摘しておこうと思っているだけである。

そうしたぼくの思いは、或るひとつの初期サバルタン的な言説に起因している。それはまた、命名されることを求める人びとにたいして、誰が、誰とともに、どのように「近代」「日本的なもの」「アジア的停滞」「天皇」「八紘一宇」「社会主義」「近代の超克」などのさまざまな固有名をもって署名し、そうすることで〈言い得ないこと〉という充填を不可避にまつ空隙に政治性を与えるのか、という「政治の論理」の問題なのだ。後に見るように、谷川雁は、こうした政治性の賦与を補色の「色感」を与えるという隠喩で語るだろう。それをぼくは、選び取りのための商議《プルパルレ》であるほかない戦略の問題と言い換えてもよいように思う――竹中好が〈近代の超克〉は戦略問題であると論じたように。[*12] それは、以下である。

＊11　長原豊「全称命題に抗して」『ａａｌａ』第１００号、一九九五年。

＊12　竹中好「近代の超克」［一九五九年］『日本とアジア』ちくま学芸文庫版、一九九三年および佐々木基一・竹内好・伊藤整・鶴見俊輔「座談会『近代の超克』をめぐって」『新日本文学』一九六〇年五月。

〔…〕思想がもともと無署名のものであり、たとえそこに個人のサインが施されていてもそれはある種の勢力と傾向の代表単数にひとしい事実を忘れて、いや、故意に抹殺して、いかにも思想が一から十まで独自でありうるかのような錯覚をばらまいてきたのはだれの罪でしょうか。知識人はそうすることで超過利潤を得たかもしれないが、民衆の側はそれによって永遠に思想表現の世界から切り離され、いうも愚かな狭い私有に封じこめられる呪いを受けたのです。したがって大衆を思想は私有されるものだという呪縛から解放することが私たちの思想運動の目的であり、きっぱりと思想の無署名性の側へ賭ける態度は必然的に運動をうみだすということができます。[*13]

ぼくは以下、谷川雁の限られた幾つかのエッセイを丸山眞男論として論ずるという、両者にとっては迷惑で見え透いた詮なき仕掛けを行使するが、またこの仕掛けは、谷川は「さまざまな無名の解説者の珍無類の解説の洪水によって読まるべき」であるという北川透の奨めを真に受けての暴挙である。[*14] とはいえそれは同時に、丸山が記述に関わって「ねたましく」思ったポリフォニーという唯一の現実から出立することによって「政治の論理」と「革命の論理」という二元論それ自体を解体し、その解体を引責し、その解体に応答することで「今日の人々」を発見し、「はさまれ」ようとした谷川雁の、その不可能な可能性を探りだし、そうした作業のなかで丸山を逆照射しようとする暴挙である。[*15] ところでそうした私の試みが、「奇妙に肉体的な読書をするのが私の癖」です、[*16]と述べた詩人谷川への心身的《ソマティック》な共感に操られていることをぼくは隠さない。しかし紛れもなくひとりの「農民の裔」であるぼくはまた、次のようなぼくという複数の〈私－たち〉である。

日本「独立」と朝鮮戦争そして冷戦下の一九五二年に「満州」から引き揚げてきた両親のもとに生まれた、一人の「私」。高度成長とアメリカ民主主義、第一次R&Bブーム（日韓闘争）、ジャズ（ビートニク）、ロック（ウドストック）、FEN、そして何よりも全国高校―学園闘争・七〇年安保・沖縄闘争という「環境」で育った、一人の「私」。全共闘運動の敗退と赤軍派の登場そして連合赤軍の蹶起と敗北、そして七〇年代における殺戮戦に遭遇した、一人の「私」。またさらにそうした過程の背後で深化する農村の解体（兼業化）と解体する村落内に静かに潜んできた被差別の人びとがそうした過程で起こる農地の交換分合で村寄合からうけるシレッとした仕打ち（仕組み）と彼らの泥酔と哭きを垣間見た、一人の「私」。幾人かの友人の「北朝鮮」への帰還や「朝鮮部落」が「臭くなくなる」という変容を実感し、自転車やスコップが「盗まれること」がもはやなくなった時代の節目にふと気付いた、一人の「私」。近所にいた「フランス屋」と呼ばれる不思議な老女が、じつはインドシナからの帰還者だったことを知った、一人の「私」。以前にはどこにでもひとりやふたり必ずいた自由に歩き回り、ともに生きていた〈変な人〉が見えなくなってしまったことに気づいた、一人の

＊13　谷川雁「観測者と工作者」〔一九五九年〕、前掲『谷川雁の仕事』I、三四二頁。
＊14　北川透「夢みられたコンミューン――谷川雁の詩の世界」『谷川雁』（現代詩文庫2）思潮社、一九六八年、九八頁。
＊15　谷川雁「さらに深く集団の意味を――『サークル村』創刊宣言」〔一九五八年〕、前掲『谷川雁の仕事』I、二八八頁。
＊16　谷川雁「工作者の論理」〔一九五九年〕、同前、三一〇頁。

「私」。一緒に新聞を配達し、はじめてモツ鍋を食べさせて貰い、ノロ滓から屑鉄を拾ってツルんで売りに行った流れ沖仲士の倅が、砂浜で生き埋めになって死に、その葬式が余りにも寂しかったことをいまだ記憶している、一人の「私」（あのお金で私は、父が買ってくれた質流れの自転車に当時流行り始めていた変速器を付けたのだし、鉄屑を売った商売相手は在日朝鮮人だったのだ。そして彼の名字からぼくは彼がどんな人びとの群に所属していたかが、いまは分かるのだ）。戦時中の朝鮮人「徴用」問題に対処しない不二越の工員社宅（社員社宅は全く別棟の一戸建てだったし、ノロ滓は不二越のものだった）の住人たちが競輪へ行くために借金する様子（風景）がこびりついている、一人の「私」（なぜか彼らはいつも負けるのだ）。

　こうした相互に分かち難く関連し合いながらも、しかし複数に賓述化されて存在する「私」という〈私‐たち〉のなかの「ひとりの日本農民の裔は、谷川の燃えるようなよびかけに、われわれの真実はそんなに美しくはない」と答える黒田喜夫を、しかし、「真実」などは存在しない——存在するのは「真実」という名だけなのだという但し書きとともに、道連れにするだろう。[*17] こうして彼らは、すでに「フーコー」だった。それは谷川の自覚された横柄さと胡散臭さを道連れに、丸山的な社会科学に対峙することなのだ。そしてそもそも、この横柄さと胡散臭さは、「日本（人）」という言説を、しかし確実に実体化された、もはやその虚偽とは言えない虚偽性を、退路を確保しながら否定してみせる〈急進〉的知識人の横柄さと胡散臭さにたいする、谷川固有の自覚された横柄さと胡散臭さであり、傲慢な「最下流からの睥睨」なのだ。[*18]

　だがしかし、それはアウエルバッハが引き、柄谷行人がふたたび引いて見せた〈嘴の色〉の問題でもある。
谷川は以下のように宣言して、立ち竦《すく》んでいる。そうした立ち竦みは、社会的に研究者であるとされている（た）ぼくの〈「論理」を逸脱する新たな論理をもつことへの夢〉を膨らますだろう。

私は日本の知識人の裏がえし、ある意味では単純な、機械的な反対物〔…〕。私が求めているものは、はじめからしまいまで困難にみちみちている結晶よりほかにない。たとえば砂漠の吹きだまりにふとみられる紋様の意味を解こうとして生涯たちつくしておられたら……完成とはそういうものではないか、直達しようとする者だけが感じるあの抵抗ではないか〔…〕。[*19]

記述することへの竦みとその竦みを払拭するために工作を引責し——工作で応答すること。さらにその工作が記述することへと衝迫されること。この谷川の心身的な引き裂かれは、丸山の書斎で響くポリフォニーあるいは対位法などという、観測対象と分離され、記述の暴力性を忘却した、二元論的な記述についてのお上品な惑いではない。谷川と丸山の間には、ある種の〈傲岸〉において共通するとはいえ、しかし「今日の人々」という抽象的に一括される人びとを「政治の論理」で記述しテストす

＊17　黒田喜夫『彼岸と主体』河出書房新社、一九七二年、一五五〜一五六頁。
＊18　管孝行「最下流からの睥睨——工作者谷川雁の逆説」『情況』一九九四年三・四月合併号。
＊19　前掲「工作者の論理」三三七頁。

る外部観測者と、後にふれる「思考の範型」であると同時に際限なく個別に独異《シンギュラー》でもある「原点」の人びとによって不断にテストされる恐怖＝悦び（邂逅）とともに、記述することに衝迫される独異の工作者との決定的な異なりが存在する。というのも、記述は工作という〈力〉の行為にほかならないからだ。このことが引責＝応答されているか否かが、ここでは問題なのである。そこにすでに実体化している「日本（人）」なるものを引責し、実体化する「日本（人）」なるものに応答し、そうした引責＝応答によって「日本（人）」の実体化を解体・突破しようとする谷川の危険な位置性が存在する。もちろんそれは、否定するために接近するというアポレティークな経験を強いるだろう。それはまた丸山の静的な理論主義と谷川の動的なロマンティシズムとの間への危険な墜落であるだろう。そこには、例えば、反‐オリエンタリズムを記述しながら結果的にオリエンタリズムを画定する、あるいは「日本（人）」という言説の立ち上がりを批判する記述が、不断に「日本（人）」という言説を画定する……などという、記述が帯びる〈力〉行為における不可避の顚倒の問題の自覚的な引責が存在している。しかしこの論点にはいる前に、谷川の丸山についての言及を引用し、そのうえで丸山と谷川のそれぞれ二匹の「蛙」について見ておこうと思う。

谷川はみずからの「工作者」を定義するに当たって、二度にわたって丸山に言及したが[*20]、谷川にとっての丸山とは次のような存在であった。

> 丸山真男氏のように「理論信仰」と「実感信仰」の二つの大洋を同時に漂流し、両者が「裏はらの形で共通して刻印されている日本の〈近代〉の認識論的特質」であることを暗示しつつ、つい

にそれは認識論に終って世界観へは到達しないのです。「それが社会科学者と文学者とによってともに自覚されるとき、そのときはじめて、両者に共通の場がひらける」といった悲しいエリートのサークル論。[*21]

ここには「理論」と「実感」という非決定なものを、「信仰」という振動する選び取りの契機で辛うじて繋留しながらも、しかしその選び取りと折衝《プルパルレ》することなく二元論的に切断することで接近することをあらかじめ断念する「悲しいエリート」の世界観へと直達しようとしない非‐身体的な論理＝認識論にたいする憐憫が、語られている。そうした「論理」には、次のように「世界をよこせ」と、果たし得ない欲望を直截に叫ぶ、谷川の選び取りが存在する余地は絶対的に存在しない。[*22]

まっかな腫れもののまんなかで
馬車のかたちをしたうらみはとまる
桶屋がつくる桶そのままの

＊20　一度目は『サークル村』創刊宣言、一九五八年九月であり、二度目は「工作者の論理」『思想の科学』創刊号、一九五九年一月。
＊21　前掲「工作者の論理」三一一頁。
＊22　谷川雁「世界をよこせ」、前掲『谷川雁の仕事』I、二一〇〜二一一頁。

おそろしい価値をよこせ　涙をよこせ
なめくじに走るひとしずくの音符も
やさしい畝もたべてしまえ
青空から煉瓦がふるとき
ほしがるものだけが岩石隊長だ

この読み手が困惑するほかない跳躍・跳梁する隠喩の重ね書き、「ほしがるもの」だけが許されるという傲岸な突き放しにおける「なめくじ」とは、「村のユートピアとでもいうべきまぼろし」の変革に火をつけられて這いずりまわり、谷川に「現代のファシズムをはじめもろもろの蛇やなめくじが発生する幅をもった地帯」だと言わせた、焼け焦げる「なめくじ」に違いない。[*23] しかしここでは、そうした両者における選び取りの隔絶がめぐっている「蛙」という一つの形象について触れておこう。

二匹の「蛙」

『新日本文学』一九五五年一一月号に掲載され、後に詩集『伝達』(同年五月)に収録された詩「おれは砲兵」の第一連で、谷川雁は、次のように詠んでいる。[*24]

海べにうまれた愚かな思想　なんでもない花

おれたちは流れにさからって進撃する
蛙よ　勇ましく鳴くときがきた
頭蓋の窪地に緑の野砲をひっぱりあげろ

当時、彼は三二歳。水俣市チッソ病院で胸廓整形手術をうけた療養中のコミュニストであり、ヴァレリアンであった。一九四三年に「学徒」として徴兵され、東京帝国大学文学部社会学科壮行会で「たとえ奴隷になっても寓話ぐらいは書けるだろうではないか。イソップは奴隷だった」と演説をぶって出征したと伝説化されている谷川は、「馬糧を盗みぐいしながら尿をこらえることができない栄養失調の兵営」を見つめながら[*25]、入隊した千葉県印旛沼の陸軍野戦重砲隊の営倉を出入りする（そのとき谷川は、「お前みたいなのが私兵を作るのだ」と言われたという）、決して多くの人びとには愛されなかったであろう、ヤサグレた一兵卒であった[*26]。

理解者の一人であった鶴見俊輔が、デフォルメにつぐデフォルメという谷川の厄介で好戦的な文体について、彼を諭したことがあったという。谷川はこの諭す鶴見に、次のように応答している。

＊23　前掲「工作者の論理」三一一頁。
＊24　谷川雁「おれは砲兵」、前掲『谷川雁の仕事』Ⅰ、一一二～一一三頁。
＊25　前掲「原点が存在する」六三～六四頁。
＊26　齋藤愼爾編「谷川雁略年譜」『谷川雁の仕事』Ⅱ、河出書房新社、一九九六年、四九一頁参照。

私は私の立場から、私は世界の中心であり、唯一の太陽であり、二人といない王様だと主張してみよう。すると向うにまた別な中心と太陽と王様があらわれるにちがいない。こうして世界は複数になるのだ——と考えるよりほかに、戦いがまるで発見できないかあいそうな男というものが存在する*27〔…〕。

谷川のこの言い様は、たんに詩人みずからの文体についての斜に構えた傲岸な闘争宣言とばかりは言えない。彼はこうした憎まれ口を利くことで、〈一〉を欲望することが不可避に〈多〉に帰着するアポリアであること、記述における不可避の複数性、そして後にみる「工作者」という〈経験におけるアポリア〉について語っているはずである。それは記述＝工作対象からの復讐を引責し——復讐へ応答することへの欲望の表明にほかならない。谷川のこの「発言の裏には、私から『工作』され、それゆえに私にうらみをふくんでいる男たち、女たちのなまぐさい息」が充満している*28。ほぼ二年後、谷川はさきの「おれは砲兵」をみずからの詩作活動における「代表作」として振り返り、次のように書いている*29。

〔…〕私はまず隠喩だけで描き切ってやろうと考えた。その弱さをむちうつために命令形や間投詞をふんだんに使った。当然それは観念の固さを帯びてくる。そこで泥絵具のあくどい色感とユーモアを少量混じえた。つまりは駄菓子製造の要領である。軍隊で輓馬十五榴に所属したから砲兵の気分はわかっている。前年に癩院へ行って道徳的苦戦をなめたことがあるのでそこの感触も入りこんだ。困ったのは第一連三行の「蛙よ　勇ましく……」が希望するほど強く反りかえってくれないことだった。その迷いが最後まで残ってしまったと思う。

なぜ隠喩だけなのか。しかしなぜ、隠喩だけでは弱いのか。糅《か》てて加えて、弱くてなぜいけないのか。それは後に見るように記述の対象が存在することを解っていながら、それが――丸山が「科学」的にそうしたように――不可視だからである。なぜ「観念の固さ」が遠ざけられねばならないのか。それはこの蛙がもつ粘膜的な流体-差延を隠喩が固くし、窒息させるからである。それは痕跡の痕跡としてしか把握しえないがゆえに、そうしたパリンプセストを前にして、そこに泥絵具のあくどい色感を与えることで、書き戻さねばならない何ものかだからである。この飛躍する隠喩の多用は、有ることが分かっていながら、しかし〈それは有る〉というだけではなんらの意味もないばかりか、〈それは有る〉ということが、例えば「日本（人）」などという固有名を受けとって凝固してしまう危険性をもつ不可視の対象とされながらも、しかし、にもかかわらず、絶対書き戻さねばならない対象だからである。

他方、丸山眞男は、一九四九年に岩波書店から刊行された『日本社会の史的究明』に収録された論

＊27　前掲「観測者と工作者」三三七頁。
＊28　同前、三四四頁。
＊29　谷川雁「わが代表作」、前掲『谷川雁の仕事』Ⅰ、一〇五～一〇六頁。

文「明治国家の思想」で、夏目漱石『それから』から、代助が奴隷=イソップの寓喩を引いて語った「悉く暗黒」の日本、「牛と競争する蛙と同じ事で、もう君、腹が裂けるよ」を引用する。この代助を承けて丸山は、次のように記している。

これは明治四十二年でありますが、これはほとんど文字通り、その後の日本の発展を予言している〔…〕。一等国の仲間入りをしようとして非常にあせつた。例えば軍備というような面においてだけ他と全く不均衡に発展し〔…〕そういうところから間口ばかり広くして奥行のなくなつた日本になつた。みんな神経衰弱の様な顔をして疲労困憊し、我利々々になつて、自分の生活の事しか考えないというような我々がまさに目のあたり経験している現象が、既に明治四十二年にするどく漱石によつて道破されている。[*30]

時に彼は三五歳。『日本政治思想史研究』を纏めつつある新進気鋭の政治学者であり、谷川同様、徴兵されながらも、吉本隆明が正しく読み込んだように、「戦争そのものにのめりこみもしないが、それに抵抗することもしないという二重性」として戦争を体験した知識人であった。[*31] そしてこの二面性こそが、記述という権力行為にたいする記述における無頓着へ帰着する。この丸山の二面性は、後に述べる谷川の「二重性」の連鎖のどこかに／どこにでもキッチリと対応しているはずだ。

こうしてここに二匹の蛙が出揃った。

谷川の蛙は、彼の詩「故郷」の第一連冒頭における二行——おれたちの故郷のどぶ河の／水底にもだえる赤い蛙よ――にも姿をあらわす、もだえる蛙、そして「破産の月に」の第二連に登場する美しき蛙――星座をひとつ平げたひきがえるのように／苦しみに澄んだ小旅行をうち明ける――と同様、彼と共にありながら共にない大衆であろう。ひとつの共同体が果て、他なる共同体が競（迫）り上がってくるこの「海辺」にうまれた「愚かな思想」――それは資本〈主義〉という思想運動であると同時、したがって、コンミュン－イズムという思想運動でもあるだろう――は、ともに陸地（領土）をもたない。それは〈外〉から突如として到来する「愚かな思想」である。それは海から到来し、海辺から陸地（領土）へ侵入する。名もなき「なんでもない花」は、そうした「愚かな思想」に陸地（領土）を与え、故郷のどぶ河の水底に沈んでもだえる「赤い蛙」たちの記憶をそうした領土の周りに結集させつづけ、国民国家＝領土という仮構にともに寄生する資本主義と社会主義をもたらしてしまう〈外〉なる〈内〉なのだ。

他方、丸山の蛙は、あらかじめ陸地に縛りつけられ領土の実体を構制する、変態しようのない〈内〉である。彼の蛙は、彼の「政治の論理」のなかで、あらかじめの蛙である。その蛙は、無能な木切れであれ危険な蛇であれ、いずれにせよ『イソップ』の〈王様を欲しがる蛙〉である。それは丸山にとって一般的に抽象的な他者である「論理」的に絶望的な「日本（人）」、そうした「日本（人）」が下賜されている「日本対西洋の関係」（『それから』）における「日本（人）」という国民としての国家

＊30　丸山眞男「明治国家の思想」『戦中と戦後の間』みすず書房、一九七六年、二三八頁。
＊31　吉本隆明「丸山眞男論」『吉本隆明全著作集』第一二巻、勁草書房、一九六九年、一五頁。

であろう。

丸山は、森鷗外でもなく、島崎藤村でもなく、石川啄木でもない、自分を感じたがっているかに見える。丸山は、明治四四（一九一一）年の和歌山における講演「現代日本の開花」において「事実已むを得ない、涙を呑んで上滑りに滑つて行かなければならない」と述べた漱石に――しかしぼくは、それを東洋的自由への退却とは呼ばないだろう。明治四〇年代は紛れもなく日本の帝国主義時代なのだ[*32]――、しかし同時に娘が生まれたら長塚節『土』を読むことを奨めると記した漱石に、みずからを重ね合わせたがっているかにもみえる。彼は〈どちら〉にも跨って知（識）っていると言いたがっている違いない――なぜなら丸山は、彼の「政治の論理」的記述にそくして仮構した〈どちら〉も知（識）っていることが論理的に前提－前梯されているからである。

他方、谷川の蛙（あるいは谷川という蛙）は、この工作者に「希望するほど強く反りかえってくれない」と、苦笑いさせながらも、しかし「その迷いが最後まで残って」しまう両棲類の蛙（への鰓呼吸と肺呼吸との無時間的な分裂的帰属）だが、陸に上がって鰓呼吸の記憶を失った丸山の蛙は、陸地で「牛と競争」し、「神経衰弱の様な顔をして疲労困憊し、我利々々になつて、自分の生活の事しか考えない」絶望的な大衆としての臣民＝国民であっただろう。

ところでこの国には蛙が本当に二匹いたのだろうか。そうではないだろう。そこには一匹のさまざまな複数の変態する蛙を内部観測（工作・記述）しようとする、分岐し変態しながら帰属する複数の蛙＝谷川と、外部観測するために蛙を論理的に一匹にまとめあげ、次いで足早に遠ざかる牛＝丸山とによって、あたかも蛙が二匹いるように描かれたにすぎない。

とはいえ急いで付け加えておかなければならない。ぼくがこう書いたからといって、本章で丸山を今さらのごとく近代主義的知識人と一般的に批判する気は毛頭ない。そうした議論を重ねる必要は最早ないだろう。またあるいは丸山を「近代」主義者として固有に批判することで丸山を分節化し、そうすることで丸山を実質的に救済する意図もない。そうした批判の視点は、少なくともぼくには、いまやまったく無効でなくてはならない。

またぼくが丸山の蛙を、谷川の蛙に対比させ、あらかじめ原器としての「西洋」に照射されている国民国家「日本」であったと指摘したからといって、丸山の「政治の論理」学が、スミス的な夜警国家であれ、ヘーゲルの中間団体を抱え込む国家であれ——いずれにせよ、後発資本主義国の思想家ヘーゲルのスミスへの思い入れは根深い——、あらかじめ中性的な（国民）国家を前提し、それゆえに帝国主義や植民地主義への批判的視点を欠如していることを殊更に顕揚し、国民主義者丸山の問題性を論う気もない。丸山におけるヘーゲル理解の無血平和ぶりについてはすでにいくつかの批判が存在するだろうし、スミスであれヘーゲルであれ、これらの国家一般は所有権の護持という側面においては、中性では素よりない。そうした作業は、丸山を変奏しながら丸山的なものを永遠に継受し、退路をいつも確保しながら〈急進性〉を競い合うリベラルに任せておけばよい。

正統派マルクス主義という視点であれ、吉本的「生活者」という視点からであれ、そして今日のリ

＊32　ここで丸山の未完の矢野龍溪論における彼の刺戟的なスタンスについて言及しなければフェアと言えない（石田雄「遺稿となった龍溪論」『未来』第361号、一九九六年）。

ベラルにとってであれ、そもそも丸山は紛れもない近代主義者であるほかない。丸山が近代主義者であればこそ、近代＝資本であり、またその歴史具現的な生成形態が仮構された国民国家である以上、丸山が資本主義的な国民国家への批判的な視座を欠如していることは、論理的に「正当」なのだ。そこではもっともインターナショナルである資本の蓄積運動がなぜナショナルであること（国民国家）として歴史的に登場し、そこにどのような問題が生成し、その問題系がどのように変態するのかという立論構制のための視座が、丸山自身いくどとなく資本の本源的蓄積の規定的な歴史的構成力について言及しているにもかかわらず、結局は、近代化と産業革命との結合態様における歴史的跛行性というガーシェンクロンあるいはロストウ的な単純化によって、根底的に問われることなく放置されたことがより大きな問題なのである。一般的に換言すれば、それは、なぜインターナショナルであるためにナショナルであることが媒介されざるを得ないのかという、資本（－賃労働）したがって資本主義的国家（－コミュニズム）の歴史的意匠の問題であり（国家一般などは存在しない）、共同体－間において歴史的に生起する市場が共同体内部へと捻転されるとき、共同体（自然－土地－領土そして労働）がもつ制約性とその形式的「解消」、さらにはその「解消」を制度的に装置化する資本主義国家の問題なのである。日本資本主義論争は結着していないのだ。

こうして、ぼくにとっては、丸山のいわゆる近代主義にたいする批判は、まったく異なった視座から、すなわち近代＝資本主義的な合理性の限界、あるいは近代合理主義が、この合理主義によって形成されたバイナリーの一極としてのいわゆる非－合理によって、辛うじて成り立っているという視点からなされねばならない。それは丸山の永遠に外部観測的な記述の方法とその「変遷」を厳密に再構成することによってではなく、そうした疎外論的計測それ自体を批判することによって、説かれねばならない。なぜなら、そうした再構成は永遠に、〈本来的なるもの〉への憧憬と〈現実なるもの〉への絶望との乖離の測定、したがって基本的には主観において同一の二つの思いの測定（たらざる測定）という、不断に自己へ帰一する知識人固有の〈疎外論〉的な認識論に閉ざされているからであり、前期－後期を貫いた丸山の方法論の特徴だからである。

II

汝、彼処にゆきて彼等を見しや。彼等を知れるか。[*33]

観測の位置性

谷川は、いわゆるアカデミズムの閉鎖性について、詩が散文と断絶しようとする傾向を強くもっており、詩人としてのみずからの闘いがそうした傾向に対峙するものであったことを強調したが、しかし他方で同時に、その閉鎖性の原因をたんなる「学問の政策的な側面」という権力技術論には求めなかった。というのも、谷川にとっては、「散文が詩に向かって関係を断とうとする衝動」こそがアカデミズムの閉鎖性の原因だったからである。

＊33　前掲「原点が存在する」六三頁。

谷川は、「知識は散文」であり、そうした散文としての知識はみずからの「オートマティズム」によってみずからを「運搬」するという了解から議論を開始する。しかしそれは、知識の「網の目からこぼれたものをだれが拾うのか」というような単純な「問題意識」ではありえなかった。そうした谷川の立論構制は、谷川が、散文的な「政治の論理」とその残余としての詩的な切断あるいは「革命の論理」という二元論的な認識論をあらかじめ拒否することを意味している。この二元論の拒否は、したがって、たんなる方法論における二元論の拒否ではない。それは方法論について議論することを迫られる記述者自身の記述対象自体への内挿が要請される、記述者であることとそれ自体に関わる、あるいは記述者自身を方法化するための、二元論の拒否である。したがって谷川本人にあっても、それは決して容易な作業ではない。なぜならヘーゲルにおける世界史の目的論的旅程を外部記述すると称するヘーゲル〈主義〉と――その外部とは、流血の痕跡がすべて拭い去られた静穏で清明な終焉《テロス》＝目的でしかないし、その意味では丸山はヘーゲル〈主義〉の達人であるが――、それは異なっているからである。したがって彼は、次のように散文世界（政治の論理）に要求するのである。*34

　私は〔詩と――引用者〕散文との断絶を解放しようとする。しかし、それは決して成功しないでしょう。成功しないと覚悟することが私の散文的出発です。とすれば散文との距離をゼロにせよと要求するのではなくて、このような出発点からひろがる私の散文的世界を散文として容認する用意があるかどうか、そこをはっきりしてもらいたいのです。

このいわばあらかじめ敗北を予定されているかにみえる闘争は、詩と散文、革命の論理と政治の論理、大衆と知識人という、いわば代補的な二項を存置させながら、しかし同時に、両者の距離を限りなく「ゼロ」に近似させる〈過程にあり続けること〉を、さらにそうした不可能な営為の可能性を引責し、予期された敗北に応答しながらも、それゆえにこそ工作を反復し続けるという「革命の論理」を、「政治の論理」が「政治の論理」として認める覚悟があるかどうかを、まさに丸山的な「政治の論理」にむけて、問い掛けている。そうした問い掛けを谷川は、「民話」に事寄せて語ろうとした。そこでの「民話」とは谷川にとっての「原点」すなわち不可視の大衆の転義による顕在化——資(史)料体としての残酷な大衆——にほかならない。彼の「民話」あるいは大衆の定義は、したがって優れて運動－過程的であり、差異の反復たらざるをえない。彼は次のように敷衍する。

民話についての機能的な解釈がひろがりすぎた結果、それがなによりもまず或る異なった質をもつ散文であることが忘れられています。〔…〕それは詩から出発して散文を否定し、否定するために散文の方へみずからを近づけ、接近することによって詩を否定し、詩を否定することでその否定の限界を知りつくす、そのときにはじめて生まれてくる散文なのです。[*35]

＊34　前掲「観測者と工作者」二三八頁。
＊35　同前。

このように言ったうえで谷川は、民話（大衆）が「表現上の決定的な難関を一回だけくぐりぬけてきた産物」である、と述べる。この「難関」は、しかし、「全世界を微細な結晶の連続としてとらえる鉱物的な眼」によって初めて捉えることができる。そのいわば賢治的な眼は、「学問を獲得せず、学問と戦い、学問を破壊しようとしてきた人間の眼〔…〕いわば意識せずして反アカデミックな立場に置かれ」ながらも、そうしたものとしての「知性の秩序」を編制する、畦畔で立ち尽くす存在（の「断片」）である。したがって、あるいはしかし、この民話の「難関」は、アカデミック（外部観測的）に解明される〈進歩〉と〈反動〉という二元論における「難関」ではない。それは、相互にマイクロに接合しあう結晶（集）の連続体として、詩的な「革命の論理」を、散文的な「政治の論理」の権力作用と協働し、共犯的に想像（創造）しながらも、同時に、ある意味で当必然的に制度編制的な機制に回収されるという両価性である。こうした、残存する民話が、記憶＝忘却によって資（史）料体（遺骸）としての民話として、残存されるべくして残存したという、いわば権力作用へのフーコー的な視線は、権力的な言説と反－権力的な言説という二元論的な裁断が不可能であることを意味している。であればこそ、そうした民話＝大衆への旅程には、「成功しないと覚悟」する「私の散文的出発」が、そして〈裁き－過程に措かれる私〉が存在するほかない、と谷川は言うのである。*36

こうした谷川を藉口すれば、「革命の論理」（詩）から出発して「政治の論理」（散文）を否定し、否定するために「政治の論理」のほうへみずからを接近させることによって、「革命の論理」を否定し、「革命の論理」を否定することでその否定の限界を知りつくす、そのとき初めて生起する真の意味での政治（の論理）について、谷川は語っている。それは内部観測にとって不可避である記述＝出来事という責任応答性の位置への執着である。

こうした内部観測の位置性に谷川は、「知性にこびりつく者も、知識に無縁である者もともに何物の作ることはできない。知識を解体させる力をもった者だけが不幸にして、かつ光栄にも創造」することが許されるという表現を与える。もちろんこの「栄光」という「超過利潤」の収支計算は、後退戦の後に教科書販売会社を経営し、融資銀行との商議と労組「対策」をキッチリと行った谷川と最良のテクストを書き続けた丸山とでは、明らかだ。谷川は、この「創造者の悲惨と滑稽」を身に凍みながら、「砂漠のごとき人間世界」に対峙する「力学」を稀求しようとする。そうした力学は「従来の一切の科学研究には全力をあげて反逆するもの、非科学ではなく反科学ともいうべき知的領域の存在」に関わるものでなければならなかった[*37]。

とはいえ忘れられてはならない。谷川は「非科学」ではなくて非精確な「反科学」について語っていることを。彼はこの「反科学」を新たな反認識論(世界観)として定立しようとするのである。それは工作者の位置性についての反科学的な変革という力学である。

内部観測と「革命＝政治の論理」

谷川は、大衆論・組織論・知識人論に関わって——これらは今や古色蒼然たる枠組みであり、長崎

＊36 同前、三三九頁。
＊37 同前。

浩の一連の生真面目な試み以降、死語なのだろう――、まず工作（記述）者が「状況の観測者」でなければならないとしても、しかし、そうした観測者はみずからの主観性を観測行為の内部に繰り込まざるをえないと主張し、さらに次のように述べている。少々長いが、ドゥルーズの世界観へと連なる魅力的な一文を引用しておこう。

> ニュートン力学の「古典性」は観測者自身が運動する物体として、運動のなかに投げ入れられているがゆえに、観測そのものが持たざるをえない相互規定性を捨象してしまったところにある〔…〕。この点で知識の散文的オートマティズムにともなうある冷たさは、その極限のところで一種の熱っぽさを示してきます。それは自分自身の主観性そのものを計算のなかに組み入れざるをえないのです。観測する行為は一面において冷たく見る行為でありながら、観測しようとする決意を十分にはらんでいる点で熱せられています。したがって、彼は単に客観的な運動のなかの一粒子であるだけでなくみずからの決意によってかすかにそれ自身の運動を開始しているのです。見るという行為が見る前の自分をすでに変化させてしまう事実をどのように計算するか――このことをぬきにすれば、観測者は観測者でなくなります。つまり観測者を「静止した眼」として考える古典的な観念……それはアカデミズムの特徴ですが……によれば観測者はついに観測者でなくなる地点に半歩だけふみこむ「犯罪」をおかさねばならないわけです。*38

こうしたいわば臨界的な非決定を引き受けながら、谷川は、非精確な観測とは「論理の尽きるところを『見る』」ことによって突破し、そこに「新しい論理を生もうとする不条理な行為」であると述べた。しかしこの不条理、あるいはこの「犯罪」は「半歩ふみこんだ観測者」を「対象の内側」へ減《め》り込ませてしまう陥入的非決定である。だからこそ谷川は、観測、記述、工作はつねに「危険に直面」している、と指摘したのである。谷川にとっては、こうした危険（の引責）をともなわない記述（工作）は、対象を凝固させてしまうのだ。*39

そうした「愛」を谷川は、「大衆の沈黙」を画定しつづける「小宇宙」に存在する「幾百の太陽系」を発見すること、という世界の複数性の隠喩で記すだろう――谷川の太陽と王様を想起してほしい。まただからこそ、知識人としての「観測者と大衆をつなぐ媒介項」とは何かという問いを立てながらも、しかしそうした問題提起における二元論的出発が即座に自己解体してしまうであろう、次のような回答が導き出されることになる。その回答とは、媒介項は、媒介項であるがゆえに、そこに「距離」-隔たりがあるほかないにもかかわらず、しかしこの媒介項は「観測者自身の内部」に、あるいは記述対象との距離-隔たりがゼロさらにはマイナスであろうと工作する記述者（の愛）の内部に、したがっていわゆる記述（工作）されている人びとの内部に、存在するという不可能性である。そこには記述において内部と外部という二元論それ自体が崩壊する瞬間＝審級が不可能に存在することが、説かれている。

＊38　同前、三四二頁。
＊39　同前、三四二～三四三頁。

「見るという行為が見る前の自分を変化させてしまう事実」をともなっていると同時に、したがって見るという観測者の行為が見られる対象を変化させてしまうという相補性の最中に、この愛＝出来事は存在する。そこには散文というオートマティックな運搬は存在しない。それを谷川は、正しく「相互戦闘」と呼ぶだろう。しかしこの戦闘は、絶対的に排除しあう二つの系の殲滅戦ではない。それは遷移的に、あるいは粘膜的に相補しあい、関係しあい、ともに形を贈与しあう、流体的で官能的な戦闘である。しかしこうした記述＝工作の対象は「乾板に感光した飛跡」あるいは痕跡の痕跡を読むことによってしか観測できない。こうした痕跡の痕跡化は、そしてこの痕跡の痕跡化を感得する術（誤差を読みとる形式）が、相互に形を与えあう相互戦闘としての愛であることは、谷川をして、次のように言わせしめることになる。[*40]

存在するけれども見えないもの〔…〕。このように考えるとき、はじめて私の心のなかを静かに戦慄が走っていきます。[*41]

こうした内部観測を支配する静かな戦慄を惹き起こす激しい愛、谷川的に言い換えれば、「身もだえ」とともに生起する「観測者のダイナミックス」こそが、「今日の人々」の内部に一見するに静謐なる力動性を発見し、それを顕在化することができる。またこうした「身もだえ」る内部観測者（谷川という「蛙」）こそ、「未分化の領域に安住」しているかに見える大衆に「知識人の安定や隠棲」を律する「論理」を当て嵌めて同値化することを許さず、そこにさまざまな行為の必然性＝意味を発見することができる、と谷川は考える。[*42] こうして谷川は、あたかも丸山的なものに向けてであるかのように、次のように述べる。

認識の誤差を予定しないような大衆論・組織論がどれほどこっけいなものであるか〔…〕。それは状況認識にさいしての絶滅しがたい偶然性と論理のオートマティズム〔…〕

との「誤差」なのだ、[*43] と。

このように書く谷川は、記述の美しき論理を「こっけい」なオートマティズムとして否定する。否。谷川にとっては「絶滅しがたい偶然性」こそが美しきことであり、生きる意味なのである。したがってそもそもここでの「誤差」は内部観測者によっては計測しえない。この「誤差」は、いわば不可避の「偶然性」すなわち本隊なき〈分遣隊《コンティンジェント》〉によって独異に担われるパンクな運動である。この「誤差」は開かれたままに、つぎつぎと散逸あるいは散種するだろう。

谷川にとっての工作者とは、こうして「相互戦闘の範疇にはいる人々」であった。したがって工作

＊40 同前、三四四、三四六頁。
＊41 同前、三四五頁。
＊42 同前、三四三～三四四頁。
＊43 同前、三四五頁。

＝記述とは相互戦闘それ自体であろう。そうした相互戦闘それ自体が「日本」という国民国家を纏った資本の蓄積運動とその思想運動（資本主義）、それゆえにコンミュン－イズムという思想運動をも発見する、と谷川は考えるのである。なぜならこの国家を「原点」において維持している人びとが、敵であると同時に味方として、そこに存在しているはずだからである。こうした人びとに、差異を保持・尊重したままに、極限的にゼロに漸近し、ついにはマイナスという不可能の距離を作り上げようとする谷川の欲望が、そこでは渦巻いている。またそうした欲望に形を与えるものが、後にふれる谷川の「思考の範型」なのである。[*44]

さらに谷川は、こうした不断に運動－過程論的な工作者規定を練り上げようとする。それは、あらかじめ言えば、禁欲《アスケーゼ》ではない。それは反（前）倫理A(nti)-Ethikの悦びである。そうした視線について丸山は、科学者にとっての埒外の作業であることを論理的に示した後で妬ましいと発言し、「禁欲」することはできるだろう。しかしそうした妬ましさは、たんなる「社会科学者と文学者」との邂逅によって解消されるような、いわゆる知識人の好都合な仲間内の組織技術論ではない。それは何よりも、邂逅の空間形成それ自体の問題であり、記述＝工作の位置性の問題であって、それ自体がいわゆる社会（反）科学なるものが問題視しなければならない論点なのである。

そうした立論構制は、しかし記述対象それ自体を記述者みずからとともに発見する権力行為と密接に連関しているだろう。それゆえに記述行為は、対抗する権力という二重権力空間のマイクロな形成の問題なのである。したがってそうした邂逅空間は与件的に一括された国民としての日本人の論理的凝固では素よりない。ましてや支配的権力の記述によってすでに与えられている「今日の人々」の

〈コン－〉テクスト・クリティークなき外在化と、記述対象への絶望の見せ掛けという権力的な散文化ではありえない。

もっとも閉鎖的な根性と根性をたたきつけあって見ようともしないインターナショナリズムはすべてナショナリズムの変種であ〔る〕。[*45]

Ⅲ

記述〈観測＝工作〉の原点

一九五四年五月に「原点が存在する」と叫ばれたとき——それはこの「原点」が粉砕され、国境を再生産しながらも、しかしその外と内へと巧妙に「原点」が隠蔽されてゆく高度成長期という〈私－たち〉の同時代へのとば口であったが——、その原点を谷川は「異端の民」「別の地獄」と端的に表記した。後に谷川は、それが「決して顕在することのないもの」であるがゆえに、この不可視の原点を「存在として認める力」こそが、原点を発見する「認識の機構」としての原点であると、記述＝工作の文体へ引き寄せて、言い換えている。原点とは工作〈記述〉という〈力〉を工作＝記述者に与え

＊44　同前、三四六頁、四九一頁。
＊45　谷川雁「インターナショナルの根」〔一九六一年〕、前掲『谷川雁の仕事』Ｉ、五一九頁。

る独異な点あるいは鞍点にこそ存在する——さきに言及した二重権力形成の権‐力行為とは、こうした〈力〉の形成である。[*46]

それゆえに、この内部観測する〈力〉は、知識という散文的オートマティズムを解体し、その「下降するエネルギー（それは逆方向に、すなわち上向的に結晶しようとする知性ですが）を大衆の沈黙の領域」へと差し向けるという「危険に直面」する認識の機制でもあった。谷川にとっての工作とは、そうした下降による上向的結晶化によってしか「自己の存在証明」を発見できない「人間の絶望と最後の賭け」である。そしてそこにこそ、谷川にとってのメフィストが存在している——〈下へ降りようと〔し〕なさい。力足を踏んで〔、〕段々降りてゆくのです〉。だがふたたび浮かび上がるために。[*47]

したがってそれは決して平和で階調な論理的邂逅への旅程ではない。そうした邂逅（‐上向）のための下降の（弁証法的）旅程は、「味方にして敵である関係の同時成立がもたらす生産性」をともなう相互戦闘の空間（＝分遣隊《ぐうぜん》）形成であり、そこでの生産性とは「相互の意識と存在の間に横たわる誤差」を捉える「形式」によってのみ最高度に発揮される。その「形式」とは不可能な距離、ゼロさらには陥入《マイナス》——あるいは〈無以下 Less Than Nothing〉——の距離の獲得であり、この「形式」こそが谷川における新たな「前衛」論——〈反‐前衛〉論——の準拠枠となるだろう。[*48]

谷川は、みずからの「サークル村」運動を「丸山眞男のいわゆる理論信仰と実感信仰を同時にそなえた、すなわち内部分裂をかかえこんだ集団」であるとしたうえで、しかしそうした分裂を「恐怖する必要はない」とも宣言する。なぜならこうした宣言は、次のような工作という機能の位置づけにもとづいているからである。谷川は言う。すなわち工作とは、「高くて軽い意識」としてのヘヴィ・インテリと「低くて重い意識」としてのヘヴィ・プロレタリアを「衝突させつつ同一の次元に整合」するという任務を担っている、と。ここでの到達すべき「同一の次元」とは、後に触れる谷川固有の〈インター－ナショナリズム〉の別名にほかならない。しかし、

このことは当然に工作者をして孤立と逆説の世界へみちびく。彼は理論を実感化し、実感を理論化しなければならない。知識人に対しては大衆であり、大衆に対しては知識人であるという「偽善」を強いられる。いずれにしても彼はさけがたく「はさまれる。」[*49]

谷川にとっての工作とは内部観測であり、内部記述であるがゆえに非決定－非精確であった。したがってこの非決定－非精確は、関係としての工作（記述）にとっては「偽善」であるほかない。それは「はさまれる」危機感をともなっている。しかしそれを、丸山のように、「恐怖」する必要はない。

＊46 前掲「原点が存在する」六四頁および前掲「観測者と工作者」三四一頁。

＊47 前掲「観測者と工作者」三三九頁および前掲「原点が存在する」六四頁。これは森鷗外訳のファウストである。この件の原文は〈Dein Wesen strebe nieder; Versinke stampfend du wieder〉である。つまりぼくの訳によれば「存在を賭けて降りようとしなさい。強く足踏みして降りるんです。ふたたび浮かび上がるために」（強調長原）であり、この後段は重要である。

＊48 同前「観測者と工作者」三四〇頁。

＊49 前掲「さらに深く集団の意味を――『サークル村』創刊宣言」二八八頁。

丸山の恐怖は、彼が試みた論理的な自己配置、すなわち仮構の〈分裂〉に発している。しかし、記述者自身が分裂し、それを非決定＝「偽善」によってしか埋め合わすしかないという谷川の「はさまれる」分裂は、記述者に「孤立と逆説」のタフな世界を与えるだろう。〈タフ〉すなわち状況的に困難であるがゆえに、主体的に強靭であらねばならない世界、それが「孤立と逆説」という状態である。工作（者）とは、そうした状態に「はさまれる」という嘘それ自体としての位置性の選択－意思決定なのだ。しかしこの嘘は、真実の対極には存在しない。それは理論と実感という非決定を「信仰」という商議によって選び取るという繋留にほかならないのだ。こうした文字どおりの「内部分裂」を抱えながらも、その分裂を恐怖しない、すなわち引責＝応答する運動こそが、谷川の「反前衛」としての「極小の場」であった。このあからさまな村八分とあからさまな抱擁が混淆する「極小の場」では、そうした嘘は、優しくしかし確実に、生存において「テスト」されるだろう。ここでの「テスト氏」は挟まれている。

反前衛－極小の場

谷川は、この「前衛」について、具体的に次のように議論する。それは依然として記述（観測・工作）の文体の問題である。

谷川にとっての前衛とは、単純にみずからの「大衆的契機」なるものを外在的かつ同方向的に把握することだけによって外化されるものではなありえない。したがって藤田省三が議論したような大衆崇拝主義ではない。そもそも谷川にとってそれは、あらかじめ可視的な存在ではなく、散逸する現実それ自体に発見・邂逅されるべきものだった。むしろ前衛とは、「反前衛」とでも言うべき前衛の対極に「倒錯したもっとも高次の反動思想」を発見し、それとともに逆倒的に生起する場をもつ出来事の機制である。それは、谷川が「なまなましい一時的な断面を横へ横へとはっていくよりほかない〔…〕キュヴィスム」と呼んだが、その意味で、前衛なるものは、即自的に前衛を解体する反前衛でなければならない。そうした即対自においてのみ飛跡を痕跡化しうる、いわゆる〈進歩〉と〈反動〉という名目的にのみ分離される二極が邂逅する空間を、谷川は、目的論的な大きな〈歴史〉の遡及によってではなく、「極小の場を設定」することによって顕在させようとする。それをぼくは、ドゥルーズ的な意味でのマイノリティと呼ぶだろうが、このマイノリティはマジョリティなきマイノリティという〈特殊命題〉の自存である独異な点の結集態である。こうした高次に反動的な極小の場によって初めて、前衛は「自分自身の眼」を獲得することができると谷川が言うとき、その「自分自身」とは、いわゆる前衛でもなければ、いわゆる大衆でもない。それは邂逅空間それ自体が「眼」を獲得することなのだ。この「眼」は、しかし、眼差《まなざ》す対象を喪失しているがゆえに不可能の「眼」であろう。しかしそうした盲《めしい》においてのみ可能な道が存在することに「人間の絶望と最後の賭け」が措かれること、それが「極小の場」であり、谷川にとっての「原点」だった。

この逆倒に彼は「マイナスの前衛」と名を与えた。それはプラスにとってのマイナスではない。それはマイナスの距離あるいは遠近法における消失点の内的保持である。彼はこの反前衛に「頭部が平たくて末の方がとんがっている尖底土器のような倒立三角形」というイメージを与えたが、それが谷川にとっての「前衛の陰画」であり、これこそが「日本というものの総体を凝縮した地点」であった。

それはまさしく陰画であり、乾板に感光された明暗が顚倒し、補色によって構成される画像であって、この凝集点にこそ「平均値的な日本ではなく思考の範型としての日本」が存在する、と谷川は述べたのである。したがってこの範型は「実体でもなければ典型」でもない。それは〈進歩〉と〈反動〉を事後的に計測するテロスあるいは第三項（大きな歴史）を不断に失効させながら、これら〈進歩〉と〈反動〉との距離をゼロあるいはマイナスという陥入的距離として獲得するための、無限の漸近運動にとってのみ必要とされる範型であるだろう。したがって谷川にとって、この範型は、知識＝常識によって与件化された「日本（人）」にたいする（コン－）テクスト・クリティークを引き受ける原初の知性でなければならない。[*50]

こうして谷川の〈前衛＝反前衛〉論は、丸山的な「政治の論理」と「革命の論理」という二元論を超えるばかりでなく、いわゆる「政治の論理」を欠如したまま「革命の論理」を声高に語り続けていた〈革命勢力〉の組織論をも遙かに超え出ている。谷川の〈前衛＝反前衛〉論の核心は、この「思考の範型」論──それをぼくはこれまで文体《スタイル》と表現してきたが──に根ざしている。谷川は、「思考の範型」について、次のように述べている。

もっとも強力な支配階級の思想がもっとも強度に疎外された人民の肉体を通過するとき、はじめて反抗の論理を変革の理論に転化する契機をもった、論理の対極にある何かが生まれる。[*51]

支配的思想が支配階級の思想として人びとの「肉体」を通過する様は、いわゆる「政治の論理」で記述できるだろう。それは支配的思想の言説史――『日本〈支配的〉政治思想史』として描けばよいし、その優れた国民的作品のひとつとして、すでに私たちは丸山のそれを持っているだろう。しかしそうした支配的思想を、もっとも疎外された「人民の肉体」に打刻されたものとして、「人民の肉体」を通して読み解こうとすれば、原初的に知性的な反抗が変革へと転轍する〈自動詞！〉契機を発見することができる、と谷川は欲望する。しかしこの「人民」という、鬱陶しく、いまや死語ともなっている人びととは、一体、何者なのだろうか。

谷川は、吉本隆明が、花田清輝との〈論争〉を想起しながら、「あの人は、すくなくともここ数年の局面判断を誤まったのだ」と語ったことを紹介した後で、「私は彼〈吉本〉の横顔にきたるべき悪天候を予知できなかった老人〈花田〉に対する、漁師のふんまんに似たものをみて、おもわず鶴見俊輔と声をあげて笑ってしまった」と述べ、さらに古典的なフィジックスに囚われている「政治の論理」と「革命の論理」の二元論が依拠する線形的な尺度を相対化しながら〈ここでの谷川は『ガリヴァー旅行記』あるいはスウィフトその人を想起させる〉、次のように記している。[*52]

花田清輝が長期のインターナショナリズムを唱え、吉本隆明が五年の射程を唱えるのに対して、

＊50　谷川雁「日本の二重構造」、前掲『谷川雁の仕事』Ⅰ、四九〇～四九一頁。
＊51　同前。
＊52　谷川雁「知識人と私のちがい」、同前、四六七頁および四七四頁。

私は数時間の尺度を主張するというのではない。時間や空間のものさしなら、巨視的なものが微視的に、微視的なものが巨視的にみえる、とてつもない不断の倒錯という構えがありさえすれば、充分ではなかろうか。それよりも反動思想の、なだらかな裾野のつきるところから、変革思想の山脈が起りはじめるといった「良識」とたたかい、最高の変革思想と、最高の反動思想は鼻をつきあわせて立っているという定式を、いまこそ強調すべきだとおもう。

この「良識」＝近代主義にたいする批判の視座は、そしてそうした内部観測によってのみ発見しうる「肉体」的な励起の発見は、しかし「今日流行している実体的な底辺」などとはおよそ視角を異にしている。谷川の原点とは、「思想の範型の終点」である。しかしそれは同時に、「終点」を超出する「新しい範型の始点」である。柳田國男の「常民」が「平均値的な日本の多数派」として理解されれば、常民が「底辺概念化」されてしまう。それは柳田がもっとも忌避したことではなかったのか、という谷川の指摘は、そうした「思考の範型」の動態に呼応する。[*53]

こうして谷川は、丸山が諦念にも似た絶望を観たみずからが制作した大衆に対極的な契機をみるという困難を引き受ける。それはいわば〈ファシズムを欲望する人びと〉という唯一の現実に逆転層を発見する作業である。この谷川は、そうした人びととの距離がゼロさらには陥入《マイナス》であることを欲望するという、スピヴァク的な意味での加担の原理を採用しているのである。この危険な加担は、「政治の論理」と「革命の論理」の二元論にもとづいて、変革思想にも反動思想にも「一定の距離」をつくりあげ、「平均値的多数の中間論理を支配することに汲々としている健康にして平俗な知識人」のための大衆という仮構を解体するだろう。[*54]

日高六郎は、このように言う谷川を「啓蒙主義的尺度では、箸にも棒にもかからぬ、エゴイズムと動物的欲望主義と卑屈と感傷的義理人情主義との混沌としたかたまりである貧農的エトス、そしてそのなかにふくまれているおびただしいエネルギーを、彼らの意識上の表面的反動性をつぐなってあまりある潜在的黒字として計算」したと表現した。しかしそれは単なる功利主義的な経済計算にもとづく黒字の算（産）出ではない。[*55] ここでの日高は、谷川の巧みな日高批判を感得できなかったか、あるいは知りつくしたうえで対立を不器用に避けている。それは功利主義的な経済計算が尽きる点、あるいは経済計算が不可能でありながら、しかし遷移的に「計算」可能となる、開放系の臨界でなければならない。思考の範型の終点であると同時に新しい範型の始点でもあるこの谷川の原点は、「動物的欲望」がそのままに解放されてしまう、新しい熱力学の運動それ自体を展望している。したがってその意味でのみ、それは「大衆のなかのエロス」それ自体の解放なのである。[*56] そうした大衆の「エロス」に、「分別をのりこえて、変に明るいものが漂っているそこに、これまで求めて得られなかった

＊53　前掲「日本の二重構造」四九一頁および四九三頁。
＊54　前掲「知識人と私のちがい」四七四頁。
＊55　日高六郎「大衆論の周辺――知識人と大衆の対立について」『民話』一九五九年四月号、九頁（『現代イデオロギー』勁草書房、一九六〇年収録）。
＊56　同前、八頁。

反倫理的な革命性」（あるいは法を超える「正義」）が存在するという表現を、谷川は与えるが、[*57] この反「倫理」とは、次のような鶴見‐日高にたいする谷川の嫌みな「最下流からの睥睨」に呼応しているのである。

> 彼等もまた悪漢です。快楽派です。しかし彼等は私とちがって倫理のあそびをやっているのだ。彼等は知識人の論理の直線的な延長の上を歩き、そのはしっこで、倫理の深淵を見下しながら渡河作戦に熱中しています。その下を浮き沈みしている流木の群に対して彼等の心は痛んでいます。[*58]

谷川は、親愛の情を込めて、しかし結局は「渡河」に熱中するにすぎない鶴見‐日高（知識人）の限界を語っている。「論理」直線の「はしっこ」でロードスをめぐる倫理の遊びを「快楽」的に楽しみながらも――この「論理」は丸山の「政治の論理」にほかならない――、しかしひとは、浮き沈みしながら流れ去ってゆく流木の群れを見下ろしながらも心を痛めることができるだろう、と谷川は言っている。谷川は嫌な奴である。しかし彼は、日高や鶴見に、〈所詮、君たち知識人は、心が傷んだ振りをしているだけだ〉などと言っているのではない。「論理」の途切れる一点において、論理を超越するとされる倫理（の遊び）が始まってしまうことそれ自体を問題にしている。しかし、求められるものは倫理の遊びではなく「反倫理的な革命性」なのだ、と谷川は主張する。そうした革命性は、最高の変革思想と反動思想が「鼻をつきあわせ」ている唯一の現実それ自体にある「原点」に身を措いてこそ獲得できる、と谷川は確信するのである。

そうした原点について谷川は、柳田國男の常民にふたたび触れながら、次のようにも述べている。谷川によれば、柳田民俗学は、村落という「小共同体」の側からする包括的統一体としての「日本」という国民国家を批判しえたが、しかし「小共同体相互間の、また小共同体内部の葛藤の契機」を剔抉することができなかった。それゆえに柳田は、支配的な思想によってもっとも強く疎外される人びとにおける「二重性」を発見することができなかったのだ、と。[*59]

しかしこの谷川のいわゆる「二重性」とは、一体、何か。それは、ナショナルなものへと併呑されている階級闘争のエネルギーが、インター - ナショナルな連帯へと転轍する（自動詞！）ための、文字どおりの政治の論理である。

意識の二重性

谷川の「二重性」とは、「二重所属」と「半所属」という一箇二重の概念によって成り立っている。それは第一に、当時盛んに議論された日本経済の二重構造論に着想を得ており、また第二に戦後における民族自立とＡＡ民族主義の興隆に呼応し、そして第三に、丸山から竹内へ、さらに戦後における転向論までをも貫いている攘夷 - 開国論的な「『内』と『外』」の対比論にもとづく「日本近代のアポ

＊57　前掲「知識人と私のちがい」四六九頁。
＊58　前掲「観測者と工作者」三四三頁。強調原文。
＊59　前掲「日本の二重構造」四九三頁。

リア」論批判である。そして谷川の回答は、この「せっかくのアポリア」を雲散霧消させてはならない、という点に尽きているだろう。[*60] こうした議論のすべてをトレースする遑はここではない。ここではその論理の成りゆきのみを痕跡化しておくことにしよう。

この「二重性」は、沖縄－薩摩－奄美－トカラ－被爆者－被差別部落－在日朝鮮人－縁辺農漁民－炭鉱労働者－下請工－「女」－「満州」－朝鮮－娼婦－山谷〔…〕という、ぼくを衝き動かす〈線分〉をも接合した、ランダムにそして非線形に無限に連鎖・結合――『私たちの唇《くちびる／しん》たちがいっしょに話すとき *Quand nos lèvres se parlent*』でイリガライが言った〈それが……に触れる *Ça touche à…*〉――、そうした連鎖・結合が国境から滲み出てゆき、国境を蚕食してゆく、谷川の「今日の人々」から生起する。谷川にあってそれは、「反前衛」である倒立三角形の尖底から生起し、近代における「個人」概念を超え出る新たな「思考の範型」として、新たな独異の主体を準備するであろう、一連の端点なき連鎖・結合と考えられている。そうした谷川の「今日の人々」の一覧表を、まず端的に、引用してしまおう。その一覧表は、無限の連鎖・結合をもたらすいくつかの〈線分〉が邂逅する〈複合状況〉にすぎないかに見えるが、しかし、それぞれに惨めなまでに強靭な、こうした〈線分〉への一体化と〈線分〉を無限に接続することを衝迫する、「愛」によって紡がれているだろう。

> 馬糧を盗みぐいしながら尿をこらえることができない栄養失調の兵営〔…〕鵜鳥の声で叫んでいる盲の原爆症の男〔…〕昼の電燈をとぼしながらギタアを弾く未解放部落の青年達〔…〕六人で二組の布団をオルグの私に一組貸した金属工〔…〕出奔した夫の留守に社宅を追出されないために

労務と姦淫した鉱夫の妻〔…〕首をきられた私を追いかけてきて十円を与えた掃除婦〔…〕握手すればひりひり痛むほど握り返す牛飼の少年〔…〕フェルトの草履が一年の労働で買えたと喜ぶ紡績女工〔…〕。[*61]

あるいはそれらは、「辺地の農漁民、流浪のプロレタリアート、特殊部落《ママ》民、癩病、在日朝鮮人……」とも、表記される。さらにあるいは「少女のころから坑内労働をつづけてきて貧苦のどん底にある」老婆。「長崎の浦上部落」の老女。という具合に。[*62]

谷川はこうした、境界を内と外にむけて夥しく仮構してゆくことで境界なるものそれ自体を無効にする、完成することのない一覧表――つまりドゥルーズの〈et〉――を一応終えたあとで「こんなものを私は見た。もっと多くのものを見た。しかし、もっともっと見るであろうし、見るべき」である、と述べる。ここには丸山的意味での「消去」法は機能していない。ここでは「発生過程を異にするさまざまな種類の個人」を、そしてこうした発生過程を幾重にも「重ねてプレスされた個人」を、しかし同時に幾重にも消去され、したがって重ね書きされたこうした「個人」を書き戻すという作業が、際限なく継続されねばならない、と語られている。したがってその意味で、真の意味での消去法が実

*60 同前、四七八頁以下。
*61 前掲「原点が存在する」六三頁。
*62 前掲「日本の二重構造」四九三頁。

践されている。[*63] ここでは単純な画定された個人の邂逅による混成化ではなく、個人それ自体が混成化の産物であり、それが個人において層序化され、褶曲的に露出していることが前提されている。そうした積層に強く圧力をかけたときに、幾重にも重なって書き込まれ－消去された〈声〉が浮かび上がり、染みだしてくる。この圧力をかける機制が同様に地層層序的に混成化している他者との邂逅なのであり、そうした邂逅が〈線分〉を、そして〈線分〉の接合を促迫するのである。またこうしたことを「見る sampling」ことが、工作者にとっての「日本というものの総体を凝縮した地点」である「思考の範型」を形成し、そうすることで、工作者は、逆倒（真っ逆様に墜落）しながら、この凝縮点を、この「日本（人）」を、解体しようとするのである。[*64]

　したがって谷川は、もう一度次のように断言する。こうしたさきの〈線分〉の人びとのなかに「のみ範型としての日本」が存在する、と。それは日本（人）の立ち上げなどではない。範型としての日本（人）が日本（人）の凝縮点を解体するという機制、この弁証法こそ谷川の「二重性」の集約的な機能である。こうした人びとは、谷川にとっては、もっとも支配的思想に照射されているがゆえに「一定の条件つきで何人よりも近代ヨーロッパの範型」としての個人に近接し、またその『個人』を超える可能性をもった存在」である。[*65] しかしそこにはもはや日本（人）はいない。そこで支配している機制は「不純」したがって「二重性」なのだ。繰り返そう。それは具体として個別に明示されながらも、実体ではない。それは花田のそれとは異なっている。それは飽くまで「思考の範型」である。それゆえに彼は、この「思考の範型」を際限なく豊富化するために、工作者はベンヤミン宜しくさらに「見るべき」である、といったのだ。こうした無限の連鎖・結合に登場する〈線分〉の人びとについて語ることは、それゆえに谷川にとっては、天皇制を裏返しにした「大衆の疎外」の「物神化」などでは決してないことに注意しておこう。むしろそれは「前衛――大衆という図式が天皇――草莽《そうもう》の民といった脈絡に癒着するのを断ち切る」ためである。[*66] ここでの天皇制＝日本（人）から切断された「草莽」は、丸山的な空間では絶望の対象でしかない。

ところでこうした「思考の範型」あるいは〈線分〉を探り出すための谷川の「二重意識」とは、人びとに生起する「帰属感の分裂であるとともにそのあいまいさ」であり、変革のための逆説的な瞬間＝審級である。

谷川はこの問題を、決定的にも、当時の沖縄における日本「復帰」運動についての議論から始める。彼の「二重意識」は、水平的にアジア‐アラブ‐アフリカへ、そして垂直的に「内地」化されたものの深部へと散種し（され）、その過程でランダムにユニット化する二重性の重複する連鎖・結合についての範型であり、さらには植民地‐帝国主義における被植民者の「二重性」へとみずからを圧し拡げる思考の範型である。それゆえに遍在する非‐「日本（人）」が、日本（人）にあって日本（人）を蚕食する。谷川の〈サンプリング‐引用〉は、したがって起源の拒否を要約すれば、以下のようになる

＊63　同前、四九七頁。
＊64　前掲「原点が存在する」六四頁。
＊65　前掲「日本の二重構造」四九三頁。
＊66　同前、四九一頁。

だろう。[67]

例えば沖縄人にとって「内地」とは「やまと」である。彼（女）は「やまと」の人ではないが、〈しかし〉日本（人）である。問題は、ここでの〈しかし〉が、「沖縄人にとって納得がいく『しかし』」ではないことにある。沖縄人にとって納得のいく「接続法」とは、〈しかし〉ではなく「そのゆえに」なのだ。すなわちこうだ。「私はやまと人ではない。だからこそ日本人」である。こうした議論を谷川は、いわゆる日本「復帰」運動に潜在する「反鹿児島の契機」から導き出して、次のように述べる。

〔当該期の〕沖縄の日本復帰運動の弱さは、まさにこの「日本」という言葉の内容が沖縄と内地の間でとりかわされる場合、あきらかな誤訳があるという事実を沖縄人の方だけが気づいていて、しかもその訂正を求めていないというところにある。[68]

この例示は、日本（人）という言説空間そのものと向き合ったとき「日本に属していて属していないか、あるいは日本に属していないが属している」という状態とされる「半所属または二重所属の心情」という議論へと連接されている。沖縄は鹿児島に所属すると同時に「やまと」にも所属するという二重所属の状態にある。〈しかし／それゆえに〉、沖縄は「やまと」には充全に所属していないという半所属の状態にある。この二重所属と半所属の曖昧さが「偽装的な統一感」を強烈に欲望する、と谷川は考える。〈それゆえに〉こうした「半所属から二重所属の契機を飛躍して一挙に或る統一体へ帰属しようとする心情の運動」が日本（人）という国民国家を想起－憶想（正しくは、記憶）させる。

この二重所属と半所属との曖昧さを意識的、無意識的に鎮めようとするひとつの「激情」的なルートの「固定」が、ある一つの「偽装性」を選びとるとき、谷川にとってのナショナリズムの意味が明確になるだろう。またさらに谷川は、こうした二重所属と半所属との曖昧さの一挙的な解消運動としてのナショナリズムを、反前衛が依拠せねばならない「極小の場」における統治と被統治に垂直的に分節しながら、次のようにも一般化している。

上層部分は二重所属、下層部分は半所属という意識の対比が、日本の社会を横切っている〔…〕。上層部分の求めるものはつねに帰属の単一化としての純粋主義であり、下層部分の求めるのは帰属を全面化するトータリズムである。[*69]

すなわち「極小の場」における垂直的な二重所属と半所属という「意識」における「対比」が、水平に横倒しされて日本（人）という社会性を横断し、相互にそして〈つぎつぎとなりゆくいきほい〉によってみずからを貼り付けあってゆく（自動詞！）。そこでは階級関係が日本（人）そのものに向き合わされて水平化された国民（主義）運動の動因となっていることを谷川は語ろうとしているのである。

＊67　以下引用は、同前、四七六頁以下。
＊68　同前、四七七頁。
＊69　同前、四七八頁。

そしてこの階級関係が倒錯的に表現される上層における純粋主義と下層における「トータリズム」という二つの運動が一致したとき、「エネルギーの一時的な奔騰」が生じ、それがナショナリズムとして結実するという思考の範型では、しかし二重所属における「重複する帰属」の解消＝単一化という衝動と半所属における「欠如している環〔の〕完結」という衝動は、「帰属感についての前提」が異なっているがゆえに、異なっている。それゆえに「偽装された一体感」としてのナショナリズムは矛盾に満ちたものとして現れる、と谷川は考えるのである。

この矛盾は、ナショナリズムが隠蔽された階級闘争によって衝迫されていることに起因する矛盾であるだろう。したがって、谷川は下降‐下向する。なぜなら、こうした二重所属と半所属との二重性の「葛藤」は、下降すればするほど、「半所属と無所属の対立」という二重性として登場するからである。こうした「帰属そのものから自由であるような自己の歴史的な基盤〈非所属の所属〉をみつめない個人の確立」など、谷川にとっては、ありえない。そうした個人の確立は「体制に半ばしか所属していない危機感〈所属の非所属〉」と交錯することによって初めて、プロレタリアートという新たな個人の形態を発見し、こうした発見によってこそナショナリズムのエネルギーを階級闘争とインターナショナリズムとして顚倒することができる、と谷川は考える。こうして市民社会は、谷川にとっては、嘘である。

こうして谷川は、メフィストの〈下へ降りようと〔し〕なさい。力足を踏んで段々降りてゆくのです〉に従って、真っ逆様に「尖底部分」に直達しようとし、そこに彼のプロレタリアートという新たな主体を、近代西欧において祖型的に把握された近代的個人とは異なるものとして、さらには単なる近代的個人による集合性としてのそれではなく特異な存在のさまざまな接続（結晶化）として、二重に確立しようするのである。こうした考え方は、従来「日本社会の弱点」とされてきた「個人の主体の未確立」は、むしろその弱点をつきつめて「別な範型に支えられる主体」を発見しない限り、「永久に不毛」であるという、彼の主体論によって支持されている。またそうした主体論は、この「二重性」の垂直的な連鎖・結合を切断しながら、「二重性」の水平的な連鎖・結合を拡大してゆくという変革の戦略へと繋がってゆくだろう。それは谷川にとっての階級闘争の基本的な戦略すなわち彼固有のインター－ナショナリズムそして連帯への独異な関わりの原理にほかならない。

集団のなかで集団から区分され、その区分のゆえにいっそう集団と結合しうるような個別性というものを日本の社会に発見する道は、二重構造の上位部分からつねに自分をひきはがしながら、そのするどく尖った基底部分と接着していく連続的な下降運動のなかにしか存在しない。他律的な強制によってかくあらしめられる者と自律的な衝動によってそこにおもむく者との夾角の収斂がその方法を意識化する。

しかし、この運動はそれだけではまだ上下関係としての二重構造の符号を変えたにすぎないという限界をもつ。〔…〕下降する自己と大衆の尖底部分との対立に位置するだけでなく、さらにその尖底部分のもつトータリズムが分割不能の等質物でないことを見きわめなければならない。[*70]

*70　同前、四九六～四九七頁。

集団内部で集団から「区別」されることに集団形成への機制を発見し、それを「個別性」と呼ぶことは、その「区別」が単純な反差別主義へと陥らないということによってのみ保証される。それは二重性を接続しながら下降的に上向する運動によってのみ保証される。ここでは、例えばさきの「日本」という言葉をめぐる沖縄と「内地」との間での「誤訳」が、翻訳可能性への確信にもとづいて、正訳されることを沖縄が「内地」に要求するのではなく、この誤訳を、分割可能で、散種する環節的な二重性として、あるいは商議の対象として、内 - 外そして上 - 下に向かって措く特異の人びとの「連帯の原理」が議論されている。連帯とは個別で独異であるほかない。そこには一般的な連帯もなければ一般的な孤立も存在しえない。そもそも連帯とは孤立なのであり、そこには〈何に連帯し、何から孤立するのか〉という〈線分〉の接合 - 離接という問いが存在しなければならない。尖底部のトータリズムにおける分割可能な異質性の発見とは、こうした連帯 = 孤立を型づくる「異なる複数の疎外がもっとも根源的な形でたたきあい、相互に浸透している姿」を見ることによってのみ為される。それは次のような〈サンプリング〉の反復によって豊富化されてゆくだろう。

まず谷川は、炭鉱地帯の老婆の次のような発話に言及し、解釈を加えている。

明治天皇は四十五年つとめて、なかなか苦労した。息子は体が弱くて十五年しかつとめきれなかった。その孫がいま三十五年になるけれども、私も七十年も働いてきたのだから何のかのといわせん。[*71]

「天皇制とまっすぐ」に、あるいは天皇とサシで向き合っているこの老婆の「高言」について、それは「篤農主義」的な勤労倫理でもなければ、労働の多寡を基準とした「数量主義」的なスタハーノフ＝テイラー主義でもなく、さらに「苦労を労働から分離した主観主義」的な蒙昧でもない。それは「自分がためこんだ虚無の質を知りたいという欲望が計量化」を拒絶し、その拒絶が「労働の年数というもっとも他愛もない自明の量」で表示されることから発せられる自負なのだ。それは「知識の世界」とはまったく別個になされる、身体的に知性的な天皇制批判なのだと——ぼくは、奇妙にも、こうした理解に、天皇を〈テンチャン〉と揶揄することを革命的左翼の革命性であると勘違いした一部のマルクス主義者を批判した、神山茂雄の天皇制批判における「政治の論理」と制度論を感じとるだろう。神山には、しかし、フーコーが必要だったのだ。

　またさらに谷川は、長崎の異教と貧困の地、浦上の老女の発言、〈浦上だからこそ、キリシタン以来の浦上だからこそ、あの被爆の地獄図を堪えることができたのだ〉という「傲慢ともいえるほどの自負」を帯びた発言にこだわる。それは「一つの部落の共通倫理が原爆を超えていることを身をもって証明した」と主張しているのだ、と。そこでは世界が、もっとも強烈な疎外を受苦してきた小さな共同体によって、いと易くしかし痛みとともに、覆われてしまうのだ。言い換えよう。全世界という全体は、革命性と敬虔《ピウス》との衝突をはらみこむ、この小さな共同体という部分‐細部によって、表現され尽くすのである。こうして世界は提喩に措かれ、したがって「幾百の太陽系」が存在する。

＊71　同前、四九五頁。

こうした炭鉱地帯の老婆と浦上の老女に表出する大衆の「前イデオロギーまたは原イデオロギー」、またそうしたいわゆる〈進歩〉思想の対極に現れる、一見途方もなく反時代的で反世界的という意味で〈反動〉的なそれぞれの自負が「その思想の核心を交換」する極小の場について「身をよじって」考えることのない変革理論などは無意味である。さらにまた谷川は、沖永良部民謡に、手練と手管にみちた官能的な二重性の喩を読みとろうとする。*72

女童《みやらび》の玉乳《たまち》昼やおし隠ち、夜《ゆる》なりゃ出じゃち青年《にせ》に飲ます
踏《く》みゃ揺《ゆまた》みちゅり後蘭田《ぐらるだ》の畦歩《あぶしあ》きゃ揺みちゅり愛女《にぞ》が玉乳

谷川は、薩南と沖縄の「いずれに帰属するのかという疑問につつまれた疎外の二重性」あるいはウズウズする肉体性が謡われている、この民謡に「微かな不断の動揺感」を認めながら、そこに〈外〉と〈外〉との対立が「一個の肉体」へと「内在化」されていくときの「旋律」を発見する。*73 それはそれ自体として丸山の憂いであった論理の「単旋律」を超え出ているだろう。単旋律を求めようとすれば、そこにはポリフォニーしか存在しない、そうした唯一の現実がそこに存在するだろう。それは営々とした「政治の論理」（常識）の実践によった抵抗の論理（非常識）を謡っているからである。こうした思考の範型としての事例――谷川の場合、九州以西に事例が偏っているのだが――、こうしたサンプリングと引用＝召還を反復－受け取り直しながら谷川は、次のような素晴らしい結論に辿り着いている。

> 人間であるがゆえに商品であり商品であるがゆえに人間であるところの労働者の主体とその自己疎外〔…〕人間ではないがゆえに商品でなく商品でないがゆえに人間でない経済外的差別下の集団を、より非人間的な条件におとしいれつつ商品化してゆく前論理的かつ超論理的なメカニズム〔…〕[*74]。

こうした現実における酷薄な労働力商品化の機制が、換言すれば労働市場形成の外部には、必然的に〈真っ当な〉労働市場を支える、非‐商品化されることによってのみ商品化される人間が存在せねばならないことを、谷川は指摘している。一度市場が形成されれば、たとえ「人間ではないがゆえに商品でなく商品でないがゆえに人間でない」人びとの労働力も、商品化され値《ね》（比喩としての印度以下的労働賃銀）がつくという、半封建制と高度な資本主義のウクラード結合などという実体主義視点とはまったく異なった、紛うことなき資本の蓄積運動とその制度としての国家についてのマルクス政治経済学の枢要を、谷川は実に組織論として語っているのである。

それはさきに示した丸山における内的他者の商品化あるいは日本（人）の論理化が、ドゥルーズ＝ガタリ的に言えば公理化（資本主義の論理）と相同であることを示している。しかしこの公理化は、

＊72　同前、四九七頁。
＊73　同前。
＊74　同前、四九九頁。

まず国民市場として登場し、この国内市場的な閉域化が外的他者を、国内においてであれ国外においてであれ、縁辺的に商品化する。それは論理的な非 - 日本（人）の形成であり、そこではフィリピーナと「日本人」の主婦労働力は同質なのだ。出稼ぎ農民と外国人労働者とは同質なのだ。山谷のタチンボとタイで海老を養殖している労働者は同質なのだ。〔…〕それはいわゆる国籍の問題などではなく、市場が認知する日本（人）とその〈非 - Nicht〉の問題でありながら、それゆえにこそ逆説的に国籍の問題となる。こうして市場の重畳的な階層化は、この公理化によってメビウスの輪のように国境を越えると同時に、しかしまた国民市場の外部を内部へと捻転させる。それは相互に嵌入しあいながらも、しかしそれゆえに日本（人）と非 - 日本（人）は不断に再生産される。それは〈第三世界〉を遍在させながら〈第三世界〉を隠蔽する。日本（人）の内部に日本（人）が外部化した非 - 日本（人）が生産されながら、しかしそうした人びとが日本（人）として閉域化しているのである。

それは「二重性」を構成する、国境から滲みだして無限に散種する連鎖・結合であると同時に、その鏡像としての、国境の内部において沈降する資本の外部の内部への捻転、連鎖・結合である。商品化される労働力は、この資本の蓄積運動のインター - ナショナリズムにたいして、国民的諸制度の「不動」性を維持する架空の商品である土地商品（自然・領土）にしがみつくことによって抵抗するという業火をくぐるほかない。もちろんその土地商品には、商品化されているがゆえに、大洪水以前の起源性あるいは原初性は存在しない。そこでの自然は第二の自然として、すでに発案されたものであるほかない。しかしそれは帰属にたいする記憶によって衝迫されているがゆえに、暗黒といえども牧歌的なゲマインシャフトから明るい市民社会としてのゲゼルシャフトへの移行という仮構とともに、再生産される。すべてのゲマインシャフトはゲゼルシャフトによって発案されることによってのみ記憶されることが、ここでは問題なのである。この帰属への渇望を、私はとりあえず、ナショナリズムと呼ぼうと思う。本来的にはプロレタリアートが内属することがなかった市民社会が大衆社会的な状況のもとで依然として市民社会であるためには、こうした国民主義《ナショナリズム》すなわち帝国主義によって支持されるほかない。

それは土地（領土・自然）の問題なのだ。それは「前論理的かつ超論理的なメカニズム」として資本蓄積を支える外部を形成しているだろうし、資本はこうした内と外における外部なしでは機能しえない。資本は、この外部を不断に生産し続ける能力をもっている。しかしそれは「政治の論理」あるいは政治経済学の論理の記述対象ではないのか。こうして谷川は「非日本的な日本を手がかりに日本的な非日本を経てより広い世界へ出るための創造的プログラム」を語ろうとした[*75]。谷川の次の発言は〈笑い飛ばす力〉を持っている。

> もっとも閉鎖的な根性と根性をたたきつけあって見ようともしないインターナショナリズムはすべてナショナリズムの変種であ〔る〕[*76]。

＊75　同前、四九九頁。
＊76　前掲「インターナショナルの根」五一九頁。

谷川は、新島闘争に派遣された学生オルグの報告（『東大新聞』一九六一年四月一二日号掲載）を引用しながら、次のように述べている。それは谷川の「工作」の原点であった。その報告とは次のようなものであった。[*77]

彼ら（オンバアたち――谷川）は政治的にはほとんど不能に近い〔…〕。この場合、ぼくは不能と無能を区別したく思います。〔…〕反対派は、社会党や共産党のオルグたちが注入した、平和と反戦のイデオロギーを確かに持ってはいます。しかし、反対の主たる理由はやはり〈土地〉を奪われたくないという所有者意識〔…〕。平和と民主主義のお題目をくり返さざるをえない彼らをみていると、もっと暴露をやった方が残酷であっても必要だという考え方をもちます〔…〕。

この理解できる「論理」の尖端から始まる「倫理のあそび」であるだろう真面目な「倫理」的な――ウザイ――学生の報告にたいして谷川は、谷川らしい次のような三つの選択肢を示してみせた。[*78]それは、私に「反日武装戦線」が叩き衝けた〈連帯の質〉を想起させると同時に、また谷川が、宮本常一のフィールド・ワークに与えた最大級の賛辞――「彼は事実の報告によって工作している」[*79]――の実相を逆倒的に照らし出している。

第一に、ましなオルグであれば、「彼女たちと同質異型の Volkstum」をみずからに問い掛け、それがなければ「黙々と彼女たちの後尾にしたがうべき」であり、あると信ずるならば「ざんばら髪に歯の欠けた笑いといった彼女たちの醜怪さと自分のそれとどちらが内圧が高いか競争してみれば」よいのだ。また第二に、ましなイデオローグであれば、この「同質異型のVolkstumの競争を同型異質のイデオロギーの対立」に変換し、彼女たちのうちに「平面化されている現実の構造を思想的な立体に復元再生」しようとするだろう。そして第三に、ましな芸術家であれば、「彼女たちとオルグとイデオローグの三者の間にある函数関係を形象化するというモティーフ」にさまざまなテーマを発見するだろう。

ここには、記述（工作）者（の敬虔）にとっての、本当の意味での「テスト」が語られている。

＊77 同前、五一七～五一八頁。
＊78 同前、五一九頁。
＊79 前掲「伝達の可能性と統一戦線」三三四頁。

第10章

反時代的「確信」

――藤田省三の「レーニン」

真理は情熱を欠き、情熱には真理なく、英雄がいても英雄的行為はなく、歴史があっても出来事はない。Geschichte ohne Ereignisse.（マルクス）

欺瞞の原因は、非弁証法的に把握された多数派〔―余剰〕という概念 undialektisch gefaßten Begriff der *Mehrheit* にある。（ルカーチ）

I

戦後に限っても数多の「レーニン」がある。なかでも六〇年安保後の六〇年代中葉に書かれた藤田省三の反時代的なレーニン『何をなすべきか』論——「『プロレタリア民主主義』の原型——レーニンの思想構造」——は[*1]、さまざまな意味で特筆すべきレーニン論の一つである。藤田のレーニンは、以下で触れるように、党との時代的緊張のもとで書かれ、信《しん》の身体《ぶっしつ》的受諾という特徴を帯びている。ここでの問題は、藤田省三という戦後（丸山）政治学をその他極において代表する思索家がレーニンを論ずることでみずからの民主主義論に盛った、「途方もな」く反時代的な毒と、そこに酌み取られるべき内的亀裂である。

「途方もな」く反時代的な毒と内的亀裂——統治と抵抗の運動的止揚といった「途方もな」く困難な「弁証法」を准《なぞ》った〈運動的自治としての民主主義〉論、さきの論攷で藤田は、こうしたある意味で素朴と言ってよいほどに理想主義的な民主制了解にもとづいて、「革命独裁」と「民主主義」を「プロレタリア」において一体のものとして擁護している。誰にたいしてか？　もちろん、彼自身の永遠の党に反対してである。何を論ずることによってか？　もちろん、レーニンのいわゆる物質を論ずることによってである。ここでぼくが藤田レーニン論の枢要部分をザックリ伐り採って現在へ可能な限り肯定的に読み戻そうとする論点は、彼のいわゆる「プロレタリア」という「可哀想な孤独な『物質』」に生気を吹き込む、そして出来事に際会した人間がときとして示すことがある、「途方もない」身振りとその帰結としてのいわゆる民主制（精確には、国家）の問題でなければならない。[*2]

だからこそふたたび言わねばならない。ある固有の一点がここでの焦点とされねばならない、と。

＊1　初出は、福田歓一編『競争的共存と民主主義』（『講座　現代』12）岩波書店、一九六四年六月である。

それは、「革命独裁」と「民主主義」を「プロレタリア」において一体のものとして理解するに当たって要請された人びとに耐え凌ぎがたい狂気としての生気〈霊気〉を封入する危険な媒介環、いまとなっては鬱陶しいとはいえ異なった視点からの再検討が必要とされる変革政治論における「確信」あるいは「思想への『忠誠』」と「大衆への『忠実』」といった重苦しい誓約的命法、そうした〈運動的自治としての民主主義〉よりももっとレーニン的な問題の、「思想」も「大衆」も消え去ったかに見える現代における、存立可能性である。

II

さきにぼくは、反時代的なレーニン、と書いた。『著作集』の編者もまた同類の印象をもったものとみえ、「解題」で次のように書き、ありうべき「誤読」のあらかじめの防遏に努めている。

> これらの論稿が「スターリン批判」以後、「ソ連崩壊」以前の時期に書かれたものであることは留意してほしい。〔…〕藤田にとって、レーニンといえども、結局は、「道具」にすぎなかった〔…〕。藤田は、究極のところで、自らの「民主主義」論のための「道具」として使いきっているからである。〔…〕レーニンについてではなく、レーニンを通していいたかった〔…〕。「本篇」をレーニンについて書かれたテクストとして読まれた場合に生じるかも知れない誤読を防ぐためには、「草稿」がきっと役に立つ〔…〕。藤田は、リップマンをとらえ、チャーチルをつかまえる同

じ視点でもって、レーニンにおいて、民主主義がいかに「実現」されたのかを問題にしているのである。ここにおいて、「普遍主義者」藤田の「方法的精神態度」は終始一貫して、変るところがない。

編者が気遣った「誤読」への可能性が、藤田におけるプロレタリアの「革命独裁」に支えられた「プロレタリア民主主義」（いわゆる民主集中制）の断固たる是認がいわゆるマルチチュードなどといった言葉だけが指令語の役割を果たすことなく一般名詞として空疎に遣り取りされるまでに到った今日的状況と不可避につくりだす、古色蒼然たるズレに関わっていることは疑いを容れない。

すなわち「革命独裁」と「民主主義」を一体のものとして理解し正当（統）化する所作を担保する「プロレタリア」なるものが――エンゲルス的な自然弁証法における〈物質《れきし》の自己運動〉という限りで――消え去った（かに見える）今日における藤田のいわば〈運動的自治としての民主主義〉論の妥当性が、ここでは、まさに編者自身によって、懸念されているに違いない。だからこそ編者は、固有

＊2　以下引用は『藤田省三著作集――現代史断章』第三巻、みすず書房、一九九七年から（引用符に包まれた語・文・強調などはすべて藤田のもの）。また引用頁は省いた。その際、当該論攷を「本篇」と略記し、同『著作集』に収録されている他の二つの論攷――「『プロレタリア民主主義』の原型」のための準備草稿」（以下「草稿」と略記）と「『プロレタリア民主主義』の原型」への補註」（以下「補註」と略記）――と合わせて使用する。

の時代的緊張のもとで執筆された藤田レーニン論から、当該期の藤田自身の政治的立場も含めて直接的にはそうした時代的緊張の背景に触れることなく、あるいは然り気なく回避して、その民主主義把握の普遍性を抽出し、現代から振り返ってなおその意義を「普遍」性において救済しようと試みている。ぼくといえども、編者のこの危機感と政治的配慮は痛いほど理解できる。それはいまだぼくたちの問題でもあり続けているからだ。であればこそ、編者の配慮を酌むためにも、しかし、「草稿」という特殊性だけでなく「補註」という特異性もまた同様、あるいはそれ以上に、「役に立つ」とあえて言われねばならないのではないだろうか？　「補註」には、藤田が『何をなすべきか』に限ってレーニンを論じざるをえなかった「諸般の事情」について、ことさらに、次のように綴られていることを、藤田の読者はいまさらながら発見するだろう。すなわち藤田は、

この論稿は、「第三次大戦」への反対の気運を昂める目的で、吉野源三郎氏が「講座現代」を企画され、その中心的論集の一つとしてこの巻を構想され、「東西対立」を和らげるため、「東側」に対しても出来る限り好意的な政治思想上の「原論」的なるものを掲載したい、と考えられ、書き手としての「私」（藤田）を選ばれ、殆ど強硬無類に数度にわたって数時間ずつを使って説得された結果、私が引き受けざるをえなくなって書いたものである。この論稿を書くに当っては、諸般の事情を意識的に考慮して、レーニンのいわゆる「理論的主著群」（『唯物論と経験批判論』や『ロシアにおける資本主義の発達』や『市場について』等々）には一言も触れなかった。その理由は複雑であり、その説明をすると「もう一つの長大なレーニン論」になりそうなので、此処では

一切何事も言わないことにした

と語り、それに「その理由の大きなものの一つは、『戦前』の日本の『マルクス主義』における『名実の逆説』にある」という註記を付し、金広志・山内武夫らのいわゆる「中野五人組」[*3]や石母田正・遠山茂樹などの名を挙げ、関曠野や三浦つとむなどと対比したうえで、さらに……

日本のマルクス主義陣営の中でスターリン主義的傾向が「運動」を実質的に動かし出したのは、皮肉にも戦後の解放後なのである。公然と「共産党」が合法化され、多くのインテリ集団の中で流行となった時、例えば、「岩波書店の組合」が「天領」と綽名される「党組織中央の直轄地」となり、東大の「細胞」の中心人物たちが事実上中央の「上御一人」と直結するようになってからである。しかし、そこでは、もはや、かつてのような「眩いばかりの」〔アーレント〕歴史的理解力も知識も知識欲もなくなって、私のテキ屋的皮肉をもってすれば、「マルクスを読まないでマルクス主義文献を読み、〔…〕ビラを読まないでビラを撒く」という傾向が支配的になっていった

＊3　いわゆる「中野六人事件」とも呼ばれている。金広志については『追悼金広志先生』刊行世話人会編『追悼 金広志先生』一九九七年参照。山内武夫については『怯兵記――サイパン投降兵』大月書店、一九八四年参照。

と書き継いでいる。

岩波書店が誇る名編集者であり、矜持と柔軟性を携えた出版人でもあった、吉野源三郎の果敢な英断とそれへの愛すべき「テキ屋的」仁義が偲ばれるように書かれたこの政治的「補註」[*4]で藤田は、そうすることで、「正統的看板性を持たせただけのスターリン主義の看板が『レーニン主義』」と呼ばれている事態すなわち党の現状への批判、「レーニン主義」という名称を自己《そしき》保全のための支配装置として発案した「スターリン主義」にたいする批判、さらに具体的には、彼のいわゆる「『宮顕体制』」批判として、レーニンを論じたことを明かしている。こうした意味で藤田が、きわめて現状的にレーニンを論じながらも、また同時にそうした「レーニンを通して」運動的自治としての民主主義論をある種「原論」的に論じきったことは、慥かだ。またここから、六〇年代中葉に藤田が措かれた党政治という個別性から「原論」的な「普遍」へ這い上がろうと苦闘する藤田を顕揚することも、可能だろう。その意味で、またその意味に限って、レーニンと藤田に距たりを設け、藤田を今日的に救済しようとした編者は、正しいに違いない。

それだけを強調することで、藤田レーニン論に示されたヴェーバー的〈価値自由〉と言い換えられてよい「方法的精神態度」を貫く「普遍主義」の今日的意味を救済することは、しかし、可能だろうか？ 「普遍」は個別具体という顔貌を携えて突沸する〈特異であること〉においてのみ間歇的に開花するのではないだろうか？ また特異であるとは、原理的にも、何よりもまず期せずして出来事に際会した人間がそのみずからを知としてでなく状況的身体《ぶっしつ》において「確信」することに発見されるのではないだろうか？ したがってまた、藤田個人が特異な状況で「普遍」を担ってみせた論攷がこのレーニン論であるという特異性が考えられなければ、ヴェトナム戦争以降のアジアというアメリカ合衆国的に範疇化された地政において出現したレーニン的な革命的民主独裁という血が滲むパラドクスを背後で支える「確信」の問題が見えてこないのではないだろうか？

だがそう指摘したうえでなおぼくは、しかし、彼が措かれた「諸般の事情」に立ち入ることに日本政治史的興味以外の意味を認めない。むろんそれは、下司の政治的根性においては、興味深い。とはいえ、そうした作業は、丸山政治学それ自体の総括の名の許で学知的に行われる（のに任せておく）のが正しいとすべきだろう。いまのぼくにとって問題は、むしろそこに、より深い意味、次に列記するように、レーニンの政治的作風を説くためにスミスからカント、カントからヘーゲル、そしてキェルケゴールを否定的に経由してマルクスへと説き及ぶ際に確認された、たんなる学説史的整理（弁証）とは根底において異なる、歴史《ぶっしつ》に措かれた人間における藤田のいわゆる「『原罪』的葛藤」の全的肯定《ペシミズム》の問題という、より興味深い論点を肯定的にやり直すことだ——やり直す、まさに〈redemption〉という意味において。レーニンを語るこの藤田が感得した歴史《ぶっしつ》に措かれた人間という生の「『悲劇』的様相」に潜む深い政治性、この「悲劇」を期せずして担うことを一回しか生きることを許されていない人びとに強いる「目も眩むような事態」、あるいはそのそれぞれが唯一一回的な出来事に立ち会う人びとの「決断」が呈する政治性をこそぼくは、たんなる政治だけでなく、生への「確信」の問題と

＊4　藤田省三「戦後精神の管制高地——吉野源三郎氏の姿」『藤田省三著作集——戦後精神の経験2』第八巻、みすず書房、一九九八年を参照。

いう藤田のレーニン読解の危険《ヤバイ》な可能性として、できうる限り肯定的《のうどう》に喚び戻してみたいと思う。そしてそれはけっして民主主義（などという嘘っぱち）の「原論」的問題ではない。というのも、それは「革命独裁」を断固是認するレーニンについて藤田自身が「本篇」で次のように書いているからだけでなく、そこからはさらに、ひとがいかなる生をどのように生きることが政治という問題をいかに出現させるのか、といったことが見えてこなければならないはずだからである。すなわち……

　古来の社会変革は「カリスマ」的独裁者を殆ど必ず伴っていた。通俗マルクシストと異なって、さすがレーニンはM・ウェーバーの認識した所をぴたりと言い当てている。そうしてルソー的民主主義の機能的関連をも把えているのである。

あらゆる変革あるいは組織に大なり小なり不可避の大粒・小粒の「『カリスマ』的独裁者」たちを支えるこの「確信」の問題、また状況が強いるこの「確信」を共有することで生きるほかないぼくたちの問題、あるいは逆説的に精確には、そこでの倫理の問題が論じられなければ、藤田の運動的自治としての民主主義論は、言葉としてのマルチチュードと同様の機制で飛び交う「献身」や「規律」といった鬱陶しいだけの悲惨な、反レーニン的で、せいぜい旧来の新左翼までにしか通用しない、真の意味で時機外れで血塗れの（道徳）「原論」に終わってしまうだろう。その結果、そこにはまた、「ルソー的民主主義」のまさに「機能的連関」などといった曖昧な概念まで持ちだして説かれる、民主主義と独裁との親和性（同一性ではないのか?）という当然事についての政治学の教科書が無惨に残るほかないだろう。「確信」に言及することは、「革命独裁」と「民主主義」とのリアルなパラドクスを語るよりも、新旧左翼におけるそれとはまったく異なった意味で、変革を語る者たちにとって、激しく危険であり、ポスト・ポリティクス（行政）が支配するこの時代にとっては、真の意味で反時代的である。またそこにこそ、逆説・順説を問わず、藤田のこのレーニン論のいまだ今日的な意義が浮かび上がるはずだ。反時代的であることが変革という経験それ自体であるとすれば、それはいまだ、大衆的情宣の街頭から流れ出る指令語が微かに聞こえ、左派的ガクシャさんやその予備軍が定期的に集うコンファレンス会場から送られる華麗な言葉たちが宙空に散って消えてゆく、一筋隔てた路地裏や社会工場とそれが廃棄し残滓と化した〈物質〉のそこここに、微少に、働き続けているからだ。

Ⅲ

「本篇」で藤田は、第一次大戦に際会し「祖国擁護」「社会愛国」へと雪崩れ打つ社会主義者（第二インター）について、「もし自己の原理に公然たる忠実さを示して『祖国擁護』を拒否するならば、広汎な大衆運動から遊離することは殆ど確実」であったとしたうえで、そこでの強いられた「選択」の問題について次のように書いている。

思想への忠誠と大衆への忠実とはここでは悲劇的に分裂していた。比喩的に言えば「理論」と「実践」との解離が殆ど必然化された状況であった。〔…〕〔それは「想像の領域に生きていた」「西欧の『社会主義者』」たちにとっては」いわば「肉体の発見」であった。そうして「精神」に生きるか「肉体」に生きるかの選択を迫られた〔…〕[*5]。

ここに知識人藤田における「大衆」の原像がヌッと露出する。こうした「選択」という言葉など吹っ飛んでしまう「目も眩むような事態」への対処を強いられたレーニンにおけるいわゆる革命的敗北主義の「選択」に、藤田は、しかし、レーニンにとって「『理論』は『理論』ではなく〔…〕『肉体』であり〔…〕『肉体』は『肉体』ではなく〔…〕『理論』の体化」であるという、レーニンにおけるその反「自然」主義的な「自然」の全的肯定、レーニンであれば〈絶対的自然〉あるいは端的に〈物質〉と言ったであろう「自然」の反「自然」主義的な肯定を確認し、そこに「『革命』への衝動と希望によって逆に感情的に支えられながら、成立する」ヴェーバーのいわゆる「没価値性」さえ摑み取り、それをもってさらにレーニンにおける「『終末論』と『再生論』の希望によって支えられ」た「徹底的な『方法的精神態度』」と呼んだ。

もちろんこれは、たんなる稀有なパーソナリティとしてのレーニンといった、よくある革命家〈カリスマ〉讃美ではない。その背後には藤田の近代社会、藤田が顚倒すべきと想いを定めた近代への洞察《おもい》が潜んでいる。というのも藤田は、そうしたレーニンという傑出した扇動家における身体化された理論と理論化された身体の稀有の合一を、正しくも、近代におけるその分裂の必然という「自然」から説き起こしているからだ。そしてその端緒が、スミス以来の倫理学者たちに、求められた。

「草稿」で藤田は、普通「勃興期の羨むべきオプティミズムの典型としてだけ把えられている」スミスの「背後に認識論的困難の自覚」を正しく探り当て、それを「歴史的大転換期において個別的希望や目的が客観的帰結と大きく喰い違って生ずる大小様々な『歴史の悲劇』の反映」と、ペシミズムにおいて捉え返した。そしてこの「歴史の悲劇」あるいは「歴史の無自覚性」と「自己の行為の歴史的意味を自覚しながら歴史を形成しようとする新たな努力」との相剋が、藤田にあっては、レーニンの「社会科学」に裏打ちされた「預言者」的「確信」への内在的な自己展開に到るまで語り続けられねばならなかった当のものである。それは、こうした視角がなければ、藤田の運動的自治としての民主主義論がその意味を喪失する、核心でもあった。また「本篇」で藤田は、同様の問題を『宗教哲学』や『実践理性批判』のカントにも見出し、次のように述べている。

〔…〕自律を目標にどんなに努力しても、その努力が無規範的自然との格闘である以上、対決から起こる逆規制の自然的浸透は避けえないのか。だからカントは「道徳法は、たといかつて誰一人としてこれを守ったことなくまた今後守ることがないとしても、尚、それが道徳法たるの効力に於て些かも損う所はないのだ」といった意味の壮絶無類な言葉をもって規範の超越的普遍性とそれへの不断の努力の要を説いたのであろう。

＊5　引用文中にある〔　〕で囲まれた引用語句はフランツ・ボルケナウ『世界共産党史』佐野健治・鈴木隆訳、合同出版、一九六八年から採られている。

こうしたカント理解を藤田は、レーニンを斜交いに列ばせる。

近代初頭において「制度の必要性」を基礎付けたホッブスと同じく、レーニンは人間性を野放図に放任してよいものとは考えなかった。その意味では性悪説の一面をもっていた。彼が人間に期待するのは、彼の好きな言葉で言えば「自覚的規律」、すなわち自律的規範であった。そうしてそれを持ちうるのが「プロレタリアート」であった。その、「持ちうる」と考える点で彼は人間性の可能性を信ずるものでもあったのである。その点では自然感覚との内的格闘を人間の倫理と考えたカントに等しかった。もちろん、「自然心情」を「小ブルジョア」に典型的に受肉させ、「自律的規範」の可能性を典型的に「プロレタリアート」に体現させて、前者との格闘による後者の展開を歴史的発展とした点は、「人間の自然」を一般的に同等なものと考え、歴史の進歩を「自然の意図」の展開として把えたカントと異なっている。しかし如何なるものを「徳」とし如何なるものを反「徳」とするか、そうした両者の関係はどのようなものであるか、という点では同じ型に属している。

この藤田は、「草稿」では、次のようにやや立ち入って準備していた。それは社会学における、事後的にみられた合理性の完成を前提することによってのみ事前に担保される、したがって国家権力の廃絶などいっさい射程に入らない、いわゆる秩序（譲渡－疎外）問題という教科書的領域にほかならない。だが藤田は、そうした鈍感の社会学から一歩踏み出して、秩序問題における人間という生の事態への挙措とそこでの知と非知の問題（必然とその了解としての自由）として、この問題を踏査しようと試みる。それは――知、それは断念あるいは希望か？――という危険な問題提起でもあったはずだ。そうした藤田にとってカントは……

〔…〕個別者の意図と歴史的帰結、主体的行為と社会的客観的結実との間の喰い違いに注目して、歴史的形成が結局「自然の意図」の貫徹によって法則付けられるものと考えたのであるが、そこには、主体的行為者である諸々の個別的人間勢力は、自らの「自然」（本性）を十分認識しえないという前提が伏在せしめられている。彼の理性主義はこれに対する闘いである。こうした状態の克服である。それは、万人は在来のままで即自的に理性的であるという如き、人間に関する単なるノッペラボーなオプティミズムでは決してないことがここに窺えるであろう。逆に、そうした「自然（ネイチャー）」に関する自然な無自覚状態を克服する可能性を持つものとして人間を把える点においてオプティミズムなのである。

カントのこうしたいわゆる「人間の自然」についての行為的理解はその「ドライ」な「人間の本性は『非社交的社会性』であるという著名なテーゼ」にもとづいているとして、藤田は、さらに次のように続ける。それは、バディウやジジェクが、原理的にはリアルであることにおいて、また状況的にはカルスタ・ネオリベ的寛容のインチキを採りあげて、いまだ格闘している当の問題にほかならない。

人間は他人を愛しそれと結合しようとはするが、決してそうし切れるものではない。他方で同時に必ず自己の意欲を他人に押しつけ、これと分裂しようとする傾向を本来的に持つのだとされる。そうしてその葛藤の中にこそ歴史的進歩が保証されているのだという。人間の進歩を担っているとして肯定的に把えられるこの「人間の自然」の何処にカントのあの「実践理性」の倫理性を見出すことが出来ようか。むしろ逆に「性悪説」派に属するホッブスや権力の諸機能を冷徹に把えたマキャベルリに共通する傾向が目立つのである。又この認識の何処に、通常、啓蒙の特徴として公理化されている歴史の「単線進歩観」が見られるだろうか。むしろ逆に人間のいわば「原罪」的葛藤の中に進歩の動因を見ようとしているのである。そうしてそこに「自然の意図」の巧みを認める。

こうして藤田は、このシニカルなカントをホッブスからマキァヴェリへと到る権力論の系譜に正しく位置づけたうえで、そこに人間の本性的悪を見出し、それにはまた歴史に措《ぶっしつ》かれた人間という生が担う「『原罪』的葛藤」あるいは「『悲劇』的様相」という名称が与えられた。そしてこの「原罪」「悲劇」がまさに「進歩の動因」であるという、さらなる「悲劇」を「『人間的自然』のザッハリッヒな把握」において確認する。

けれどもこの「葛藤」、この「様相」は、藤田にとって、たんなる事態の確認とその得心（すなわち「ペシミズム」）の対象であってはならない。非知を知の獲得にむけて「克復する可能性」あるいはその語義において善が悪に勝つ必然を意味する「オプティミズム」を経由して、ヘーゲルそしてマルクスの「オプティミズム」に到達し、さらにレーニンの明晰な――すなわち、いわゆる「社会科学」的な――「預言者」的「確信」へと行き着かねばならないものとして、それはあった。またその意味で藤田もいまだ「啓蒙」史観の裡にいる、と言えないこともない。だが同時に、しかし、そこには「ザッハリッヒ」な倫理学――藤田は、『帝国主義論』などの経済学的著書すら、この位相で捉えるだろう――もまた、必要とされる。そしてこの「ザッハリッヒ」な倫理学が、何よりもまず、「悲劇的」事態の肯定をその端緒とする。それを藤田は、「草稿」で、ルカーチのヘーゲルとヘルダーリンを論ずるジジェクとまったく同じ事例をもって、[*6]ぼくたちに説得しようと試みる。この「『原罪』的葛藤」あるいは「『悲劇』的様相」の肯定、それだけが「オプティミズム」への唯一の途なのだ(、とばかりに)。ヘーゲルは……

＊6　スラヴォイ・ジジェク『迫り来る革命』長原豊訳、岩波書店、二〇〇五年参照。なおSlavoj Žižek, "Introduction: Remembering, Repeating and Working Through" and "Afterword: Lenin Navigating in Uncharted Territories" to *Lenin 2017*, edited by Slavoj Žižek, London: Verso, 2017も参照。また藤田のヘーゲル理解はルカーチ「ゲーテとその時代」(『ルカーチ著作集』第八巻、菊盛訳、白水社、一九六九年、四一七〜四一八頁)と寸分違わない。なお藤田がGeorg Lukács, *Lenin: Studie über den Zusammenhang seiner Gedanken*, 77 Seiten (Wissenschaft und Gesellschaft, Bd. I), hersg., von dem Malik-Verlag, Berlin, 1924を推奨している点にも注意せよ。なおその邦訳(『レーニン論』渡辺寛訳)は、前掲『著作集』に収録されていない。藤田のレーニン論と同時期(一九六五年)に、青木書店から出版されている。

〔…〕彼自身が歴史の悲劇の中に「囚われ人」として監禁されているのだという自覚から思考を始めたのである。或は始めざるを得なかったのである。青年時代の親友ヘルダーリンとの「一八〇〇年九月一四日の訣別」は、この「歴史の捕囚」に対して如何に処するかという運動方向の決定的な差異から生れたが、ヘーゲルは其処から彼の体系的仕事を始めたのであった。

言うまでもなく、ヘーゲル『大論理学』を集中的に読み、『哲学ノート』を作り始めたレーニンは、このヘーゲルを反復している（そして残念なことに、この『哲学ノート』のレーニンに、藤田は言及しなかった）。そうすることによってヘーゲル（＝レーニン）は……

永遠の「青年」ロマンティカー（ヘルダーリン）は孤立と心情の理想主義を続けることによって、ますます「現存する歴史的世界」との分裂を強め従って「現存する自己自身」との分裂を増強し遂に全く「主観心情的内面」の完全な「独立飛翔」へと向う。しかし、そうした「内面」が分離され「独立飛翔」を始めるようになればなる程「外面も又独立し隔離されたものとならざるをえない」ということを知ったヘーゲルはロマンティカーの道を拒否する。そうして「時代との結合」・「現実との融和」の道を選びとろうとした〔…〕。

藤田は、したがって、この「融和」を「現存するもの」の「分裂」の否認とは捉えない。むしろ藤田にとってそれは、「永遠ならざる一時的存在」と「やがて来たるべき状況」との「全き疎隔」を回避することを目的とする、「現実との知的『融和』は歴史的存在の自己矛盾を明かにすること（批判）から出発して、今それが『現存』せざるをえないところの根拠を『理解』することによって始めて可能となる」ための「時代との結合」・「現実との融和」であり、「永遠ならざる一時的存在」における不死なるものの獲得でなければならない。またそうした理解が翻ってふたたび、「必然性」という「範疇」を藤田自身の説明論理においても必要‐必然とする。それはまた同時に、「『和らげられた忍耐』を以て世界を見る」ことによって「それ『自身の真理』」によって「没落」と「存立」を繰り返す対象を確認する作業でもあっただろう。藤田が「諸般の事情」から語ることを避けたレーニンの経済学的作品は、こうして、やや「単線進歩」的とはいえ、「『内面』が分離され『独立飛翔』を始めるようになればなる程『外面も又独立し隔離されたものとならざるをえない』ということ」を知るための「ザッハリッヒ」な倫理学へと、すなわち「可哀想な孤独な『物質』」と相交わる倫理学へと、その性質を変化させる。

だが藤田にとってのマルクスは、ヘーゲルからこの「『内在的批判』の契機、『歴史の自己運動』という考え方、『現存するもの』を単に『在るべきもの』と『在るもの』とに分ける啓蒙の立場を越えて『在らざるをえざるもの』（つまり『必然性』範疇）として『和らげられた忍耐』を以て『批判』するという方法、……等をそのまま学びとり」ながらも、しかし、その「預言者性」あるいはその「『宣言的』態度」において、さらにあるいは「終末宣言」において、ヘーゲルとは根本的に異なっていなければならない。すなわち藤田は、ヘーゲルにおける必然性とマルクスにおける必然性との差異をマルクスにおける「預言者性」あるいは「『宣言的』態度」に求めるのだ（「本篇」）。それは、現在《いま》

――此処《ここ》における非在あるいは空〈隙〉の出来を「預言」し「宣言」する。それはまた、レーニンであればそれを指令すると言ったであろう、知への過程にありながらも、しかし、それゆえにいまだ非知にあり続ける、実践〈あるいは強制＝促成 forçage〉の問題でもあった。

こうした点について藤田は、「本篇」で、「説明」という平易な言葉を用いて、次のように述べている。この「説明」は、しかし、藤田を藉りれば、「肉体」の説得である。この「説明」あるいは説得は、政治過程において、「肉体」の納得を克ち取らねばならないのだ。一見するに結果において同一に見えるこの説得と納得を繋留する「預言者性」あるいは「宣言」は、同時にしかし、「内在的」あるいは〈物質〉でもなければならない。こうして〈物質〉は「説明」において「肉体」とならねばならない。そのためには、しかし、何が起きなければならないのか？　目的が終焉〈あるいは精確には、無底〉を告げることである。藤田は次のように書く。このあえて言えばこのマッハ主義的な藤田の一節は、次に見る藤田の『唯物論と経験批判論』了解と『哲学ノート』にいっさい言及しなかった藤田を架橋しながらも、しかし最後に触れるように、引き裂き、その結果『哲学ノート』的視点なしには、その運動的自治としての民主主義論に不吉な影を落とすことになるだろう。

マルクスの資本制社会に対する内在的認識は、その社会に向かって昂然と指さして「宣言」した「終末預言」と関連して生まれたものであった。〔…〕資本制社会の運動法則〈内的矛盾〉を内在的に説明し尽すことは、その社会に向けられた終末宣言である。できる限り対象の裡に潜ってその「必然性」を懇切丁寧に「理解」し尽すことは、マルクスにあっては同時にその対象が蛻《もぬけ》の殻《から》となることを意味する。徹底的に内在化して認識することと対象の終末を預言すること、この両契機は相互に関連し合ってお互を促進する。内在的認識への衝動は終末宣言によってますます根柢的《ラディカル》なものとなり、内在的認識の徹底は終末預言をいよいよ確信に満ちた断固たるものにする。

ぼくは素直にこの藤田の「マルクス」に喝采を送る。「必然性」を「理解」——説得《りろん》＝納得《じっせん》——する主観（という客観）、あるいはそれをヘーゲル的に自由と呼んでもよいのかもしれない。これだけでは、だが、月並み（な「弁証法」）だ。藤田が輝くのは、しかし、「内在的」「できる限り対象の裡に潜って」の意味である。そしてこれらがたんなる修辞ではないとすれば、だが、この一節はたんなる唯物論的な目的論の祖述であってもならないはずだ。そして問題は、ここでの終末論を担保する「内在的〔な〕説明」がまさに「その対象〔を〕蛻《もぬけ》の殻《から》」にすると言われるときの、その含意にある。これが説得《りろん》を納得《じっせん》する機制である。『唯物論と経験批判論』のレーニンに言寄せて言えば、端然と主観の外に有る対象を「蛻《もぬけ》の殻《から》」にするまでに対象に内在し、うつしとり（映し取り・遷し取り）、いわば吸い取ってしまうことで、レーニンのいわゆる〈物質〉と自由に、あるいは「自然」に、一体となる主観の〈物質〉としての創発性が、ここでは語られている。これが説得《りろん》と納得《じっせん》が合一するに当たって作動する、あるいは介入する「確信」である。こうして「確信」は、〈物質〉を吸い取った——その意味で、またその意味でのみ、あえて悪名高き表現を用いれば、反映・模写した——主観において表れる、信《しん》である。[*7]『哲学ノート』へも連なる藤田のこの唯物論（的）理解が、藤田が語らなかったレーニンのもう一つの理論的作品群である『唯物論と経験批判論』さらには『哲学ノート』における、エンゲルス的な素朴唯物論とは異なる、むしろなかばマッハ的な、〈物質〉についての創出的理解に拠っていることは明らかだ。そこには「自分が即自かつ対自的に規定されたものであるという主観の確信は、自己が現実的であって、世界が非現実的であるという確信である」という『大論理学』で「善の理念」を説く（いまだ「世界」の先見的現前を与件とする！）ヘーゲルにそくした、[*8] 主観によって客観が「蛻《もぬけ》の殻《から》」へと抜き取られるという〈物質〉あるいは〈絶対的自然〉と、レーニンによって改作されたヘーゲルのあるいはマルクス／エンゲルスの『ドイツ・イデオロギー』の〈精神‐亡霊 Geist〉との一致が、ここでは語られているからだ。「世界」は、こうしてその意味では、与件でありながらもつねにすでに創出においていまだ非在である。とすれば、マルクス的に言えば、こうした「確信」は未来 **a-venir** から取り憑くもの（亡霊）として機能することだろう。然り――いまだ来らざるがゆえに来るべき **à-venir**「プロレタリア」は「確信」として／において現在《いま》‐此処《ここ》のぼくたちに取り憑くのであって、その意味でけっして主観の外にはない。あえて言えば、客体は主体において初めて感得され、「確信」となる。「プロレタリア」とは、こうして、「確信」において保持される、主‐客を共軛する底なしの過程なのだ。したがって「終末」とは、「預言」あるいは「宣言」において有らざるものでなければならない。

　したがって、マルクスの「終末宣言」は、キェルケゴールに見られるような「純然たる宗教的カリスマ」による変革を「カリスマ」という毒々しい機能を「確信」において顚倒――「プロレタリア」化――することによって、ぼくたちが「カリスマ」を待望するのではなく、「カリスマ」としてのみずからを「大衆」において待望する集合性への誓約を、つまり党を意味している。そこでは〈物質〉

の「必然性」は「確信」の運動（!）において把捉され、そこになんと同時に自由が見出されることが、ここでは語られている。バディウが彼のいわゆる忠実を確信と同じものと捉える機制もまた、ここにある。[*9] またそうした〈物質〉に与えられた名称が、ふたたび、レーニンの「プロレタリア」にほかならなかった。

こうして〈物質〉としての「プロレタリア」は、対象としてのみずからを「蛻《もぬけ》の殻《から》」にする主観―主体における「宣言」によって、担保される。中沢新一が繰り返し「とんぼがえり」に言及したのは、[*10] 具体的には、こうした過程への言及の必要性に駆られているからだ。また繰り返せば――レーニンは、それを非在の出来を手繰り寄せる、非在の世界を非在において創出する、あるいは彼のいわゆる「自然」の尖端に触れる、〈指令語《スローガン》〉と呼ぶだろう。[*11] こうした点について藤田は、「本篇」でさらに、レーニンの「理論における社会科学性がその預言者性を保証し、宣言的性格が逆に科学性への衝動を強める」と、科学（客観）的な世界了解が預言に物質的根拠を与えるといったいわゆる科学的社会主義論

＊7　スラヴォイ・ジジェク『信じるということ』松浦俊輔訳、産業図書、二〇〇三年参照。

＊8　ヘーゲル『大論理学』下、武市健人訳、岩波書店、一九六一年、三四七頁。なお同書では「確信」は、客観性へと同値転換されて、「確実性 Gewißheit」とされている。そしてこれこそがヘーゲルの肝である。

＊9　アラン・バディウ『聖パウロ――普遍主義の基礎』長原豊・松本潤一郎訳、河出書房新社、二〇〇四年参照。

＊10　中沢新一『はじまりのレーニン』岩波書店、一九九四年。

＊11　Deleuze et Guattari, *Mille plateaux: Capitalisme et schizophrénie*, op.cit., p. 105.

であるかのような議論を披瀝した直後に続けて、さらに次のようにも書きつけている。レーニンがあんなにも忌み嫌った自然発生性は、そこでは、外とされた「大衆」にはない。それは「確信」という「自然」あるいは〈絶対的自然〉に出現する。それはまさに「哲学」としての「イデオロギー」で武装している。藤田は、

> まさに「科学の時代」における「社会革命の哲学《イデオロギー》」の典型的骨格と言うべき〔…〕古来宗教的預言者によって担われて来た「社会変革の哲学《イデオロギー》」はここに透徹した「客観的認識」とリンクされるに至り、そのことによって「神の衰退」の時代における「社会変革のイデオロギー」が成立した〔…〕

と述べる。そしてここでの「客観的認識」が、レーニンのいわゆる主観にほかならない。こうして「哲学」は、何らの衒いもなく、変革「イデオロギー」という客観を吹い取り切った主観という〈物質〉である。藤田が、この「イデオロギー」について、マッハ主義への親近感を思わず吐露するかたちで、「レーニンの方が一層冷徹に、いわば『バザロフ的自然科学性』〔…〕を帯びた論理性と意識性をもってその骨格を展開しているだけに、『思想家』・『預言者』というより『実践者』・『使徒』の性格を強めて」いるとさえ書きつけるとき、ぼくたちは藤田が、藤田が言及しなかった『哲学ノート』のレーニンへと、密やかに移行していることを感じ取ることができるだろう。[*12] こうした意味で、藤田にとって、ヘーゲルとマルクス、そしてマルクスとレーニンとの相違は、「預言者性」「宣言的性格」

「だけであり、またその一点が大きな相違」とされる。それはまさに、次のように肯定を求めて問い掛けられる事態にほかならない。

〔…〕此処にひとは、嘗て原始キリスト教の預言者・イエス・使徒において体現され、また宗教改革の指導者において復活し、更に啓蒙のフィロゾーフにおいて「理性法」の形態で立ち現われたところの、あの、普遍的価値に対する献身の精神的態度を見出さないだろうか。

この「普遍的価値に対する献身」、それがふたたび「確信」である。だがそれは「確信」する集合的自己〈物質〉への「献身」である。したがってこの「普遍」は、いわば、出来事において特異に出現するバディウのいわゆる特異的普遍である。

とはいえそれは、たとえ社会科学的意匠を纏っていようとも、消滅しつつ媒介するカリスマという例外状況を不可避に招来することを、レーニンは言うまでもなく藤田もまた、認めるだろう。「確信」を担保するとされる「科学」が、そうであるがゆえに、つねにすでに例外状況を反映・模写している限りにおいて、それは避けられない。この例外状況をレーニンは、「民主」は「プロレタリア」という〈物質〉への「確信」に裏打ちされた党の「革命独裁」において集中《しどう》される、とするだろう。そしてそこにこそレーニンの冷酷な――ジジェクのいわゆる「控除 *Subtraktion*」の政治に対比される

＊12　こうした点については、前掲『聖パウロ』参照。

「純化 *Purifikation*」の——政治が始まる。イギリスでは大衆の存在形態においてその期待を裏切られ、フランスではその組織形態において変質し、ドイツでは敗北を暴力的に喫した後にロシアで〈成功〉した革命に後続する、構成された権力の政治が始まる。「本篇」冒頭で綴られた、特殊性の普遍性への逆説的顚倒という藤田のロシア（そして日本）革命論は、そうした文脈のもとで書かれている。またこうした点を端緒としてのみ、藤田が最初に規定した運動的自治としての民主主義の現実的可能性が訊ねられねばならない。

しかしだが、とすれば、藤田のいわば民主主義論は、「確信」論を展開させるためには、あまりに原理（主義）的と言うほかないのではないか。統治と抵抗は、民主主義の概念的把握をあらかじめ構成する（「弁証法」的な）要素として、論理的与件とされてはならない。むしろ「確信」とその共有から民衆の政治（主義）としての民主主義という概念が説かれねばならない。とはいえ、いまのぼくには、すなわち（ソヴィエト崩壊後ではなく!）〈六八年〉以後のぼくには、いわゆるグローバリゼーション下のぼくには、このような藤田に代替する確たる解答はない。この不確実性は、『哲学ノート』にまったく触れることがなかった藤田によるレーニン『唯物論と経験批判論』の政治的解釈を目の当たりにするとき、さらに強まりさえする。それは、藤田が、時代的制約があるとはいえ、ファシズムを統治と抵抗という「民主主義の両極的結合が解体した状況に〔おける〕『目標なき騒擾』」と規定することにおいて、いよいよ深まるだろう。依然として、「必然性」（の理解と自由）と「確信」が問題として遺っている。

「補註」で藤田は『唯物論と経験批判論』のレーニンについて大きなスペースを割いて語っているが、マッハを読んでドイツ語を勉強したと振り返った藤田のこの「補註」は、きわめて興味深い。というのも、藤田にとって『唯物論と経験批判論』は、何よりもまず、「レーニン主義者＝スターリン主義者と一般からは、『哲学』の本と考えられているが、『哲学』というよりは哲学の名を借りた（実力革命の指導者としての）政治的目的を主として追求した本」あるいは「実力革命運動の指導者としてのレーニンにとって『思想水準での政治上必要不可欠』」な著作、とリアル・ポリティクスにおいて把握されているからだ。

暴力という言葉に微妙な感受性を示してこのように「実力」と言い做す藤田が、ぼくたちがこれまで見てきた「確信」の問題を政治的に語ろうとしていることは言うまでもない。そしてこの藤田は、レーニンがボクダーノフらのいわゆるマッハ主義者を「ムキになって」批判した理由の解釈において、矯激だ。藤田は、

> マッハの相関的思考からは、「懐疑主義」は生まれても、「確信犯」は最も生まれにくいからである。〔…〕マッハの考え方の中では、物質も理論も、その他もろもろの古典的に二元的なものとして扱われてきたものは、すべて、それぞれが独立の活動性を持つと同時に、それぞれが相関係する一組みの相手との相互依存関係にあるから、唯一絶対の道に対する「確信犯的行動者」は生ま

れにくい。（原理的には、生まれない。）

と断言する。こうした政治（主義）的な理解とそこでの「確信」の位置づけは興味深いと言えば興味深いが、しかし、これまで肯定的な読解を加えてきた藤田の「確信」論あるいは〈物質〉論を台無しにする恐れがあることもまた確かだ。ぼくたちは、この藤田をマッハ主義的な唯物論理解を密やかに混入させたさきの藤田と和解させるべきなのだろうか？　否――他の途があるはずだ。だがここでは、ぼくはむしろ、そうした理解の直後に書きつけられた次の一節に言うに言えない藤田自身の「確信」に触れる必要がある。そしてこの「確信」を経由しなければ、〈六八年〉以後を経由したぼくたちの別なる「確信」論へ移行することは許されない。そして藤田のこの「確信」には、『哲学ノート』以降のレーニンを『哲学ノート』以降のレーニンにおいて酷薄な政治過程あるいは真の意味での出来事へと差し戻す[*13]、藤田の冷徹を看て取ることができる。それは以下の避けることができない恐ろしい文章である。

〔…〕「実（暴）力革命」を行うものは、或る種の人間（階級敵）を殺すことを社会的・歴史的「善」と考える者である。そして他方の極には、或る種の人（「歴史的・社会的善」を教えてくれる人）に対する絶対特別の尊敬が社会的善の発生源として存在する。社会と社会の部分（例えば階級）、殺人と善、特別視と社会善との間には、普通、大きな対立がある。その原理的対立を乗り越えさせて、「確信者」たち（特にその中心となる前衛）を作りださなければならないのが、レーニンの自らに課し、他人にも奨励した任務である。相互に対立するものを「正・反・合」で統一しようとする、「途方もない弁証法」であった。

ここに冒頭で文脈を示すことなく引用した「途方もない弁証法」が出現する。「実（暴）力革命」という此岸で噴出する善悪の「原理的対立」の「乗り越え」を「確信者」たち、すなわち「前衛」が担うことを強いられるとき、この「弁証法」は「途方もな」く動き始める、と藤田は正しく述べる。この、一見究極的な論点の提示は、しかし、革命という出来事にのみ固有な「途方もない弁証法」なのだろうか？　藤田が、「『確信者』たちの暴動がより大きな悪に対して効力を発揮したのは、いわゆる『内戦』前までであって、『内戦』が始まってからは、『途方もない弁証法』は『途方もない方向』をむき始める」と、この「途方もない方向」を革命という出来事の後における「途方もない弁証法」の政治過程の問題として、時間の流れにそくして、しかも問題をレーニンの後継者たちのそれに押し遣って、救済しようとするとき、藤田の揺らぎが見え隠れしないだろうか？　それは、藤田のレーニン論が書かれた固有の時代的緊張に引き摺られてはいないだろうか？　「レーニン主義」を標榜する「スターリン主義」を「名実の逆説」という視点から批判しようとする藤田は、しかし、そうすることでむしろレーニンを遠ざけてはいないだろうか？　権力を構成する革命から構成された革命権力へ

＊13　〈出来事〉については、前掲『倫理――〈悪〉の意識についての試論』および Alain Badiou, *L'être et l'événement*, Paris: Seuil, 1988 を参照せよ。

のこの不可避の転轍を耐え凌ぐ行為に関わる、藤田のこの揺らぎは、彼の民主主義「原論」に大きな瑕疵を遺さなかっただろうか？

だがむしろ、次のように問うべきだったかもしれない。すなわち、この善と悪との「途方もない弁証法」が、革命後においてもまた、藤田のいわゆる「『原罪』的葛藤」あるいは「『悲劇』的様相」の常態であり続けるとしたらどうだろう、と。藤田は「補註」で次のように書きつけている。「諸般の事情」から『唯物論と経験批判論』やレーニンの経済学的分析に説き及ぶことができなかった藤田、さらには『哲学ノート』を除外した藤田の真意を推し測るためにも、引用しておこう。

この「弁証法」と称するものを暴力革命の方法として採用しなければならなくなっていたのが、レーニンであった。〔…〕それを、異論を許さぬ激しさで強引に主張して止まなかった自己主張は、少なくともいかなる意味でも「弁証法的」ではない。自己実体化そのものである。

またその理由を藤田は、しかし、レーニンには、

応用転化の可能な唯一絶対の実体として「物質」の観念や、「主観」からの優先的占拠が在ったからである。「物質」は凡ゆる観念・思想・感性に優先して独立に、いわば先天的・客観的に存在する。可哀相な孤独な「物質」は、その代りに、独裁権を二百パーセント所有し、しかも全能者だから千変万化の形態転化の自由を獲得している。（それに対応した割合で、人間の方は自由を

失っていく。）〔…〕その「客観」が、「物質」なるものなのである。実力革命運動の最高指導者は、自分の思想も又不動の「確信」で、然も「千変万化」を通して世界中の諸現象を支配する「実体」中の実体で武装していなければならぬ。それあって始めて、人々を反動打倒の熱狂〔…〕と、闘争における「確信犯」を拡大しようとできるのであろう。

「補註」のこの文章は、さきに読解を加えた「本篇」の分析から、政治的にも、哲学的にも、大きく後退している。これは、分析的には、『唯物論と経験批判論』のレーニンの藤田の民主主義論から見た批判でなければならないにもかかわらず、しかしレーニンの「確信」を支持した藤田は政治においてこの事態を受諾しているのだろうか？　とすれば、藤田の「確信」は政治の問題にのみ緊縛されていることになるのだろうか？　ふたたび、とすれば、しかし、ここでの「可哀想な孤独な『物質』」は、「プロレタリア」ではなくレーニン自身さらには「レーニン主義」という「スターリン主義」なのか？　この「独裁権を二百パーセント所有し、しかも全能者だから千変万化の形態転化の自由を獲得している」「物質」が、それ自体として、「人間の方〔の〕自由」であるという「説明」＝説得《りろん》と納得《じっせん》が一致しなければ、藤田のいわゆる運動的自治としての民主主義は成り立たないことは、いまや確かだ。だが「もう一つの長大なレーニン論」を書くことなく逝った藤田、最終的には「ロマンティカー」であり続けた藤田が、『哲学ノート』のレーニンを含めて、そうした問いにいかに応えたかは、いまとなっては分からない。とすれば、ぼくたちに遺された課題は明らかだ。ジジェクが力説するように、万人に分かりやすい啓蒙的文章で教科書的に綴られたレーニンに戻って、レーニン（の「確信」と「決断」）を棄却するのではなく、『唯物論と経験批判論』から『哲学ノート』へと踏破し出来事の出来を反「自然」主義的「自然」において「決断」するレーニン、まさにレーニン自身が完遂しえなかったレーニンを恢復的に繰り返し、[*14]この「可哀想な孤独な『物質』」を呵々と大笑いさせ、その哄笑をそれ自体において「確信」へ転化しなければならない。だがそれは、新たないわゆるレーニン論によってではなく、藤田と同様の現状との特異な格闘をかいしてのみ、獲得されるに違いない。そしてそこにこそ、「プロレタリア」という〈物質〉の「根柢的」な読み替えが必要とされるに違いない。

エピグラフに伐り採ったように、『ルイ・ボナパルトのブリュメール一八日』でマルクスは、「真理は情熱を欠き、情熱には真理なく」と書き、それを藤田は「本篇」で引用した。だが藤田は、その直後にマルクスが「英雄がいても英雄的行為はなく、歴史があっても出来事はない」と続けたことを無視した。だがぼくたちは、むしろ逆に、「英雄がいても英雄的行為がなく、歴史があっても出来事がない」とき「真理は情熱を欠き、情熱が真理を欠く」という、「確信」の構成された権力への転化が始まることを確認し、[*15]そのとき藤田があんなにも強調した運動的自治としての民主主義がまさに「原論」的にも崩壊することを主張せねばならない。またそうした視点からぼくたちは、「確信」を支える〈物質〉の読み替えを開始せねばならない。それには、もう一つのエピグラフで引用したルカーチが指摘した、民主主義概念の根幹に関わる〈*Mehrheit*〉という概念が、[*16]たんなる多数派でなく、まさしく〈余剰性〉あるいはジジェク＝バディウのいわゆる〈員数外－超数 *surnuméraire*〉において捉えられる〈マイナー〉であることを確認する必要があるだろう。そしてそこには、ランシエールが説いた民衆概念からの〈政治〉概念の再考をめぐる、[*17] ジジェク＝バディウ的な〈控除〉の政治あるいは民主制の再構築が必要とされるだろう。

---

*14　前掲『迫り来る革命』参照。

*15　Karl Marx, *Der achtzehnte Brumaire des Louis Bonaparte, Karl Marx Friedrich Engels Werke*, Band 8, Berlin: Dietz Verlag, 1960, S. 136.

*16　Georg Lukács, *Lenin: Studie über den Zusammmenhang seiner Gedanken, 77 Seiten* (*Wissenschaft und Gesellschaft, Bd. I*), hersg., von dem Malik-Verlag, Berlin, 1924, S. 62.

*17　ランシエール前掲『不和あるいは了解なき了解』参照。

補論

雑業《ヤサグレ》の遺恨

——黒田喜夫と「ぼく」

まんず、古着背負いでもやってみたらどうだや？[*1]
順《まつろ》わぬ者は彷徨う。[*2]

黒田喜夫を、ずいぶん前に手放してしまった以前の専門から、けれども黒田風に言えば「少し人生手帳めいた」やり方で、[*3]眺め戻してみようとするこの不粋な——なにしろ、詩人を論ずるに註をおくという為体《ていたらく》だ——小文は、詩に詩論的に接近してはその作品に尤もらしい改釈を宛《あて》がい、詩人ならではの言葉や文字の吝嗇が詩人に強いる固有の切断（文章にだらしないぼくには不可能なこの切断そのものが、ぼくは好きだ）を補完的に結び戻しては詩人と暗黙の裡に共犯する手練れの散文的批評家たちにいつも鼻白んできたぼくがゐるからでもなければ、[*4]またその意味で、黒田論のなかでもいまだ一頭地を抜いているのは北川透の——戦前期地主制の地帯区分を暗黙の前提とした——三河出の己れとの対質において黒田を論じた論攷だと思った瞬間から立ち止まったままのぼく（の黒田）がゐるからでもないけれど、[*5]詩をそれそのものとして愛でる人にとっては、無味乾燥な自明の断言に映るだろう。

じつは分不相応にも詩論的に黒田を語りたいと妄想したぼくがゐたことをぼくは隠さないが、ほかならぬ黒田という詩人だけに妥当するぼくの前処理——君の意向とは無縁に、そもそも君は何者なのか？——へのこだわりもあり、しかもその場合の介入が、以下に導き入れる、黒田の対極にゐたもう一人の例の〈あんにゃ〉存在の戦後という搦め手を採るほかないこととも相俟って、この小文は、そ

＊1　黒田喜夫「詩とアナキズム」『詩と反詩』勁草書房、一九六八年、三二一頁。

＊2　Jacques Lacan, *Télévision*, Paris: Seuil, 1974, p. 21.

＊3　前掲「詩とアナキズム」三二一頁。

＊4　その意味でぼくがあまり好きではない喜夫の「評論」は、というか詩人の評論には、詩人という隠れ蓑がいつも貼り付いていて、ぼくはちょっと卑怯だと思ってきたが、とまれ、「空想のゲリラ」を誇らしげに論じた「被分解者・被抑圧者の方法」（『詩の本Ⅱ　詩の技法』筑摩書房、一九六七年）である。

＊5　北川透「〈解説〉黒田喜夫への手紙——詩と反詩の基底において」前掲『詩と反詩』。ところで、島根生まれの長谷川宏がものした『黒田喜夫　村と革命のゆくえ』（未來社、一九八四年）にはなぜ長谷川自身の出自が浮かび上がらないのだろう。

の「革命」的側面だけを詩（の優劣）に投射して批評の対象にしてきた人びとからのさまざまな誹りや無視をまぬかれないだろうが、そうした類いの誹りなど、いつもどこかの間《あわい》に墜落しているぼくには慣れっこのことだから構わないし、またそれ以上に、結局は幻想の無限遠点の事前的掻き戻しに飛翔するほかなかった生活者と工作者と列んで思弁的議論というぼくの欲望を強烈に掻き立てないわけにはゆかない詩人黒田喜夫――あらかじめ言えば「流れ者」、つまりヤサグレ――を、まさにそのように、つまり詩人として、論ずるには、この非言説的な無味乾燥があらかじめ不可欠なんだと、ぼくは強く信じて止まないのだ。

　つまり今のぼくには、不様にも、詩人の想像力に拮抗するに、非言説的なことをことさらにかざして身も蓋もない問い――君が自分をどう思いたいかには関係なく、そもそも君は何者なのか――を立てる以外に、黒田の「裡」に這入り込む手順が赦されてはいないのだ。そしてぼくは、この問いにたいして、自分を放逐した「村」に帰り、「村」の「土《とち》」へ（で）の闘争を指揮する〝部外者〟黒田Kも、「村」から押し流されて満州に渡り、敗戦後に引き揚げてきた元警官――満州でも農民に成れなかったのだ！――の「あんにゃ」Tも、結局はともに、「村」とその「土《とち》」が、まさにそのあらかじめの非在として輩出した「農村雑業層」という〈員数外 Surnuméraire〉であると同時に〈数え入れられないほどの無数 Innombrable〉の存在、つまりドゥルーズ＝ガタリ風にいえば溢出するあらかじめの欠損であり、またであればこそ却って、「村」とその「土《とち》」に倒錯的と言えるほどに深く執着することで進歩《しほん》に「反動する過激派」だったのであって、[*6] 進歩という符牒を掲げ、「土《とち》」をめぐって合作する（自治を自称して国家の末端装置《ディスポジティフ》であり続けてきた）「村」と資本（またこの合作に共犯しながら対立してみせる国家類似装置の「党《スターリニズム》」）にたいする彼らの闘争は、その意味で、また以下に誌すその逆手を表示するぼくの父という搦め手から言っても、黒田自身が語ったように「遺恨」をめぐる物語だったのだ、と突き放して答えたい。ところで「遺恨」とはなにか？　じつにラカン的な――したがって、ドゥルーズ＝ガタリにとっては天敵である――欲望ではないのか！

まー、いい。後の譚《はなし》だ。ともあれ、そのように言うのは、戦前日本の農村をひたすら貧困においてのみ描いてきた、あえて言えば、講座派的な農村理解と小作争議解釈や敗戦直後の農民闘争についてのぼくの異論にも関わっているが、[*7]ともあれ、そうでなければ、「日本の農村を覆った圧倒的な『飢餓』」などという狭窄的な、だがとりようによってはバディウ的に広大な、物語《フィクション》と、だから「戦後左翼となった『あんにゃ』たち」という分かりやすい基底還元論的な物語《フィクション》が、その戦略的作為性を槓桿に、単なる個人的な遺恨譚を超脱し――あえて言えば、階級的な――普遍性を克ち取るための「弾機」たり得るはずもなく、[*8]また例の「衆夷」に行き着く、[*9]消滅の「あんにゃ」、しかも「金の卵」と

＊6　「反動する過激派 reactionary radicals」はトムスンの〈モラル・エコノミー論〉の裏面を支える概念だ。取り敢えずは、R. Fieldhouse and R. Taylor eds, *E. P. Thompson and English Radicalism*, Manchester: Manchester University Press, 2013 参照。

＊7　長原豊『天皇制国家と農民』日本経済評論社、一九八九年。また「貧農革命論」と「中農革命論」との論争については、取り敢えず、前者は林宥一『近代日本農民運動史論』日本経済評論社、二〇〇〇年を、後者は西田美昭『近代日本農民運動史研究』東京大学出版会、一九九七年を、それぞれ参照。

＊8　丸川哲史「あの戦争、この戦争」『冷戦文化論』双風舎、二〇〇五年、七〇頁。

してすでに都市雑業層に紛れ込み組み込まれてしまっていた「あんにゃ」たちが七〇年代中期以降の黒田に〈観念論的〉反転を迫り、[*10] また吉本のコム デ ギャルソン的な都市雑業層〈的な言説〉への自然な横滑りとの対峙のなかで、谷川雁のファウスト的「原点」に実質的に合流し、[*11] 丸山眞男における「古層」と〈*Basso ostinato*〉の結果的是認《ナショナリズム》に拮抗するといった黒田における視点移動が、崩れ去ってしまうだろう。まただからこその搦め手なのだが、それは次のように唐突に始まり、唐突に終わって、二度と開始されない異列の文書である。

さて、ぼくという存在の表記名は長原豊だが、「原」の戸籍上の正式表記には、雁垂《がんだれ》（厂）のなかに「日」と「小」だけがポンと書かれてあり、そこに「、」は見当たらない。この表記が、父が母と結婚し、独立の戸籍を定めたときからの欠損《こと》なのか、あるいは敗戦後に大連から舞鶴港に這々の体で引き揚げてきた父が、母を連れて、父が帰「村」したときからの欠損《こと》なのか、問い合わせる人もいない今のぼくには定かではないし、また父がたんに書き損じただけなのか、あるいは意図的にそうしたのかについても、父が他界した今となっては、もはや実証できない。[*12]

　けれども、この表記についてぼくがずっとこだわってきた理由は、父の旧姓が吉野であったことに関わっている。父と母は、当時よくあった写真結婚のような邂逅で一緒になったようだ。父が当時満州で蠢いていた新興財閥系列の日本水産に職を得て渡満し、関東軍による現地での召集 - 応召が近づいてきたことから、急いで帰国し、式を挙げたことについては、なんとなく聞いてはいた。見知らぬ顔の親戚一同がぶすっ、とおさまっている結婚式の写真が一葉のこされている。写真の父は丸坊主で、初年兵となった父はまるで開《はだ》かるように立ち、母はその横で椅子に腰掛けている。こうして父は、祖父が山間《やまあい》の寒村の貧乏な家屋大工で祖母が教員だった長原家――祖父の父、つまり曾祖父は巡査《じんだはん》で、農民ではない以上、やはり村《と》‐土《ち》にとっては雑業あるいは余所者なのだ――に婿に出され、長原姓を名告ることになった。彼は吉野家の四男か五男――ぼくはそんなことすら知らない、あるいは知ろうともしないのだが――で、子沢山の水呑百姓だった祖父から田分《たわ》けを受ける立場にすら素よりなかった。つまり彼は、「あんま（長男）」でも「おっじゃ（次男）」でもなく、「おっさん（三男以下）」で、家から、したがって村から出されるべき存在、あるいは「男として飛び出す」ほかないが、けれども思い込みが激しい路地の作家が思いを馳せるような「マレビト」などといった貴種流離譚とはおよそ無縁な、[13]当時そこいらじゅうにいた存在だったのだ。また結婚前は教員をしていた母といえば、これもまた教員をしていた母の母、つまり祖母が教壇で若くして脳溢血で仆《たお》れ、その後祖父が左程せず後添えを家に迎え入れたことから、長女だった彼女もまたすでに家から、だが「あんね（長女）」とし

＊9　黒田喜夫『一人の彼方へ』国文社、一九七九年、四九～五〇頁。

＊10　七〇年安保の敗北後に起こった柳田國男ブームや共同体礼賛、内ゲバへの反動としての地方への「下放」がどのように影響したのかは別に論じねばならない問題だが、ともあれ黒田喜夫『自然と行為』思潮社、一九七七年や前掲『一人の彼方へ』に輯録された論攷の変化を思い起こして欲しい。

＊11　谷川への井上俊夫による批判（「谷川雁論」『現代詩』一九五七年五月号）を黒田は是としていたはずだ。

＊12　もちろんぼくはいわゆる改正原《はら》戸籍を取り寄せてその「事実」を確認することができるが、そこでの「事実」とこれを書いているぼくとはある意味でまったく「無縁なのだ」。

て、棄てられていたのだ（母の哀しみは深く、母がぼくを祖父に引き合わせたのはぼくが二十歳を優にすぎてからのことだった）。当時の農家では、次男以下の男児は家を出る定めにあったすべての娘たちと同等――あるいはそれ以下――の存在だったのであり、家族労働力の完全（むしろ過剰）燃焼によってようやく支えられた当時の農家にとって、猫額大の田畑が支えることができる家族の頭数は限られていたからこそ、あらかじめ員数外の父は、高等教育の必要をけっして認めようとはしなかった（じつはその余裕がなかった）祖父に頭を下げ、朝早くからシンドイ野良作業をこなした後に、ほぼ三里の道程を眠りながら歩いて、授業料が安かった当時の富山県水産講習所に通い、卒業後に、日産コンツェルン傘下の日本水産に職を得て、渡満したのである。

　こうして父と一緒になり満州で暮らし始めた母は、父の出征後、乳飲み子の長女を背負いながら、空豆を売って留守宅を守り、敗戦直後、「ロシア」軍が背後に迫るなか、長女を「残留孤児」として遺棄する危機を辛うじて凌いで、なぜか敗戦直前に軍の監獄に「満人」と一緒に入っていたらしい父と大連港で奇跡的に再会し、日本に引き揚げ――母によれば、引き揚げ船のなかで森繁《モリシゲ》が歌って引揚者を励ましていたそうだ――、その後の激動を、「古着屋になりたくないばっかりに、例えば共産党員になったとしてもどうだというのですか」と、古着屋と党員を生活（者）において同列においてみせた詩人黒田よろしく[*14]、無一文で帰村し、共産党に入ることなく、物不足のあの時代、大阪でほぼボロの古着を手に入れては、染《いろ》が抜けて白くなっている襟元をインクや墨汁で染めて売り捌く古着屋にまずなって小銭を貯え、暫くしてから質屋を開いて故買捜査にときどき現れる駐在と攻防戦を繰り広げながら（家族はみんな物差しで武装対峙した）、すぐ目の前にあった不二越の事業所の工員たちが競輪に賭ける小銭をほぼゴミのような質種《しちぐさ》と引き替えに貸し付けてはその女房たちに怒鳴り込まれ、さらに、海運問屋を兼業していた地主も棲んでいた岩瀬港近辺に集まり始めた工場の依頼で専用のボロ布で作った軍手や帆布製のホースの生産を引き受け、少しずつ生活が楽になっていった近隣の農民や労働者に衣類を掛け売りする衣料品店や、田中角栄の列島改造論に乗っかって不動産業に乗り出すといった具合に、いくつもの「生業」を戦後経済成長とともに掛け持ちしながら、戦後を生き抜いてきたのだ。それは日本の農村がもっとも急速に兼業化を進めた時代の、しかも文字通りその先頭を切っていた富山平野での、けれども、そこかしこで大なり小なり起きた、ささやかなドラマの一齣だったのだろうが、そこには、しかし、安定以上に富を求める渇望が溢れている。

最近若い友人に指摘されて初めて気づいたことだけれども、そもそもぼくに与えられた名「豊」には、父の、そして「戦後」の願いが込められていたのだ。もちろんそれはコミュニストに成るという願いではない。けれども、ぼくは、一九のとき、父と「村の家」のようなやりとりをせねばならなくなったが、父は、頬笑ましい勘違いをして、自分が見た八路軍を比較的滑らかな拼音で〈bālù-jūnal〉と発音して、その勇猛さを語ったあと、ぼくに鍬をわたし、畝を立てろと命じたのだった。

*13　中上健次の発言〈黒田喜夫・中上健次「対談　土と『マレビト』」『現代詩手帖』一九七七年二月号、四一頁。とはいえ、バディウをことさら持ち出したのは、〈員数外 surnuméraire〉と〈数え上げられない innombrable〉に関わっている。Alain Badiou, *L'Hypothèse communiste*, Paris: Éditions lignes, 2009 参照。

*14　前掲「詩とアナキズム」三二一頁。

そうした彼が、生前、「オレが長原家の初代だ!」と繰り返し言っていたことを鮮明に覚えているぼくは、だから、父が戸籍における姓の表記を意図的に「誤った」のだと無理矢理信じて疑わなかった。そうなのだ、婿に出された彼は一箇(戸)の「家(父長)」を立ち上げるにあたって、まったく新しい自分を「家」として、しかも父を放逐した「村」の「土《とち》」の(再)領土化によって創り出そうとしたのだ。そしてこれが、移行期の、下層労働者というよりむしろ職人的な都市雑業層を反映し、ついには八〇年代の「吉本」にゆきついた吉本や、雑業層一般の思弁的遠点を「原点」として描いて下方へ飛翔《ダイブ》してみせた工作者谷川については駄文を物したことがあるぼくが、黒田についてはこれまで書けなかったことの理由の一つなのだ。つまり、父をかいしてあらかじめぼくに接近していた黒田の「あんにゃ」を(については)、なぜかあまりに身近なようにぼくには思え、書けなかったのだ。またそれは、農業史・小作争議の研究者だったことがあるぼくの出自や左翼に憧れて田舎から東京に出てきた——たんなる「向都熱」にすぎなかったのだろうが——ぼく自身の家と村からの出奔から言っても、吉本や谷川と列んでどうしても論じてみたい詩人の一人であったはずの黒田喜夫について論ずることの戸惑い、誤解を怖れず言えば、疑いをもたらした、これはもう、一つの作品と言ってよい、阿部岩夫の編集による黒田の年譜の冒頭部分を目にしたときからの戸惑いでもあった。

もちろん〈そもそも君は何者なのだ?〉については、黒田自身が語っている文章もある。また後にその一つを引くけれども、それは、黒田を愛する者にとっては、であればこそ警戒の対象(自己言及的な自己編集)でなければならないと思うぼくは、だからこそ、黒田の傑作評論「死にいたる飢餓——あんにや考」を論ずるには、[*15] スターリニズムや日本版「阿Q」、またサバルタンといった手軽な比定項の導入以前に、言説分析から非言説的な検証に進むという作業を含んだ、それなりの準備が必要だと思っている。[*16] こうして、年譜という隠喩を拒絶する淡々とした事実から、ぼくの黒田は、つまり妄想する覚え書きが、始まる。そこには、大略次のように書かれてある。[*17]

父方（安孫子家）は寒河江の地主だったが、祖父の代に没落し、それで行者宿をおこし、父喜三郎は米沢で旅館を営む、と。母方（黒田家）は寒河江の小自作農で、子供時代から奉公にでるという典型的な貧農層である。父喜三郎は喜夫が二歳のときに死亡し、彼が遺した借財が原因で暮らしに窮した母が、実家に戻って「小家」に転がり込むが、それは「母の長兄の所有地に建ちながら、母の次弟の所有物という奇妙な関係にあって〔…〕母は、主に草履表を作ったり、土方などの労働で生計をたてた。〔…〕百姓以下の貧者の子供、他所者としても扱われた。〔…〕〔小学校〕高等科を卒えると上京。東京都品川区大井北浜川の笹原製作所に年季徒弟として就職した」。そしてこの事実に、みずからを「あんにゃ」とせぬまま、あるいはむしろ「あんにゃ」を回避してなおも、「あんにゃ」を論ずる黒田にとっての、いわば原《ウル》－「あんにゃ」がある。

だが彼はなぜ、「あんにゃ」を武器に「始源の遺恨をはらす」ゲリラを想い、そのゲリラに最後「三尺ばかりの棒片を摑んでいるにすぎぬ？」という自己韜晦の疑問符を呉れてやったのか？　詩へ

＊15　「死にいたる飢餓――あんにゃ考」、前掲『詩と反詩』。

＊16　それをぼくは、次作で、フーコーの〈l'histoire du présent〉論として論ずることになるだろう。

＊17　阿部岩夫編「黒田喜夫年譜」『黒田喜夫全詩』思潮社、一九八五年、四九二頁。傍点引用者。

の尤もらしい改釈は、少なくともぼくには、もっと先のことだけれども、否、だからこそ、そのまえにもう少し父について書いておこう。

生前、百姓になりたいとぼくに繰り返し話していた父だったが、その父が不動産業をやり始めてから関与した土地売買のほぼすべてが、彼が生まれ育った「村」の「土《とち》」、しかも農地だった。ぼくが知るかぎり、その際父はけっして仲介業《ブローカー》ではなく、一度は必ずその「土《とち》」－村という名の許で再領土された領土をみずからの所有権の許に措き（私的に再領土化し）、しかもほぼ大方の場合それを整地し「宅転」したうえで、売り飛ば——脱領土化——したのだ。けれども、ここに一つの挿話がある。土地バブルが猖獗を極めていたときのことだが、父のもとを某大手の商社員が訪れ、父に地上げの地元エージェントにならないかと言ってきたが、父は、〈外の資本〉が「村」の「土《とち》」を購入した際、交換分合で或る農民を差別したことを詰《なじ》ったうえで、ことさらに余所者という言葉を使って、その手先になるわけにはいかないからと断った、とぼくに話したことがあった。つまり彼は、自分を放逐した「村」の「土《とち》」への込み入った感情に駆られて、旧地主の土地も含めた「村」の「土《とち》」を、美しいまでに徹底的に自分の手で、しかも一度は村から放逐された「あんにゃ」的存在の「流れ者」として、破壊したかったのだ。もちろん交換分合にまつわる差別は「村」の連中の了解を受けたものだったことを知り尽くしていた上で。

七〇年代後半に黒田は、「農民じゃないですから、農民の生活に対する批評的な眼みたいなものはどうしてももたざるをえないとこはあったですね。村のほうから見れば一回流れ者になったのですよ。だから、流れ者の眼でもって村を見た」とみずからを正しく語っているが[*18]、次男の黒田が囚われた

「世界にたいする大きな大きな遺恨」は、[19]しかも「始源の遺恨」と「始源の土地」(「原点破壊」)が同値に措かれているかぎりは、「遺恨」と「土地」(の欠如)が同値であるほかなく、まただからこそ、長谷川をして正しく「社会の総体にたいする敵意として、上昇志向や出世願望」とされた遺恨譚が、「土《とち》」への愛憎が半ばする衝動になるほかなかったのだった。[20]黒田も父も、北川的に言えば「〈村〉への内部志向」をもつ、「農民でもなく非農民でもな」い雑業層出自の農民=本流にとっては欠損存在あるいは瑕疵存在だったが、黒田は古着屋にならず「まさしくひとりの思想家、詩人」に成り上がり、[21]また「《土地こそはおまえたちの不所有の　最初のものだ》」(「希望の始まり」)とばかりに「村」の「土《とち》」を大方商品に変えて戦後を駆け抜け、プチブルに成り上がった、だが自意識としては「村」の「流れ者」――富山では「旅の人」と呼ばれているはずだ――を貫いた父は、内部の部外者《シュルニュメレール》として、「村」と「土《とち》」を内的に、しかも名字の一字の一部を欠損させてまで、破壊するという遺恨の晴らし方をしたのだ。

だからぼくは言う。君の「分身」にぼくの父がゐた、と。そしてそれが「戦後」だと。君たちは雑業層《ヤサグレ》の「遺恨」をそれぞれ違った風にうたった。とすれば、それが必ず「村」の革命でなければな

＊18　黒田喜夫『自然と行為』思潮社、一九七七年、一六〇～一六一頁。
＊19　前掲「詩とアナキズム」三二一頁。
＊20　前掲『黒田喜夫　村と革命のゆくえ』七〇頁。
＊21　前掲「〈解説〉黒田喜夫への手紙――詩と反詩の基底において」四八一頁。

らないという謂われはない。そしてそのことを一番知っていたのは、詩を書かずに生まれ故郷で寂しい表情で車椅子から壁のような立山連峰を眺めて死んでいった父ではなく、都会で逝った君だっただろうし、であればこそ君は「私である彼方。亡びるものにしてわが反回帰的思考において亡びざるもの。その私の現存により支配に対し、まつろわず亡びざるもの」という不可能を「衆夷」と呼んで言祝ぐしかなかったのだ。[*22] だがその君の「彼方」で順《まつろ》わず彷徨う新たな雑業層がいま、確実に目の前に蝟集している。だが、賃金労働者の四割をしめるに到った現代の雑業層が飢餓に象徴される欠如に嗾されることそれ自体である欲望に順《まつろ》うことなく真に欲望し、ノマドと成り果てて彷徨うとき、ぼくたちは「工作者」とともに「原点」に降り来たり、「生活」＝遊牧において「衆夷」となるだろう。

＊22 前掲『一人の彼方へ』四九〜五〇頁。

謝辞と初出——仮綴《プロレゴーメナ》じ

革命は、彼らが打ち倒した支配そのものが横暴で恣意的だからこそ、横暴で恣意的なのだ。（ランシエール）

国家が与えた「東日本大震災」という包括的名称をもって呼ばれ（隠蔽され）、年表の然るべき位置——喪の儀式——に凝固した出来 - 事として記載されることで、この語の由来において正しく、安堵された、あのさまざまな要因が輻輳する〈出来事〉の直後、ぼくはオフィスと自宅にある蔵書の約三分の一を処分した。それは怖れからではなく、虚しさからであった。蒐集した膨大と言ってよい資（史）料集や専門領域の書籍の一部は専門が近い同僚や友人に引き取って貰い、残りは産廃となった。そしてぼくは、六七歳となる今年、残りの蔵書の整理を再開している。にもかかわらず、航思社の大村智さんに機会を与えられて、ぼくはふたたび著作を新たに上梓する。「上梓」に「新たに」との冗句を重ねたが、それは、「初出」一覧からも窺い知れるように、本書が長きにわたって求めに応じて書き溜められてきた文章（あるいはほぼ文書）の蒐積でありながら、しかし、憶想《アインゲデンケン》に戦略的に導かれたいくつかの自己編集‐内面化《エアインネルング》を施したからである。ぼくが元気であれば、本書に続く一冊（『資本主義の層序学――資本の歴史叙述』）をもって、ぼくは「とまる」だろう。もちろんそれさえ、あくまでぼくが元気であればの話である。その意味で本書は可能的にマラルメのいわゆるラス前《ペニュルティエーム》である。

本書の末尾を借りて、ぼくを何かにつけて支えてくださった友人たちに感謝したい。なかでも市田良彦さん、ギャヴィン・ウォーカーさん、王寺賢太さん、沖公祐さん、小泉義之さん、佐藤淳二さん、立木康介さん、比嘉徹徳さん、松本潤一郎さん、そして京大人文研研究会の皆さんに感謝したい。また法政大学多摩図書館のスタッフのみなさんにも大いに感謝したい。スタッフのみなさんはぼくの無理なお願いをいつものようにいとも容易く聞き容れてくださった。

また、前著『ヤサグレたちの街頭』と同様、この出版不況のなか、本書の出版を引き受けてくださった航思社の大村さんにも深く感謝します。そして前書と同様、装幀にバンクシーの写真を使用することを赦してくださった宇山郁恵さんと装幀を引き受けてくださった前田晃伸さんにも感謝いたします。

長原 豊

初出一覧

はじめに　敗北の憶想、あるいは彗星とラス前《ペニュルティエーム》……書き下ろし

I　歴史叙述の作法

第1章　死者が生者を捕らえる……『現代思想　臨時増刊』45（11）、2017年（原題：歴史《ゲシヒテ》という言説装置《タイムマシン》——死者が生者を捕らえる）

第2章　非精確な歴史叙述……『文藝別冊　小林秀雄』河出書房新社、2003年

II　気分

第3章　気分はいつも、ちぇっ！……『道の手帖　埴谷雄高』河出書房新社、2007年（原題：気分はいつも〈ちぇっ！〉——*Taedium solum*）

第4章　風に向かって唾を吐くな！……『道の手帖　ニーチェ入門』河出書房新社、2010年

III　「私」の反復《うけとりなおし》

第5章　予感する記憶……『ユリイカ』2000年11月号

第6章　不自由な「私」……『レヴィジオン』第1輯、1998年（原題：「近代文学」という不自由な「私」）

補論　余白と置字……『現代詩手帖』1999年2月号

Ⅳ　反復《うけとりなおし》と跳躍

第7章　睥睨する〈ラプラスの魔〉と跳躍……『ユリイカ』2001年6月号

第8章　契がもたらす疚しさに拮抗する……『現代思想　臨時増刊』2008年8月

補　論　肉月の詞……『現代思想　臨時増刊』2012年7月

Ⅴ　確信－期待という「主体」

第9章　こうして世界は複数になる……『情況』8（1）、1997年（原題：いわゆる「日本（人）」を語－騙る〈Askese〉と〈A(nti)-Ethik〉）

第10章　反時代的「確信」……『現代思想』2004年2月号（原題：反時代的「確信」の問題について）

補　論　雑業《ヤサグレ》の遺恨……『現代詩手帖』2016年11月号（原題：君は雑業層《ヤサグレ》の「遺恨」をうたったのか）

長　原　豊
（ながはら・ゆたか）

法政大学経済学部教員。
1952年生まれ。著書に『天皇制国家と農民』（日本経済評論社）、『われら瑕疵ある者たち』（青土社）、『ヤサグレたちの街頭』（航思社）、『政治経済学の政治哲学的復権』（編著、法政大学出版局）、『債務共和国の終焉』（共著、河出書房新社）、訳書にトスカーノ『コミュニズムの争異』、ジジェク『2011危うく夢見た一年』（ともに航思社）、『迫り来る革命』（岩波書店）、バディウ『ワグナー論』（青土社）、ブレナー『所有と進歩』（監訳、日本経済評論社）、レオ・パニッチ&サム・ギンディン『グローバル資本主義の形成と現在』（監訳、作品社）ほか多数。

カバー写真 | relaxmax（宇山郁恵）

敗北《はいぼく》と憶想《おくそう》

戦後日本と〈瑕疵存在の史的唯物論〉

著 者 長原 豊

発行者 大村 智

発行所 株式会社 航思社

〒113-0033 東京都文京区本郷1-25-28-201

TEL. 03 (6801) 6383 ／ FAX. 03 (3818) 1905

http://www.koshisha.co.jp

振替口座 00100-9-504724

装 丁 前田晃伸

印刷・製本 倉敷印刷株式会社

2019年7月15日 初版第1刷発行

ISBN978-4-906738-39-7 C0010

落丁・乱丁の本は小社宛にお送りください。送料小社負担でお取り替えいたします。

（定価はカバーに表示してあります）

ヤサグレたちの街頭　瑕疵存在の政治経済学批判

長原 豊　四六判 上製 512頁　本体4200円

ドゥルーズ＝ガタリからマルクスへ、マルクスからドゥルーズ＝ガタリへ　『アンチ・オイディプス』『千のプラトー』と『資本論』『経済学批判要綱』を、ネグリやヴィルノ、ランシエール、宇野弘蔵、ケインズなどを介しつつ往還して切り拓くラディカルな未踏の地平。

2011 危うく夢見た一年

スラヴォイ・ジジェク　長原 豊 訳　四六判 並製 272頁　本体2200円

状況への革命的介入　ウォール街占拠運動、アラブの春、福島原発事故、首相官邸前、イランの宗教右派台頭やイスラム勢力の拡大など、この年に世界各地で起きた出来事が今後の世界を左右するだろう。それは革命の前兆なのか、保守反動の台頭なのか？

コミュニズムの争異　ネグリとバディウ

アルベルト・トスカーノ　長原 豊 訳　四六判 上製 308頁　本体3200円

来るべきコミュニズムへ　マルクスの思想を刷新して世界的に注目される俊英が、自らの2人の師ネグリとバディウの理論を極限まで展開し、さらなる展望を開く——2人の入門書にして、来るべきコミュニズムを構想する最前線の思想。日本独自編集・出版。

天皇制と闘うとはどういうことか

菅 孝行　四六判 上製 346頁　本体3200円

真の民主主義のために　沖縄、改憲、安保法制……70年代半ばから天皇制論を発表してきた著者が、代替わりを前に、敗戦後の占領政策問題、安倍政権批判に至るまでの反天皇制論を総括、民衆主権の民主主義に向けた新たな戦線のための拠点を構築する。

天皇制の隠語《ジャーゴン》

絓 秀実　四六判 上製 474頁　本体3500円

反資本主義へ！　市民社会論、新しい社会運動、文学、映画……様々な「運動」は、なぜ資本主義に屈してしまうのか。日本資本主義論叢からひもとき、小林秀雄から柄谷行人までの文芸批評に伏在する「天皇制」をめぐる問題を剔出する表題作のほか、23編の論考を収録。

夢と爆弾　サバルタンの表現と闘争

友常 勉　四六判 上製 400頁　本体3800円

反日・反国家・反資本主義　東アジア反日武装戦線、寄せ場労働者、被差別部落、アイヌ民族、水俣病の患者たち……近現代日本が抱える宿痾に対していかに闘い、何を獲得・奪還したのか。当事者による様々な表現・言説の分析と革命の（不）可能性をめぐる考察。

錯乱の日本文学　建築／小説をめざして

石川義正　四六判 上製 344頁　本体3200円

小説は芸術ではない　「総力戦」の時代におけるデザインと代表＝表象をめぐる、村上春樹、大江健三郎、小島信夫らの小説と、磯崎新、伊東豊雄、コールハースらの建築とのキアスム。